5882

LES FILS DE DIEU

13762

LES
FILS DE DIEU

PAR

LOUIS JACOLLIOT

PARIS

ALBERT LACROIX ET Cᵒ, ÉDITEURS

13, FAUBOURG MONTMARTRE

—

1873

Le Dieu qui peuple l'air d'oiseaux, la terre d'animaux, les ondes de
reptiles, le Dieu qui anime la nature entière est-il donc un Dieu de
ruines et de tombeaux ? Demande-t-il la dévastation pour hommage,
et pour sacrifice l'incendie, veut-il pour hymnes des gémissements,
des homicides pour adorateurs, pour temple un monde désert et ravagé
Voilà cependant, races saintes et fidèles, quels sont vos ouvrages. Voilà
les fruits de votre piété. Vous avez tué les peuples, brûlé les villes,
détruit les cultures, réduit la terre en solitude, et vous demandez le
le salaire de vos œuvres !

(VOLNEY).

..... Ἀλλ᾽ ἐγὼ ταυτην τὴν ἡμέρην ἀει ποτ᾽ ηὐχόμην ἥτις καὶ τοῖς βιαίοις
φοβερὰ τάσθενῆ θήσει.

(Βαϐριος).

J'ai toujours appelé de mes vœux le jour où la faiblesse se fera
redouter des forts.

RÉPONSE

A QUELQUES CRITIQUES

DE LA BIBLE DANS L'INDE.

Il n'y a pas encore un siècle que l'illustre William Jones, juge à la haute cour de Calcutta est venu révéler le *samscrit* (samscroutam) à l'Europe étonnée, qui ne se doutait même pas de l'existence de cette langue merveilleuse.

Nous n'avions jusqu'alors, à l'imitation des anciens, considéré l'Inde que comme un centre immense de production, auquel le commerce occidental allait demander les riches étoffes de Cachemire et de Dacca, l'or et la soie, les perles du cap Comorin, et les diamants du Bengale.

On savait bien, par ouï dire, que les peuples de cette contrée étaient doux et industrieux, qu'ils adoraient la Divinité dans de gigantesques pagodes ou temples, qui, pour la plupart en ruines, témoignaient d'une haute antiquité, mais il était d'une croyance convenue, que ce culte superstitieux et cruel, était peu digne des recherches de la science.

Les quelques voyageurs qui avaient pu voir à Djaggernath, à Chélambrum, à Villenoor les fakirs et les sannyassis, se jeter en foule sous les roues du char qui promenait la statue du Dieu, s'en revenaient l'imagination pleine de récits légendaires, sans se douter du passé grandiose de cette vieille terre, berceau du genre humain.

Et cependant, dès l'année 1497, après la découverte de la

nouvelle route de l'extrême Orient, par le cap de Bonne-Espérance, les Portugais avaient établi de nombreux comptoirs sur toutes les côtes de l'Indoustan. Pendant plus de deux siècles leur puissance ne fit que s'accroître. Goa était devenue avec un vice-roi la capitale d'un important empire, et de nombreux missionnaires, transportés par leurs navires, prêchaient la foi catholique sur ces rivages lointains.

Je me suis souvent demandé comment il se pouvait que ce peuple intelligent, eût passé sans les voir, devant les vestiges importants de l'ancienne civilisation de l'Inde, devant ces temples encore debout malgré les dégradations du temps, devant ces statues gigantesques taillées dans le granit, et surtout devant ces livres qui remplissent les bibliothèques des brahmes, pensée vivante des premiers âges, trésors de science, de morale, de philosophie, devant lesquels nos civilisations modernes sont aujourd'hui forcées de s'incliner avec respect.

Me trouvant à Goa en 1865, l'idée me vint d'aller visiter la vieille ville d'Albuquerque, abandonnée sur la fin du XVIIIe siècle à la suite d'une épidémie qui avait enlevé les trois quarts de ses habitants. De cette cité splendide qui avait autrefois commandé à tout l'Océan indien il ne restait que des ruines habitées par des métis Indo-Portugais, qui, abrutis par l'abus des boissons alcooliques, ne se souvenaient de leur origine que pour vous demander l'aumôme en se drapant orgueilleusement dans un lambeau d'étoffe.

Les rues étaient envahies par une végétation luxuriante, au milieu de laquelle apparaissait parfois un tronçon de colonne couvert d'arabesques, un mur à demi écroulé; ou une pierre tumulaire... œuvres d'hier!... c'était déjà le passé...

Et en face, sur la grande terre se détachait, nettement éclairé par le soleil couchant, le fronton noirâtre d'une pagode indoue, à laquelle le temps n'avait rien fait perdre de sa grandeur et de sa majesté.

Je ne pus me défendre d'une émotion profonde, en comparant les deux peuples et les deux époques; du plus jeune il ne restait presque plus rien... l'autre au contraire, témoignait de sa force par des monuments qui depuis plusieurs mille ans défiaient l'oubli.

Tout à coup je me trouvai en face des ruines du palais du saint-office... Torquemada avait passé par là... et je compris comment les traditions christnéennes de l'Inde, et cette langue immortelle dans laquelle sont écrits les védas ne purent, jusqu'à la fin du siècle dernier, franchir les barrières que leur imposait l'inquisition.

Les Hollandais et les Français avaient bien eu leur moment de splendeur dans l'Indoustan, mais ces deux peuples s'occupèrent trop, l'un de son commerce, et l'autre de ses luttes avec l'Angleterre pour s'adonner à des études qui demandent un calme dégagé de tout souci d'affaires et les loisirs de la paix.

Il était réservé au peuple qui a soumis ce pays à ses lois, de nous initier à cette vieille civilisation brahmanique qui, en faisant rayonner ses fils dans toutes les parties du globe, a légué aux nations modernes comme un signe ineffaçable de leur origine, sa langue, sa morale, sa philosophie et ses traditions religieuses.

A William Jones, traducteur de Manou et de Kalidasa, succédèrent Colebrooke, qui poursuivit l'œuvre du maître et publia le digeste des lois indoues commencé par lui, puis Thomas Strange, Princeps, Wilson. qui, à des degrés différents s'illustrèrent dans la nouvelle carrière, et continuèrent la tradition des études samscrites en Angleterre.

Les autres nations n'assistèrent point indifférentes à cette *Renaissance* des littératures de l'extrême Orient, et la réputation scientifique de l'Allemagne fut soutenue par les Lassen, les Halled, Schlegel, Weber et autres, qui apportèrent aux recherches nouvelles, l'appui de leur érudition.

La France eut Burnouf, ce *philologue de génie*, à qui l'on doit la rectification grammaticale du zend, cette langue oubliée de Zoroastre, la traduction inachevée des pouranas, et les notes qui ont servi à Desgranges pour rédiger sa grammaire samscrite, la plus complète et la plus savante que possède l'Europe, et que j'ai vue appréciée par les brahmes eux-mêmes comme une œuvre de haute science.

Je ne parle pas de Loiseleur-Deslongchamps, qui n'a évidemment traduit le Manava-Dharma-Sastra, qu'en copiant la traduction de William Jones, ni d'une foule d'autres prétendus indianistes, incapables de déchiffrer un manuscrit original, et qui n'ont vécu et ne vivent qu'en rééditant les opinions et les œuvres de leurs devanciers.

Dès les premiers pas des indianistes sérieux que nous avons cités plus haut, l'histoire de l'humanité s'est enrichie d'un certain nombre de vérités générales... Il est désormais hors de doute, que l'Asie et l'Europe, et j'ajouterai, pour mon propre compte, me réservant de donner mes preuves, que certaines parties des côtes africaines, et un grand nombre d'iles océaniénes ont été colonisées par divers courants d'émigrations partis de l'Indoustan, qui, d'un côté, par le nord, ont couvert la Russie, les pays slaves, scandinaves, germaniques et gaulois (en samscrit Kalata, les conquérants); par l'est, se sont avancés jusqu'aux iles de la Sonde et de la Polynésie; par le sud-ouest, ont envahi la Perse, l'Asie-Mineure, le pays de Misrah ou Arabie, l'Égypte, la Grèce et l'Italie.

L'histoire de l'Inde a gardé le souvenir et la date *chronologique* de ces différentes émigrations. Les langues slaves, germaniques, celtes, islandaise, le zend, le pehlvi, le parsi, le persan, l'hébreu, le grec, le latin et le mahori que parlent les Océaniens, ont conservé le signe indélébile de leur filiation, malgré les transformations fatales que les siècles et les civilisations nouvelles leur ont fait subir. Ces langues ne sont que des dérivés du samscrit.

Puisque nous introduisons une nouvelle langue sur la scène littéraire, le mahori océanien qui se parle de la Nouvelle-Zélande aux Sandwichs, aux îles Marquises, aux îles de la Société, à Taïti et dans l'archipel des Poumoutou. Citons quelques-uns de ces rapprochements extraordinaires entre le mahori et le samscrit, qui prouveront aux anthropologistes, que c'est par la linguistique qu'ils arriveront le plus sûrement et le plus promptement à rattacher entre eux les différents rameaux des races humaines.

Samscrit.	*Mahori.*
Tomara, tronc d'arbre, levier, massue.	**Tomara,** cœur d'arbre.
Totara, hérisson.	**Totara,** hérisson de mer.
Ura, braise rouge sous la cendre.	**Ura,** flamme.
Upa, danse. — Upa-uriyani, danser en public.	**Upa,** danser.
Uta, sable.	**Uta,** terre.
Gugupa, tourterelle.	**Uupa,** tourterelle. (Le G n'existe pas en mahori).
Ari, maître de maison.	**Arii,** chef de famille.
Ara, prompt, éveillé, rapide.	**Ara,** être éveillé, sur ses gardes.
Ariva, faible, débile.	**Ariva,** mince, délicat, faible.
Maya, femme de magicien, de médecin, sage-femme.	**Maia,** sage-femme.
Matara, libre, affranchi.	**Matara,** délié, être débarrassé.

S mscrit.	*Mahori.*
Mana,	**Mana,**
considération, puissance, honneur.	puissance, pouvoir, influence.
Nina,	**Nina,**
fin, mort.	enterrer, enfouir.
Nupa,	**Nupa,**
Sombre, obscur, ombragé.	obscurité, fourré impénétrable.
Urupa,	**Urupa,**
tempête.	vent violent.
Rata,	**Rata,**
réjoui.	joyeux, doux, privé.
Tana,	**Tané,**
mari.	homme marié.
Iripa.	**Iripa,**
emporté, insolent.	pétulent, insolent.
Vahin,	**Vahiné,**
femme enceinte.	femme mariée.

Je pourrais pousser fort loin ces comparaisons, et après l'épuisement des mots qui se sont conservés purs, ramener au samscrit presque tous les radicaux de cette langue curieuse ; mais ce n'est pas une étude du mahori que j'entreprends dans ces pages, et les quelques exemples que je viens de citer me suffisent pour démontrer jusqu'à l'évidence, que toutes les peuplades de l'Océanie qui parlent cette langue sont d'origines indoues.

Ces diverses émigrations ont porté aux quatre coins du globe des traditions religieuses morales et philosophiques, des traditions de législation identiques, et des mœurs, des coutumes se rattachant à la même origine ; héros, demi-dieux, divinités, mythes, légendes cosmiques, tout est venu de l'Inde, et trouve dans ce pays seulement, son explication, sa raison d'être, son but. Et cela n'est que logique, les fils de la vieille terre des brahmes en apportant leur langage si perfectionné dans les contrées nouvelles qu'ils venaient coloniser n'abandonnèrent point les mœurs, les croyances, les traditions de leur berceau.

Ces vérités générales admises, prouvées, il restait à exhumer tout ce passé grandiose, à étudier cette colossale civilisation aux lieux mêmes où elle s'est produite, en se faisant initier par les brahmes savants, à la science sérieuse de la langue et du livre...

Depuis quelques années, il faut le constater avec regret, l'étude sérieuse du samscrit, semble subir un temps d'arrêt. Vivant sur les résultats acquis, on édifie des systèmes, on procède par induction et par hypothèse, on fait de l'orientalisme de coterie, au lieu de s'occuper à traduire ces milliers d'ouvrages en tout genre que l'Inde ancienne nous a légués. On invente des peuples qui n'ont jamais existé, les Aryens, par exemple (l'expression samscrite d'*aryas*, qui à causé l'erreur, n'est qu'un qualificatif honorifique appliqué aux hommes excellents de certaines fonctions). On circonscrit l'influence brahmanique à certains plateaux de la haute Asie, et cela par imagination pure, alors que toutes les preuves de l'antiquité de la race humaine sur la terre, que les premiers vestiges de civilisation se rencontrent dans le sud de l'Inde seulement, et que toutes les plus vieilles légendes de l'humanité, à commencer par celle d'Adhima et d'Hèva, ont pris naissance à Ceylan, au cap Comorin, dans le Malayalam, le Carnatic et le Maïssour.

La tradition, les manuscrits vieux de quinze à vingt mille ans, les ruines imposantes, les pagodes encore debout, les brahmes savants et les pundits disent que la civilisation est partie du sud pour remonter vers le nord... mais la science officielle européenne répond, sans autres preuves que son autorité de science officielle : — La civilisation est partie du nord vers le sud.

On a beau lui dire, vous êtes en contradiction avec l'histoire de l'Inde, avec tous les monuments épigraphiques, avec le livre... On n'ébranle pas son système, et triomphante, elle se met à vous tracer la marche à travers l'Asie centrale et le monde, des Aryens, conquérants qui n'ont jamais existé, ainsi que je le prouverai au cours de ce volume.

Il semblerait que le dernier mot soit dit sur une langue, une littérature, une civilisation que nul n'approfondit (car il ne suffit pas de *passer les ponts* pour cela), et que beaucoup n'étudient qu'au point de vue de leurs préjugés.

Sans doute le samscrit se peut apprendre en Europe, mais c'est en vain que vous aurez franchi les difficultés de la lecture, en vain que la syntaxe n'aura plus de secrets pour vous, tant que vous ne serez pas allé dans l'Inde demander aux brahmes la consécration de vos études, vous ne serez pas aptes à traduire...

Chaque pagode a ses brahmes, ses pundits, qui après avoir pâli trente ans sur leurs livres, sont encore arrêtés par une foule d'abréviations et de textes presque indéchiffrables... Êtes-vous donc à même de refaire ce passé, de dire le dernier mot sur cette civilisation sans vous être initié aux sources?... alors que vous ne pouvez même pas vous mettre d'accord sur les origines de votre propre pays, et que pas un de vous n'est capable de faire une histoire sérieuse des rois de France de la première race.

J'ai écrit autre part sur le même sujet :

« Un reproche que je ferai à beaucoup de traducteurs et d'orientalistes, c'est, n'ayant point étudié dans l'Inde, de manquer de justesse dans l'expression, de ne connaître pas le sens symbolique des chants poétiques, des prières, des cérémonies, et d'arriver ainsi trop souvent à des erreurs matérielles, soit de traduction, soit d'appréciation... Peu d'écrivains sont aussi nuageux, aussi obscurs que les écrivains indous. On est obligé de dégager leurs pensées d'une foule de périphrases poétiques, de hors-d'œuvres et d'invocations religieuses, qui certes ne contribuent point à faire la lumière sur le sujet traité. D'un autre côté le samscrit, pour chaque variété d'images et d'idées, possède une quantité innombrable d'expressions diverses qui n'ont pas d'équivalent dans nos langues modernes, et ne pouvant se rendre qu'à l'aide de circonlocution, exigent une science sérieuse qu'on ne peut acquérir que sur le sol des mœurs, des coutumes, des lois et des traditions religieuses de ces peuples dont on traduit les œuvres et étudie les origines. »

Ainsi je demanderais à certains indianistes d'où peuvent leur venir les singulières opinions émises par eux, sur Siva, troisième personne de la trimourti (trinité) indoue. A les en croire, Siva serait une divinité sombre et cruelle, ne se plaisant que dans la destruction et les œuvres de mort, et que les Indous n'invoquent qu'en tremblant. Rien n'est moins sérieux et moins philosophique qu'une pareille idée.

La trimourti indoue se compose de trois personnes Brahma, Vischnou, Siva, et cette triade, dans son unité, reçoit le nom de Zeus.

Brahma est le principe créateur et reçoit, en samscrit, le nom de père, pitri. Zeus pitri, Dieu le père, dont les Grecs ont fait leur Zeus pater et Jupiter.

Vischnou est le principe protecteur et conservateur, le fils incarné dans Christna, dont les catholiques ont fait le Christ et adopté la légende.

Siva enfin ou Nara, c'est-à-dire l'Esprit divin, est le principe qui préside à la destruction et à la reconstitution, image de la nature qui renferme en elle les attributs de la fécondité et de la décomposition, de la vie et de la mort; c'est en un mot l'esprit qui dirige cet éternel mouvement d'existence et de dissolution, qui semble être en ce monde la loi de tous les êtres.

Voilà ce dieu sanguinaire dont quelques orientalistes ont fait un véritable épouvantail.

D'autres ont pris au sérieux les avatara (incarnations) du poisson, du sanglier, de la tortue, du lion, ainsi que les fables du nain, et de Paraçourama, et au lieu de les regar-

der comme des légendes poétiques, des fictions populaires.
fruit de l'imagination vagabonde des Orientaux, s'en sont
servi pour caractériser le culte brahmanique qui les **rejette**,
et taxer ce culte de grossièreté et de superstition.

Trop longue serait, même la simple nomenclature **des erreurs** propagées par l'ignorance ou l'esprit de parti, sur les
croyances religieuses des Indous.

Deux époques sont à considérer dans l'histoire de la civilisation de l'Inde.

La première comprend l'époque patriarcale, et le règne
des védas ou Écriture sainte.

Toute cette période se distingue par une foi ardente qui
ne laisse aucune place à l'examen, à la discussion ; le gouvernement est théocratique pur, sous l'autorité du père de
famille et des prêtres : tout vient de Dieu, tout se fait en son
nom tout est rapporté à sa sagesse, à sa bonté, à sa puissance. Les brahmes donnent aux peuples l'exemple de toutes les vertus, et grâce à leur piété, à leur vie toute d'abnégation, d'aumône et de prières, ils assoient sur l'Inde
entière une domination que nul ne leur conteste, ils arrivent à représenter le pouvoir religieux et le pouvoir civil.
Dieu, et le père de famille.

Dans la seconde époque, nous voyons les brahmes oubliant
peu à peu leurs traditions premières dans le but de conser
ver pour jamais le pouvoir qu'ils avaient usurpé, propager
l'ignorance, étouffer toute liberté, toute initiative, et tourner
tous leurs efforts vers un abrutissement systématique des
masses, qui seul pouvait assurer un long règne au despotisme sacerdotal.

A partir de ce moment, toute science est enfermée dans
les temples, la civilisation s'arrête, le peuple divisé en castes
est sans forces pour réagir contre ceux qui l'étreignent, et le
plongent dans l'immobilité et l'esclavage, et le règne des initiés commencent. On pousse la foule aux superstitions grossières, au culte des dévas et des saints pour lui faire oublier

celui de Dieu. Aux œuvres imposantes de morale, de philosophie, et de science léguées par les premiers âges, succèdent les mythes, les fables, les légendes multipliées à plaisir par une poésie mercenaire à la solde des prêtres. Les védas, et Vridda-Manava, le Tschepanam, le Schaschvataa, sont remplacés par les Pouranas, le Manava-Dharma-Sastra, le Mahabarata, le Ramayana et autres œuvres de la décadence, que beaucoup de gens s'obstinent aujourd'hui à regarder comme l'expression exacte des anciens cultes de l'extrême Orient.

Nous le dirons sans crainte, et nous défions qui que ce soit de nous contredire, car nous avons les mains pleines de preuves *pour nos adversaires de bonne foi* :

Les orientalistes qui n'étudient et ne traduisent que les œuvres de cette seconde époque, font fausse route... Sans doute, c'est à cette date que partirent de l'Inde les différentes émigrations qui, fuyant le joug brahmanique, ont colonisé la Perse, l'Asie-Mineure, l'Égypte, la Grèce, l'Italie et la plupart des autres contrées occidentales. Sans doute en étudiant les mythes et les légendes cosmiques, éclos à l'ombre de la puissance brahmanique, on arrive à rattacher à l'Inde l'origine de la plupart des peuples qui couvrent le globe. Sans doute, rapprocher Hercule de Hara-Kala, Jupiter de Brahma Zeuspitri, Indra de Thunar et de Thor des Scandinaves et des Germains, et la trinité indoue de la trinité des Égyptiens et du magisme, c'est démontrer d'une manière évidente la filiation des peuples et des mythologies, et la maternité de l'Inde; mais borner là ses études, prétendre qu'il n'y a rien au delà, et juger cet antique pays par les légendes poétiques que nous avons signalé... c'est rayer d'un seul trait de plume douze à quinze mille ans d'une civilisation plus ancienne encore. La civilisation de l'époque patriarcale et védique.

« Peu de peuples, dit le savant Halled, ont des annales plus authentiques et plus sérieuses que les Indous. »

« Quel passé grandiose à exhumer, et quel étonnement sera pour l'Europe, de voir la jeunesse de l'antiquité grecque en présence des âges brahmaniques, s'écrie William Jones avec enthousiasme. »

La plupart des recherches faites sur l'époque védique, n'ont en réalité porté que sur l'époque brahmanique, ou époque de la décadence.

Ces mythes, ces légendes, ces demi-dieux, ces héros, Rama, Ravana, Indra, Vacoudéva, Paraçourama et autres, les iackchas, les assouras, les nagas–rackchasas et autres, tous les anges, tous les saints mounis, ne sont que les exagérations de la poétique orientale, nées de principes purs et sublimes à l'origine, sur la divinité et ses œuvres, dénaturés plus tard à l'infini.

Ainsi, les livres saints considèrent Zeus (Dieu) dans trois situations.

Dans la première, il est *non agissant, irrévélé* et cet état se rend par l'expression samscrite de *Bavahny, inaction immobilité.*

Dans la seconde, il descend de *l'inaction à l'action,* il se manifeste en créant, il anime la matière, et cet état se rend par l'expression sanscrite de *Brahmy, création.*

Dans la troisième, il conserve et protége la nature, et tous les êtres émanés de sa puissance, et cet état se rend par l'expression samscrite *Latchoumy, conservation.*

Les poëtes indous, ne pouvaient manquer une aussi belle occasion de diviniser, aussi les voyons nous faire de ces substantifs simples, trois déesses tour à tour épouses de Brahma ou Zeus dans les trois situations que nous venons d'indiquer.

Autre exemple : Suivant les védas, Dieu renferme en lui toutes les formes, tous les organes, toutes les images, toutes les idées, tous les principes. Cette pensée philosophique n'a d'autre but que celui de faire remonter au Créateur, aussi bien dans la nature intellectuelle et morale que dans la nature physique le germe type de tout ce qui existe.

D'après le savant commantateur Vyasa, toutes ces idées abstraites ne sont pas des êtres substantiels, mais elles sont mieux que des mots, elles existent de tout temps dans la pensée de Dieu, à l'état de *possibilités*.

Sur ce, l'école philosophique de l'Inde se divise : Djerminy soutient, à propos *des idées générales*, que les *individus* seuls existent dans la pensée divine, et que les idées abstraites, ne sont que des mots, créés par la mémoire. Narada vient apporter un troisième système : suivant lui les idées abstraites existent dans l'intelligence de Brahma comme les noms propres de certaines natures, subsistantes par elles-mêmes, distinctes des esprits qui les conçoivent et des individus qui leur ressemblent... On discute encore sur cela dans les pagodes, sans parvenir à mieux s'entendre qu'Abailard et Guillaume de Champeaux, sur les *réaux* et les *nominaux*.

Mais alors arrive le poëte, et avec la logique ordinaire au poëte, il peuple d'êtres imaginaires le cerveau de Brahma, chaque idée générale de puissance, de bonté, d'amour, de sagesse, d'infini, d'espace, de perfection de bien ou de mal, reçoit la vie, devient une force créatrice, un demi-dieu, et s'appelle *Maritchi, Angiras, Poulastya, Atri, Indra, Soma, Vazichta, Brighou*, etc.... Ces demis-dieux coopèrent avec Brahma à la création, chacun suivant la nature qui lui est attribuée, puis ils finissent par se subdiviser eux-mêmes à l'infini et par donner naissance à une foule de saints personnages, les Richi, les Mouni, les Vanaprasta qui viennent jouer leur rôle sur la terre, côte à côte avec les humains. Toutes les forces intellectuelles de Zeus deviennent aussi des dieux, les forces de la nature sont représentées par des demi-dieux, les actions, les vertus, les qualités par des anges, des dévas et de saints personnages.

Et le poëte de s'écrier avec enthousiasme dans les Pouranas. « Et c'est ainsi que le cerveau divin a produit des milliers de dieux, et de dévas qui sont le lien naturel entre le créateur et la puissance céleste. »

Ainsi cette simple parole des védas que *Tout* est en Dieu, grâce aux exagérations philosophiques et aux rêves de la poésie, devient à l'époque du despotisme brahmanique, le prétexte des mythes les plus étranges, des croyances les plus insensées.

Et certains critiques de s'écrier : Que venez vous nous parler des grands principes de l'Inde ancienne sur l'unité de Dieu, ne savons-nous pas que votre Brahma s'épuise dès l'origine de la création à peupler les cieux et la terre de rakchasas, de pisatchas, de iakchas, de gnómes, de démons de dragons, de géants, avec lesquels il est ensuite obligé de lutter pour conserver sa puissance.

Et l'on ne veut pas avouer que l'on applique à la primitive époque védique, que *l'on ne connait pas*, les divagations poétiques de l'âge brahmanique.

En peuplant leur Olympe de dieux, d'anges et de saints, les brahmes n'avaient d'autre but que celui de régner par la peur et la superstition. La dégradation morale de l'Inde est une œuvre sacerdotale.

Toutes les religions qui suppriment le libre examen arrivent au même résultat, et le catholicisme, à l'imitation du brahmanisme dont il est descendu, n'a-t-il pas peuplé ses temples, de vierges, d'archanges et de saints dont la principale occupation est de lutter avec le diable et tous les esprits malfaisants de la mythologie romaine, comme aussi d'être les médiateurs entre Dieu et ses créatures.

Il ne suffit pas pour connaître l'Inde ancienne d'avoir traduit quelques passages des Pouranas, du Mahabarata, du Ramayana, du Manou abrégé par les prêtres, et de quelques autres ouvrages de la même époque, rejetés avec raison comme autorité religieuse par les pundits et les brahmes de la pointe orientale de l'Indoustan, qui ont conservé au culte de **Brahma** sa primitive pureté. Il faut, je ne saurai trop le répéter, remonter aux époques patriarcale et védiques, si l'on veut trouver l'origine des traditions religieuses du monde entier.

N'étudiez pas l'Inde des védas à trois mille lieues de distance, venez vivre ici avec les pundits et les brahmes savants, dont les leçons peuvent seules vous permettre d'interroger le passé avec fruit, et d'émettre sur cette antique contrée des opinions sérieuses et puisées aux véritables sources.

Depuis William Jones, Colebrooke, Lassen, Burnouf et Halled, qu'avez vous révélé au monde savant, qu'avez-vous traduit de nouveau, qu'avez-vous produit, et parmi vos mémoires fantaisistes en est-il un seul qui n'ait été écrit sur une hypothèse ? Depuis vingt ans, la science officielle se traîne sur les traces de deux ou trois indianistes de grand talent, qui pour avoir ouvert la voie avec éclat, n'en ont pas moins pour cela accrédité de nombreuses et graves erreurs.

Cela se conçoit. Il ne pouvait pas être donné aux premiers savants qui révélèrent le samscrit à l'Europe, de dire le dernier mot sur cette vieille civilisation de l'Inde dont dix générations ne suffiront pas à traduire les œuvres.

Aussi voyez le résultat :

L'un rejette la chronologie brahmanique, sans autre motif que ceux tirés de son autorité personnelle. L'autre l'admet, mais jusqu'à telle époque seulement; plus loin tout est fabuleux. (Où sont leurs autorités, nul n'ayant encore rassemblé les matériaux de cette chronologie ?) Celui-ci, qui est catholique, prêche l'influence de Moïse sur l'Inde ancienne, et il se drape dans cet anachronisme, d'où les meilleurs raisonnements ne le feront pas sortir. Celui-là fait vivre Bouddha au xv⁰ siècle avant notre ère; cet autre place sa naissance au vi⁰ siècle seulement.

Il n'y a pas deux orientalistes d'accord sur une date, sur un fait, sur un règne, sur un livre; suppositions, affirmations, négations, se croisent pêle-mêle, et la dernière chose dont on tienne compte en parlant de l'Inde, c'est de l'opinion des Indous... Vous vous trompez, dit-on aux brahmes qui ont la prétention d'avoir des annales sérieuses, authentiques suivant l'expression de M. Halled ; nous savons bien mieux à quoi nous en tenir sur le passé de l'Inde, sur les bords de la Seine qu'aux rives du Godaverry.

Que dirait-on d'un brahme, qui après avoir appris péniblement le français, et traduit quelques lambeaux d'ouvrages poétiques, sans avoir vécu de longues années en Europe, prétendrait approfondir nos mœurs, nos coutumes, nos législations, et, non content de trancher de haut toutes les questions économiques, philosophiques et religieuses sur lesquelles nous ne pouvons nous accorder nous-mêmes ; viendrait encore rectifier nos dates, changer la tradition de nos monuments historiques, indiquer l'origine de ceux sur lesquels l'archéologie n'est point d'accord, et donner des leçons d'épigraphie et de numismatique à messieurs de l'Institut.

Est-il un seul écrivain qui oserait faire l'histoire d'une des provinces de France, sans l'aller visiter en détail, sans interroger ses monuments, sans scruter un à un tous les manuscrits qui s'y rapportent ? Comment alors étudier à distance une civilisation vieille de vingt à vingt-cinq mille ans, la première peut-être qui se soit produite dans le monde.

Chose étrange, nous ne sommes point fixés sur nos propres origines, on discute encore pour savoir si Pharamond, le premier roi de France, est un personnage historique ou fabuleux, et quand il s'agit de l'Inde, on émet hardiment, du fond de son cabinet, des opinions qu'on prétend irréfutables.

Qu'on le sache bien, ce n'est qu'en allant demander aux brahmes savants, la consécration de ses études, ce n'est qu'en établissant dans le sud de l'Inde une école de samscrit, qu'on arrivera à une science sérieuse du passé, et dénué de tout soupçon de charlatanisme.

Mais, me dira-t-on, William Jones, Colebrooke, Thomas Strange, ont vécu de longues années dans l'Inde, comment pouvons-nous errer, en nous inspirant de leurs enseignements en suivant leurs traces?

La plupart des critiques qui ont écrit sur la *Bible dans l'Inde* ont reproduit cet argument, qui n'a de valeur que pour les lecteurs qui ne s'occupent point spécialement des science orientales.

En effet : *aucun de ces indianistes n'a connu l'époque patriarcale et védique ! aucun n'a cherché à dégager le principe primitif, des légendes brahmaniques ! aucun n'a étudié, approfondi la question religieuse !* William Jones et Colebrooke, ont surtout dirigé leurs efforts vers l'étude des législation indoues, et la recherche des rapports du samscrit avec les langues orientales et indo-germaniques. On conçoit qu'ils n'aient pu tout embrasser, quel qu'ait été leur talent,.sur cette vieille terre de l'Inde qui usera bien des générations encore, avant de livrer ses secrets. Il y a plus, ils n'ont pas eu en mains, les ouvrages nécessaires à l'étude du problème religieux, et ce n'est pas au Bengale, contrée qu'ils n'ont jamais quittée, que l'on peut retouver les primitives traditions.

Depuis plus de cinquante ans, la Société asiatique de Calcutta, découvre interpolations sur interpolations dans les copies des védas qu'elle a fait faire. Elle n'a pu se procurer encore un Vriddha-Manava, ou ancien Manou, et s'apercevant depuis peu seulement de l'insuccès de ses recherches dans le nord de l'Inde, cette terre classique des invasions, elle vient de s'adresser aux brahmes de la pointe orientale de l'Indoustan auprès desquels (si le mouvement de reconstitution du passé se fût produit dans cette partie de l'Inde) on eut depuis longtemps trouvé les productions les plus authentiques de l'ancienne littérature védique.

Qu'on ne nous oppose donc pas William Jones et Colebrooke, qui n'ont ni connu ni même soupçonné les nombreux ouvrages que les bibliothèques des pagodes du sud de l'Inde possèdent, sur l'époque qui a précédé et suivi les védas. Grandes et respectables autorités, quand il s'agit des législations et de la philosophie indoues issues du brahmanisme, ces illustres indianistes Anglais ne peuvent être invoqués contre nous, sur une question d'origines religieuses qui ne fut jamais le but de leurs études.

Pas de fétichisme inintelligent, ne faisons pas de la science autour du nom d'un homme, ne créons pas de doctrine officielle... Je ne crois pas qu'il soit bon de nier des choses uniquement parce que tel ou tel ne les ont point vues ou ne les ont point dites, cela n'est pas scientifique, et l'on sait combien de temps le moyen âge a marqué le pas sur le terrain de la véritable science, pour s'être mis à la remorque d'Aristote et de la Bible.

Il est dans l'Inde, croyez moi, beaucoup de livres et de manuscrits qui attendent qu'on veuille bien les traduire.

L'Inde ancienne, c'est-à-dire l'Inde patriarcale et védique, fut si peu entrevue par William Jones, Colebrooke, Thomas Strange, Princeps, Wilson et autres, qu'à en croire les savants pundits du sud de l'Inde, ils n'auraient même pas apporté en Europe le véritable alphabet samscrit devanagueri (issu de la divinité).

A ce propos, je crois d'un haut intérêt de parler d'une querelle célèbre dont on semble fort peu se douter en Europe, et qui divise, depuis plusieurs siècles, les rares savants des provinces du nord, c'est-à-dire du Bengale, et les brahmes des provinces du sud de l'Inde, c'est-à-dire du Carnatic, du Tandjaore, du Maïssour et du Malayalam.

Les brahmes du nord disent à leurs frères du sud : « Nous ne vous reconnaissons point comme appartenant à notre caste; vous êtes plus bronzés que nous, et nous seuls, qui n'avons jamais quitté les rives sacrées du Gange, possédons la vérité. »

Les brahmes du sud, attachés par milliers au service des grandes pagodes, leur répondent :

« Vous qui nous parlez ainsi, vous n'êtes plus des brahmes, il y a longtemps que l'Esprit de Dieu s'est détourné de vous. Si nous sommes bronzés, c'est que nous avons conservé le type pur et la couleur de nos encêtres nés dans ce pays. Tandis que vous, si votre peau a blanchi, c'est par une alliance impure avec les musulmans, ces stupides envahisseurs de la terre sainte, et, par ce fait, vous avez perdu les véritables traditions et la science des livres sacrés.

« Vous ne portez plus le costume consacré des prêtres, vous vous nourrissez de viandes proscrites par l'Écriture sainte, vous ne vivez plus d'aumône, vous couvrez vos femmes de longs voiles, comme les sectateurs de Mahomet, et vous les enfermez dans le lieu le plus secret de vos maisons, car vous êtes jaloux de votre frère. Où sont vos temples, vos autels, vos grandes fêtes? les superstitions de la plèbe ont réagi sur vous. Qu'importe que vous n'ayez jamais quitté les rives du Gange, toutes nos traditions religieuses sont nées dans le sud et à Ceylan, et le Gange n'est devenu un fleuve sacré que par les ablutions que Christna y fit en compagnie de son fidèle Ardjouna. Vous adorez Kali, la déesse du meurtre et de la guerre, vous adressez vos prières aux nagas et aux sarpas; le génie du mal a renversé le culte de la Divinité... Vous n'êtes plus des brahmes, vous n'êtes même plus des Indous, vous n'êtes que des tchandalas (hommes de classe mêlée : paria). »

Rien n'est plus exact que ces reproches adressés par les brahmes du sud aux brahmes du nord.

L'Inde, que l'Européen visite le plus volontiers, séduit par la puissance de la domination anglaise, l'Inde, que l'on a jusqu'ici étudiée presque exclusivement, c'est-à-dire Calcutta, le haut Bengale, le royaume d'Aoude, Delhi et Agra, Benarès et Lahore, n'est plus l'Inde des anciennes traditions.

Descendez des hauteurs du Pundjab, traversez ces plaines immenses qui s'étendent au pied de l'Hymalaya, suivez

le Gange, des montagnes du Kanauwer où il prend sa
source, jusqu'au Saunderbounds, où il se jette dans
l'Océan. Quels vestiges avez-vous rencontrés de l'ancienne
puissance brahmanique? les ruines même ont disparu...
Vous ne trouvez là que des populations bâtardes, mi-indoues,
mi-musulmanes, qui ont perdu tout cachet, toute origina-
lité. Les diverses invasions: Mahmoud, Gengis-Khan, Tamer-
lan, les Afghans, Baber, Aureng-Zeb, et Nadir, qui tour
à tour ont ravagé ce sol, n'ont rien laissé subsister de
la splendeur des temps passés, temples, monuments,
pagodes, inscriptions, manuscrits, tout a été détruit et
brûlé; à peine çà et là apercevez-vous, en remontant le
fleuve sacré, quelques tronçons de colonnes à demi enfouies
dans l'herbe, quelques marches brisées de ces escaliers
gigantesques que les prêtres avaient édifiés le long du Gange
pour les ablutions des fidèles.

Les mosquées ont remplacé les pagodes, Mahomet a renversé Brahma, les sectateurs d'Omar ont nivelé par le sabre
la terre et les peuples, les croyances et les statues des dieux.
Depuis la conquête européenne, les cottages anglais sont en
train de remplacer les palais des rajahs; la brumeuse
Albion achève dans le nord de l'Indoustan, l'œuvre des
Mogols.

C'est en vain que vous chercheriez sur cette terre envahie
par les chemins de fer, le télégraphe, les usines et les
comptoirs, le moindre souvenir de l'œuvre des védas. Ce
n'est pas au milieu de ces populations qui n'ont plus rien
d'indou, que l'on peut tenter la reconstitution du passé. Ce
n'est pas dans leurs ouvrages falsifiés, que l'on peut retrouver les écrits des premiers âges...

Les provinces du sud, au contraire, ont échappé à la funeste influence des envahisseurs. Là les brahmes savants,
qui méprisent les superstitions de la foule, conservent le précieux dépôt des traditions religieuses, dans l'espoir d'une
prochaine régénération. Là sont les temples, les grands mo-

numents, les ruines gigantesques, et les dieux taillés dans cinquante pieds de granit, qui, aux jours des fêtes solennelles, voient encore des foules de six à huit cent mille âmes s'agenouiller devant eux. Pas un village qui n'ait sa pagode, ses brahmes officiants, ses pundits commentant sous les portiques la loi ancienne. Et l'on ne se douterait pas que le seul temple de Chélambrum, dans le Carnatic, nourrit une population de plus de quinze mille brahmes parlant encore samscrit. Aussi est-ce là, au centre de toutes les antiques traditions, en face des institutions brahmaniques, puissantes encore au point de vue religieux, que la science parviendra à reconstituer l'Inde ancienne, à découvrir l'origine de tous les mythes mythologiques de l'antiquité grecque, et de l'idée chrétienne, à faire l'histoire de toutes les invasions qui ont colonisé le monde ancien, des sombres forêts de la Scandinavie aux rivages des îles océaniennes.

J'ai dit plus haut que la Société asiatique de Calcutta avait découvert, dans la plupart des manuscrits qu'elle avait recueillis, de nombreuses interpolations. Il y a longtemps que les brahmes du sud de l'Indoustan, dans leur querelle avec ceux du nord, ont émis cette opinion, que les livres sacrés du Bengale n'étaient pas des ouvrages originaux, ni même des copies fidèles, et voici les explications que j'ai entendu donner par beaucoup d'entre eux à l'appui de cette opinion.

« L'invasion musulmane, disent-ils, eut à son début un caractère essentiellement religieux; tous ses efforts tendirent à soumettre à la loi du prophète les populations qu'elle avait vaincues. Pour arriver à ce résultat, tous les moyens lui furent bons, massacre en masse de tous les sectateurs de Brahma réfractaires à la circoncision, destruction par le fer et le feu de tous les monuments historiques, de toutes les bibliothèques, de toutes les pagodes, édification de mosquées dans toutes les contrées soumises... Elle porta sa main sacrilége sur tout ce qui rappelait un souvenir, une croyance, une œuvre du passé.

Les livres, la langue sacrée, les traditions religieuses disparurent, puisqu'il n'y avait plus de temples pour prier. »

Plus tard, quand l'empire de Delhi fut solidement assis, les sectateurs d'Hayder-Ali se relâchèrent un peu de leur persécution, et sans autoriser le rétablissement des pagodes qu'ils avaient détruites, ils permirent à chaque Indou de se livrer aux exercices de son culte dans l'intérieur de sa maison ; de là est venue la coutume qui existe encore dans le Bengale et les provinces supérieures, d'avoir dans chaque maison un brahme attaché aux exercices religieux.

A cette époque, quelques sannyasis (pèlerins) et autres dévots personnages vinrent chercher dans les pagodes du sud de l'Inde, qui avaient échappé à la persécution musulmane, des copies des livres sacrés qu'ils ne possédaient plus. Ces hommes de bonne volonté manquaient, pour la plupart, de la science nécessaire à l'accomplissement de leur œuvre ; et ces copies mal faites servirent à leur tour de modèle à d'autres copies plus ou moins tronquées et dénaturées, suivant l'intelligence de ceux qui furent chargés de les transcrire. Pour faciliter l'étude du samscrit, que personne n'entendait plus dans le nord, l'alphabet ancien fut remplacé par un nouveau emprunté à l'écriture vulgaire du kanara, du bengali, et surtout de l'indoustani, alphabet que, d'après William Jones et Colebrooke, l'Europe a adopté pour l'étude de la vieille langue des védas.

Ainsi, d'après les brahmes du sud de l'Indoustan, l'alphabet samscrit en usage dans nos facultés serait un alphabet apocryphe, appelé mennagueri (d'origine humaine), et non l'alphabet devanagueri, que Vischnou lui-même a, d'après la légende, révélé aux hommes.

Je ne me dissimule pas la gravité scientifique de ces opinions. Sans prétendre leur apporter le bien mince appui de mon autorité, je puis dire qu'elles pèseront d'un poids incontestable dans les études de l'avenir, lorsque la science voudra bien se décider à puiser aux sources primitives, et à s'occuper de samscrit plus sérieusement qu'elle ne l'a fait jusqu'à ce jour. Elles sont en effet soutenues par des hommes d'une incontestable science qui passent leur vie dans l'étude des antiquités de leur pays, et que l'on voudra bien reconnaître comme plus experts en cette matière, que ceux qui jugent de loin une civilisation si différente de la nôtre, par ses mœurs ses coutumes, ses croyances, et sa littérature. Elles ont enfin une consécration historique dans ce fait incontestable : *Que le sud de l'Inde a échappé a l'influence directe de toutes les invasions dont les provinces du nord ont été le théâtre, et qui ont détruit jusqu'aux derniers vestiges de la vielle civilisation védique.*

M. Cicé, le savant orientaliste de Pondichéry, qui parle le samscrit, et huit à dix dialectes de l'Inde, et qui a consacré trente ans de son existence à l'étude du passé, est un partisan sérieux et convaincu de ces opinions que l'Europe sera tôt ou tard forcé d'adopter.

Que de fois ne m'a-t-il pas dit, lorsque nous causions ensemble de ce merveilleux pays, *alma parens* des principales nations du monde. — « Les croyances religieuses, de la primitive époque des védas ne peuvent être ni étudiées ni comprises ailleurs que dans l'Inde ; la poésie et ses grossières légendes, les ont par trop défigurées, il y a trop de manuscrits à traduire, de monuments à interroger pour qu'une reconstitution de ce passé grandiose, soit possible de loin, quels que soient la science et le dévouement de ceux qui pourraient la tenter. »

On nous saura gré de donner ici l'alphabet devanagueri que nul n'a encore apporté en Europe et qui est considéré par les brahmes du sud de l'Indoustan comme le seul alphabet authentique des védas.

Nous le faisons suivre, pour que le lecteur puisse comparer, de l'alphabet en usage dans les Facultés d'Europe.

ALPHABET SAMSCRIT DEVANAGUERI (*émané de Dieu*)

DES BRAHMES DU SUD DE L'INDOUSTAN.

Voyelles.

a	à	i	i	ou	oû	re	rè	le

lè	e	ai	o	aòu.

Consonnes.

k	kh	g	gh	ng	to	ths

ds	dhs	ngs	tt	tth	dd	ddh	nn	t

th	d	dh	u	p	pp	b

bb	m	y	r	l	ll	v	s

ch	st	h.

Signes muets.

hk	hp	am	aa.

ALPHABET SAMSCRIT DEVANAGUERI (*émané de Dieu*)

DES BRAHMES DU NORD DE L'INDOUSTAN.

Voyelles.

a	à	i	i	ou	où	re	rè	le	lè
ऋ	आ	इ	ई	उ	ऊ	ऋ	ॠ	ऌ	ॡ

e	ò	aou.
ए	ऐ	औ

Consonnes.

k	kh	g	gh	ng	ts	ths	ds	dsh	ngs
क	ख	ग	घ	ङ	च	छ	ज	झ	ञ

tt	tth	dd	ddh	nn	t	th	d	dh
ट	ठ	ड	ढ	ण	त	थ	द	ध

n	p	pp	b	bb	m	y	r
न	प	फ	ब	भ	म	य	र

•e	v	s	ch	st	h	ksh.
ल	व	श	ष	स	ह	क्ष

Signes muets.

hk	hp	am	aa.
क्	प्	अं	अः

S'il est vrai, selon l'opinion des pundits et des brahmes savants du sud de l'Inde, que nos universités ne possèdent même pas le véritable alphabet *devanagueri*, si jusqu'à ce jour (d'après les mêmes autorités) on n'a pu interroger en Europe, que des copies mal faites des ouvrages sacrés des brahmes; espérons que avant peu une science mieux entendue du samscrit, et puisée aux sources mêmes du brahmanisme, en rétablissant dans nos écoles les véritables textes d'ouvrages si précieux, pour l'histoire de l'humanité rendra au monde savant pour les études orientales le même service que la chute de Constantinople, qui nous fit connaître les ouvrages des anciens rendit aux études grecques et latines.

En démontrant de mon mieux, que nul jusqu'à ce jour, n'a étudié l'époque patriarcale et védique, que c'est à peine si l'ère brahmanique a été effleurée, que l'on s'est appuyé surtout pour juger l'Inde ancienne, sur des ouvrages de poésie que les brahmes savants ne regardent que comme des œuvres vulgaires et sans autorité, j'ai répondu aux principales critiques qui se sont produites dans les deux mondes à l'occasion de mon ouvrage, *la Bible dans l'Inde*. Je ne crois pas devoir répondre *aux personnalités* dont certains critiques catholiques, ont bien voulu m'honorer, ni prendre au sérieux, la série d'anachronismes historiques, à laquelle ils sont réduits, pour prouver que Moïse est antérieur à Manou.

Cependant M. Théodore Pavie, élève de Burnouf, ex-suppléant de la chaire de samscrit au Collège de France, me permettra de ne point laisser passer sans y répondre la plus grosse de ses erreurs, en raison même de l'énergie avec laquelle elle est affirmée.

Dans un article critique publié sur *la Bible dans l'Inde*, dans la Revue de l'Anjou en 1870, première livraison de janvier, M. T. Pavie s'exprime ainsi :

« Si nous avons admis les rapports qui existent entre la

Genèse de Moïse et celle de Manou, en expliquant les causes qui nous portent à les accepter, nous nions formellement que la triade soit mentionnée dans le législateur indou. Non, ni les védas, ni Manou n'ont parlé du trimourti (trinité) que vous faites apparaître à l'aurore de la création. »

Pour rendre son affirmation plus imposante encore, M. T. Pavie, cite la phrase suivante de M. Loiseleur-Deslongchamps, le traducteur de Manou : « On ne voit aucune trace dans le code de Manou de cette triade, ou trinité (trimourti) si fameuse dans des systèmes philosophiques sans doute postérieurs. »

Sur ce point, je vais prier le législateur indou lui-même de nous dire s'il est vrai qu'il n'ait point connu la triade, c'est-à-dire la trinité. Et sa réponse ne se fera pas attendre.

Lois de Manou. Livre XI, sloca (verset) 265

« La sainte syllabe primitive, composée de trois lettres (a u m) dans laquelle la triade védique est comprise, doit être gardée secrète comme un autre triple véda. Celui qui connaît la valeur mystique de cette syllabe connaît le véda. »

Il serait difficile de rencontrer un texte plus formel. Et si Manou ne parle pas plus souvent de la triade védique, ou trinité mystérieuse de qui émanent les quatre védas ou sainte Écriture, c'est que cette notion de la trinité divine était réservée aux initiés, et qu'il était défendu, sous peine de mort, de la révéler au vulgaire.

Suivant l'abbé Dubois, missionnaire aux Indes, la triade védique est représentée par *aum* et cette syllabe primitive signifie a-Brahma, u-Vischnou, m-Siva, le même auteur constate qu'il était défendu aux anciens brahmes, de révéler le mystère de la trinité aux castes inférieures...

Ce n'est pas Manou qui n'a point connu la trinité, c'est M. Pavie qui comprend mal Manou !...

Toute la critique *catholique* de M. T. Pavie, est conçue dans cet esprit, pour arriver à courber l'Inde des védas, l'Inde d'il y a vingt mille ans et plus, sous la révélation mosaïque qui n'est qu'une pâle copie des bas mystères de l'Égypte.

Je n'insiste pas, et me hâte de clore ces pages pour continuer mes études sur l'Inde ancienne, avec les nombreux manuscrits que j'ai eu en ma possession, et d'après les principes que m'ont inculqués mes maîtres, les brahmes pundits des pagodes de Villenoor et de Chélambrum dans le Carnatic.

LES FILS DE DIEU

INTRODUCTION

Ce livre est la suite logique des études orientales inaugurées par la *Bible dans l'Inde*.

Un rapide exposé de ce précédent ouvrage rendra à ceux qui ne le connaissent point, la lecture de celui-ci plus fructueuse, tout en condensant les souvenirs des lecteurs de mes *premiers essais*.

La Bible dans l'Inde se divise en quatre parties. Dans la première : j'étudie l'influence de l'Inde par sa langue, sa morale, ses lois, sa philosophie sur les sociétés anciennes. Je suis pas à pas la marche de la civilisation indoue, en Égypte par Manès, en Asie-Mineure et en Grèce par Minos, législateurs qui ne furent, à mon sens, que les continuateurs de Manou, le législateur de la haute Asie. Je démontre à l'aide de la philologie, que ces noms d'hommes célèbres ont une commune origine samscrite, que tous les noms de la Fable antique appartiennent à la même langue, et que la plupart des systèmes des philosophes grecs, ont pris naissance dans l'Inde.

Zoroastre, son livre des Nosks, la civilisation qu'il fonde en Perse, ses luttes avec les brahmes indous viennent ajouter de nouveaux arguments à la thèse que je soutiens, Rome même n'échappe pas à cette influence, à cette infiltra-

tion, et ses sages rapportent de la Grèce, de l'Égypte et de
l'Asie, des lois identiques à celles de Manou.

Dans la seconde partie, après avoir soutenu l'impossibilité de la mission divine de Moïse, mission que Manou,
Christna, Bouddah, Manès, Com-fu-tsé, Zoroastre, Mahomet,
le Christ, que tous les pasteurs d'hommes s'étaient déjà
attribuée avant et s'attribuèrent après lui, j'assigne aux
Israélites une origine purement égyptienne.

En effet, je trouve sur la terre des Pharaons, *ce prétendu
peuple de Dieu*, dès son début et d'après Moïse lui-même, au
dernier degré de l'échelle sociale, repoussé par toutes les
castes, livré aux plus durs travaux, traité enfin comme le
furent les parias de l'Inde, et la conclusion de cette identité
de civilisation, de situation, de mœurs, de servitude, est que
les Hébreux furent les parias de l'Égypte.

Moïse élevé jusqu'à quarante ans à la cour des rois
d'Égypte, sans qu'il ait eu jusqu'à cette époque connaissance de son origine servile ; initié par les prêtres aux mystères réservés aux hautes classes, n'a fait, dans les cinq
livres de la Bible dont il est reconnu l'auteur, que copier
assez grossièrement, les anciennes traditions de la haute
Asie, apportées en Égypte par Manès et les différentes émigrations qui vinrent successivement peupler ce pays.

Pour étayer cette thèse, je puis presque dire la prouver,
je donne de nombreux textes de la Bible, qui ne sont jusqu'à
l'évidence que de maladroites copies, que de pâles reflets
d'autres textes extraits des védas et de Manou.

La troisième partie renferme la Genèse indoue : création
du monde, révolte des dévas ou anges, naissance d'Adhima
(en samscrit, *le premier homme*) et d'Héva (en samscrit, *ce
qui complète la vie*), le déluge, les patriarches, la légende
d'Adjgarta que Moïse transforma en celle d'Abraham. Les
prophéties qui annoncent la naissance du rédempteur indou.

Puis, je donne, d'après les ouvrages de théologie samscrite
les plus authentiques, la vie de Devanagui, la vierge mère, la
naissance de Christna, les persécutions du tyran de Madura,
le massacre des innocents, l'enfance du rédempteur, sa vie
militante, ses maximes, ses paraboles, son enseignement

philosophique et religieux, sa mort sur les rives du Gange,
qui fut un assassinat sacerdotal.

Étudiant alors le fonctionnement religieux adopté par les
brahmes prêtres successeurs de Christna, après la mort de
leur maître, fonctionnement qui subsiste encore dans les
pagodes du sud, je démontre que l'Inde, il y a six mille ans,
possédait déjà l'office du sarvameda, véritable sacrifice de la
messe; la confession publique d'abord à la porte des temples et devant l'assemblée des fidèles, secrète ensuite auprès
d'un brahme; le baptême par l'eau du Gange, ou par l'eau
lustrale, pour ceux qui étaient trop éloignés du fleuve sacré,
ainsi que les sacrements de confirmation avant l'âge de
seize ans, et de mariage.

Je démontre que le brahme prêtre recevait son investiture
par les huiles saintes, qu'il portait et porte encore une soutane blanche, la ceinture et la tonsure, qu'il faisait vœu de
chasteté, et d'après le missionnaire Dubois lui-même,
donnait à ses ouailles le plus pur exemple de toutes les
vertus.

Dans la quatrième partie enfin, reprenant en sous-œuvre,
à l'aide des preuves nouvelles que j'ai apportées au débat,
l'opinion presque inconnue aujourd'hui des gnostiques de
l'école d'Alexandrie, dont les plus célèbres, Philon le Juif,
Dosithée, Cerinthe, Simon surnommé le magicien, Ménandre
le Samaritain, Carpocrate, Basilide, Valentin et Tatien
d'Alexandrie, Saturnin d'Antioche, Bardesane d'Edesse,
Marcion et Cerdon, tous contemporains soit des apôtres,
soit des premiers pères de l'Église, leur disaient : « Vos doctrines ne sont que la rénovation des anciens cultes de
l'Orient. » Je dis à mon tour aux apôtres : Après la mort du
pasteur juif votre maître, qui s'était contenté de consoler les
faibles et les affligés, vous l'avez divinisé au profit de votre
puissance, à l'imitation des disciples de Manou, de Christna,
Bouddah, Sakya-Mouni, Zoroastre et Com-fu-tsé.

Vous avez copié le nom, et les aventures de Christna, jusqu'à sa mort même, dont tous les livres historiques et religieux de l'Inde sont remplis, pour les attribuer à Jésus, dont
pas un historien de son époque ne parle. Il est vrai que vous

n'avez osé publier votre roman religieux que plus de deux
siècles après la mort de votre héros, dans le but de rendre
tout contrôle impossible.

Comme tous les antiques sorciers de l'extrême Orient,
comme les sybiles, les oracles de Madura, de Delphes ou
d'Isis, vous avez eu recours au merveilleux, au miracle et
au sortilége pour fonder votre culte. Comme cérémonies vous
avez tout emprunté à l'Inde. Baptème dans les eaux du Jourdain d'abord, puis ensuite par l'eau bénite ; confession, communion, confirmation, ordination, huiles saintes et tonsures,
calices, encensoirs, soleil et triangle du saint-sacrement, et
autres instruments du culte ; croyance à l'immortalité de
l'àme, à l'unité de Dieu dans la Trinité que Moïse n'a pas
connue, vous avez tout pris. — Oui, les gnostiques, vos contemporains, avaient raison, ils ont signalé la fraude : vous
n'étiez que la rénovation des doctrines de l'Orient.

Vous êtes nés du brahmanisme, comme le bouddhisme, le
magisme, les mystères de l'Égypte, les superstitions juives.
De même que les panthéons informes des Grecs et des Romains, des Germains et des Scandinaves, sont eux-mêmes
issus par voie d'émigration, des superstitions ridicules que les
prêtres brahmes avaient abandonnées en pâture à la foule pour
mieux asseoir leur domination. Vous êtes émané du brahmanisme enfin, qui fut la vieille religion de l'extrême Orient,
et de la haute Asie, comme à leur tour toutes les sectes modernes sont issues de votre christianisme.

Rien ne se perd en ce monde, pas plus une idée qu'un
atome de matière, et la science du passé, mieux entendue, en
puisant aux sources primitives des vieilles civilisations, de
même que les sciences naturelles retrouvent aujourd'hui, dans
le charbon de nos mines, les arbres et les fougères gigantesques qui lui ont donné naissance, mettra à jour avant peu,
toutes les superstitions antiques inventées par les prêtres et
les pasteurs d'hommes, pour mieux dominer les masses igno-
rantes et crédules.

En recherchant dans les Fils de Dieu, l'origine de tous ces
sycophantes, de tous ces messies, de tous ces rédempteurs,
de tous ces prophètes, de tous ces prétendus porte-parole de

l'Être suprême, en sigalant leur origine commune, leurs moyens, leur but, nous n'avons d'autre dessein que celui de purifier cette grande image de la Divinité, de tous les parasites qui, depuis des siècles, vivent de l'exploitation de son nom. En vain MM. de Rome et de Loyola traiteront ces pages d'œuvre d'athéisme, celui qui les écrit croit fermement en Dieu, à l'immortalité de l'âme, au mérite et au démérite, à toutes les vérités éternelles que le créateur a déposé dans la conscience de tous... Mais il ne croit ni aux brahmes, ni aux bonzes, ni aux mages, ni aux derviches hurleurs ou tourneurs, ni aux hiérophantes, ni aux aruspices, ni aux druides, ni aux prêtres, et il refuse d'accorder à ces gens qui font Dieu à leur image, et le mêlent à leurs luttes d'ambition et de parti, le droit de parler en son nom.

Je suis persuadé, comme au temps de Cicéron, qu'ils ne peuvent toujours point se regarder sans rire...

UNE NUIT A MADURA.

J'étais à Madura, la ville sacrée de Devanaguy et de son fils Christna...

Un soir que j'avais été visiter les ruines du palais de Kansa, et de la tour où ce tyran fit enfermer la vierge mère, je m'étais arrêté pour rêver à mon aise, au milieu des tronçons de colonnes, des chapiteaux abattus, et des statues colossales des dieux mutilés et à demi enfouis...

Le soleil baissait rapidement à l'horizon, le chant du *padial* ramenant ses troupeaux se faisait entendre de toutes parts dans la plaine, les éléphants sacrés rentraient à la pagode avec une abondante moisson d'herbes fraîches et de cannes à sucre. Et je regardai le crépuscule envahir la terre estompant au loin les montagnes, les bois, les rivières, d'ombres qui de tous côtés s'agrandissaient avec une fantastique rapidité... En face de moi, le temple dédié à Christna dont la masse imposante est une des merveilles du sud de l'Inde, disparut bientôt dans la nuit.

Tout à coup le timiram ou chant des morts, éclata dans les ténèbres... Les brahmes procédaient à l'office du soir, et dans le silence que la nuit avait apporté avec elle, les paroles de cette hymne lugubre, montèrent distinctement jusqu'à moi...

« Ils sont partis laissant à la terre leurs corps, qui sont devenus la proie des chacals immondes et des vautours aux pieds jaunes, et leurs âmes errent maintenant au

fond des abimes à la merci de Varouna qui châtie les méchants.

*
* *

« C'est en vain, quand les iakchas les rongent, leur déchi-
rent les entrailles, qu'ils essayent d'invoquer Yama ; la justice du dieu des enfers, après mille ans de souffrances, les fera
renaître encore pendant mille générations dans le corps d'un
tchandala... »

La voix grave et sonore des brahmes commençait le premier vers de la strophe, que la foule des fidèles achevait en
poussant des cris aigus et de lamentables gémissements, sur
le sort des morts chassés du séjour céleste...

Ils continuèrent longtemps ainsi : l'être qu'ils invo-
quaient était le dieu du châtiment, et parmi ces trois mille
hommes agenouillés qui se frappaient la poitrine pour con-
jurer sa colère... pas un incrédule à la voix du prêtre, pas
un qui osa se lever et dire au brahme : Tu mens ! l'être suprême n'est pas tel que tu nous le représente, il ne nous a
pas créés pour déchirer nos entrailles, pour se faire le bourreau de nos corps et de nos âmes et mettre sa félicité dans
notre souffrance...

Non ! Tout le monde priait et croyait !

Et ce n'était pas cette puissance infinie, que les védas ont
si bien chantée, qui domine et règle les mondes, arbitre
souverain de tout ce qui existe, matière ou intelligence...
que cette foule invoquait... C'étaient les gnômes, les iakchas, les vampires, les dévas, les rakchasas, inventés par les
prêtres pour faire oublier Dieu, et terroriser les peuples à
leur profit !...

Et je me mis à réfléchir à ces superstitions innombrables,
à ces fables mystérieuses, à toutes ces ridicules croyances
enfin, dont les pasteurs d'hommes abreuvent l'humanité, depuis des milliers d'années, se transmettant leur
formule dans le silence des pagodes ou des églises. Tortu-
rant, brûlant, massacrant leurs adversaires au nom de

Dieu, qui n'est plus dans leurs mains qu'un odieux épouvantail...

Et il me semblait entendre dans la nuit du passé, les cris
de toutes les victimes que les chants des bourreaux ne par-
venaient pas à étouffer. Quel effroyable concert!

« Nous sommes les bouddhistes et les mages massacrés par
les brahmes; nous sommes les Birmans massacrés par les
bouddhistes; nous sommes les Amalécites, les Amoréens,
les Saducéens égorgés par l'ordre de Moïse; nous sommes
les Hébreux décimés par les lévites... Nous sommes les
victimes de l'inquisition, les martyrs des bûchers d'Espagne
et de Rome... Nous sommes les Vaudois, les Albigeois, les
protestants de la Saint-Barthélemy, les Camisards. Nous
sommes Savonarole et Jean Huss!... »

Et je voyais à travers les âges, chaque fois que les peuples
semblaient se calmer, chaque fois qu'un vent de miséricorde
et de fraternité commençait à souffler au milieu d'eux, un
homme se lever, se disant l'envoyé de Dieu. Et il poussait de
nouveau les peuples les uns contre les autres, et au milieu
des ruisseaux de sang et des milliers de cadavres qui couvraient
la terre les brahmes, les bonzes et les prêtres venaient saluer
cet homme, et ils disaient aux victimes : *Adorez la main
qui vous châtie, celui-là est l'oint du Seigneur !*

Et les peuples anéantis par la superstition et la peur, se
courbaient plus bas encore, jusqu'à ce que leur front fût
souillé par la boue sanglante,... et ils priaient pour leurs
bourreaux, et ils bénissaient celui qui les frappaient en
murmurant : — C'est la justice de Dieu qui nous châtie de
nos crimes. Éternelle jonglerie de ces hommes qui se prétendent les élus du ciel... ils passent toujours armes et ba-
gages, avec tout leur arsenal de prières, de dévas, d'anges,
de démons, de génies malfaisants, du côté des massacreurs
de peuples!...

Et seul sur cette vieille terre de l'Inde dont toutes les
sources de la vie ont été taries par le despotisme sacerdotal,
je songeais, en cette nuit, qu'il serait utile et bon, de dire
l'origine de toutes ces incarnations, de tous ces rédempteurs, de tous ces prophètes de la bonne nouvelle, de

tous ces fils de Dieu, suscité par les lévites de tous les pays, pour mieux asservir le monde sous leur joug démoralisateur

Ils ont déjà couvert le passé de bûchers, de ruines et de désolations, montrons que sous chacun de leurs pas on retrouve une trace de sang, et arrachons leur l'avenir!

UNE LÉGENDE INDOUE.

Je veux vous dire une légende :

« Quand la durée du pralaya (chaos) prit fin, le Seigneur existant par lui-même, qui n'est pas à la portée des sens externes, que l'esprit seul peut percevoir, qui échappe aux organes des sens, qui est sans parties visibles, éternel, l'âme de tous les êtres, que nul ne peut comprendre, parut brillant de l'éclat le plus pur, dissipa l'obscurité et déploya sa splendeur.

« Gloire à toi, Brahma, qui tira du germe immortel et les cieux et les mondes, je t'invoque, protége mes chants, je veillerai à ce qu'aucune de mes paroles ne puisse blesser tes oreilles !

*
* *

« Au temps des vanaprasthas et des saints patriarches, le génie du mal était sans pouvoir sur la terre. L'homme était pur et bon, il n'avait qu'à étendre la main autour de lui pour jouir des dons de Dieu, les vallées ombreuses étaient pleines de troupeaux, les arbres étaient chargés de fruits, et la terre produisait le riz et les menus grains sans culture.

« De tous les coins du globe s'élevait un concert d'hymnes et de prières, chacun lisait dans le livre sacré des védas, le père de famille enseignait la divine parole à ses enfants, et sur le soir de sa vie, se retirait chargé d'ans et de vertus dans les forêts, où vivant de racines, d'eau pure et de fruits sauvages, il attendait l'heure de s'absorber dans le sein de Brahma.

« Il n'y avait pas de castes, car l'ambition n'était pas née, et le mal n'avait pas encore forcé les hommes à se parquer comme des troupeaux, à interdire les sources, la terre, et les arbres, en disant au voyageur altéré, cette source est à moi, le riz de cette terre est à moi... les fruits de ces arbres sont à moi... N'y touche pas ou je te tue.

« Chacun purifiait ses paroles par la vérité, et offrait les sacrifices, car le véda a dit : « Le soir lorsqu'on ne voit plus « la fumée de la cuisine, que le pilon est en repos, que le « charbon est éteint, que les gens sont rassasiés, que les plats « sont retirés, c'est le moment de l'invocation à Dieu, pour le « remercier de ses bienfaits.

« Il n'y avait ni prêtre, ni roi !

« Mais peu à peu, le nombre des hommes fut en s'augmentant, et la terre comme une nourrice dont les mammelles sont devenues stériles, ne put plus suffire à nourrir ses enfants. Les animaux s'étaient enfuis dans le plus profond des bois, pour échapper à la mort, les champs de riz ne produisaient plus que de l'herbe... et l'homme désespéré se retourna du côté de Brahma son suprême espoir, et il lui demanda le moyen de finir ses souffrances.

« Et Brahma dit à ceux qui le priaient : Travaillez, déchirez le sein de cette terre qui deviendra de nouveau productive, semez les grains, arrosez les plantes, taillez les arbres, apprivoisez les animaux et parquez-les pour qu'ils vous donnent du croit, et bientôt vous aurez de tout en abondance, et vous mettrez en réserve pour les années de disette.

« Les hommes qui écoutaient à genoux se relevèrent consolés, et ils se mirent à travailler, à retourner la terre, à semer le riz, à émonder les arbres, et ils prirent aussi des animaux en grand nombre qu'ils accouplèrent mâles et femelles,... et suivant la prédiction du Seigneur, les jours heureux revinrent mais ils furent achetés par un dur labeur...

« Et l'homme reconnaissant, dit un jour : Je vais aller remercier celui à qui je dois tout, mais les prières et les invocations de la sainte écriture, ne sauraient plus suffire, ainsi que le sacrifice de l'avasathya par le feu consacré, je vais lui offrir les premiers de tous les fruits et de tous les animaux que j'ai obtenus en suivant la parole du divin Pouroucha (un des noms mythologiques de Brahma.)

« Et ayant dit cela, il prit une mesure du riz le plus fin et le plus beau, du safran dans sa fleur, des menus grains de toutes espéces, des fruits les plus savoureux qu'il put trouver... et il prit encore un couple de jeunes éléphants, un taureau et une génisse, une paire de chevreaux à toison rouge, et deux colombes qui sortaient à peine du nid...

« Et ayant placé le tout ensemble, il se dirigea vers les montagnes, et se mit à gravir la plus haute, et étant arrivé au sommet, il s'arrêta en disant : — Ce lieu me semble pro-pice pour l'offrande que je veux faire à Brahma.

« Et voyant une pierre très-haute et très-large, qui se trouvait là sur la montagne, il y réunit les grains, les fruits et les animaux qu'il avait apportés, et il se mit à implorer le Seigneur et à le remercier de lui avoir sauvé la vie, en lui enseignant le travail !...

« Et comme il suppliait Brahma d'accepter le pieux don qu'il lui faisait... un homme sortit tout à coup de derrière la pierre, et s'empara des grains, des fruits et des animaux en s'écriant : — Ceci est mon bien !... — Part à deux, dit aus-sitôt un autre homme qui parut au même moment...

« Les deux voleurs se toisèrent, prêts à en venir aux mains, et à s'entre-déchirer !... — Qui es-tu, dit superbe-ment le dernier venu au premier?

« — Je suis l'envoyé de Dieu, répondit celui-ci, et je viens prendre en son nom, l'offrande qui lui est adressée!

« — Eh bien, moi, je suis la Force, répliqua le second, et je prends ce qui me plaît !...

« — La Force vient aussi de Brahma, insinua l'envoyé cé-leste,... faisons alliance, je dirai aux hommes de t'obéir... et nous partagerons.

« Et pour sceller leur alliance, ils se retournèrent et bat-tirent le pieux croyant, qui était venu pour offrir les pré-mices de son travail au Seigneur, et comme la victime leur disait : — Pourquoi me frappez-vous? Ils lui répondirent : parce que tu es notre esclave, et s'étant emparé des animaux, ils chargèrent sur son dos les grains et les fruits, et le maltraitèrent de nouveau pour lui faire descendre plus vite la montagne...

« Et désormais celui qui avait travaillé et cru, fut obligé de nourrir ces deux hommes et de les servir...»

(Extraits du Prâsada (*Poëme des poëmes*).

Le prêtre et le roi étaient nés.

PREMIÈRE PARTIE

L'INDE PATRIARCALE ET VÉDIQUE.

CHAPITRE PREMIER.

ÉPOQUE DE L'UNITÉ DE DIEU ET DES PATRIARCHES.
LE DIEU DES VÉDAS.

C'est à l'Inde, à ses théologiens et à ses livres sacrés que toutes les religions du monde ont emprunté leurs mystères, leurs légendes cosmiques, leurs panthéons et leurs mythologies. Étudier comment le culte des védas a engendré le bouddhisme, le magisme, le sintoo du Japon, la religion des kamefis, knef, fta et fré des anciens Égyptiens, la loi de Moïse, le polythéisme grec et romain, les croyances druidiques et le christianisme, c'est faire l'histoire de toutes les erreurs, de toutes les superstitions de l'humanité, et démontrer jusqu'à l'évidence, qu'en fait de morale et de philosophie religieuse, plus nous avons eu la prétention d'avancer et plus nous nous sommes éloignés du but.

Partis de l'unité de Dieu, nous sommes arrivés, en passant par la trinité, à une division de l'idée suprême qui nous a bientôt fait tomber dans le polythéisme, à mesure surtout que nous nous éloignions du foyer primitif.

Les émigrations périodiques qui se sont écoulées des plateaux de l'Hymalaya et des hauts de l'Indoustan par le double courant de l'Asie, de l'Égypte, de la Grèce d'un côté, des pays Scandinaves, Slaves, Germains et Gaulois de l'autre, en venant peupler des contrés nouvelles, ont transformé les dieux et les traditions religieuses de la patrie commune, modifié leurs lois, leurs mœurs, leur langage, mais en laissant à ces choses un tel cachet d'origine, que nous pouvons dire aujourd'hui, que toute croyance mythologique, tout système religieux est émané des védas, comme aussi tout langage se rattache au samscrit.

Nous ne saurions commencer mieux ces études sur le dieu des premiers âges qu'en donnant ici, l'hymne la plus ancienne qui ait été faite en son nom. Deux mille ans déjà avant notre ère, les commentateurs indous les plus savants, la regardaient comme contemporaine des *Livres sacrés*, et l'attribuaient au poëte ermite Valmiki, dont l'œuvre, à part cette splendide invocation, ne nous est point parvenue.

Certains brahmes théologiens attribuent également à ce saint ermite, l'abrégé des lois de Manou, écrit en slocas de deux vers, tel que nous le possédons. Mais cette opinion n'a d'autre motif de se produire, que celui tiré de l'identité du mètre poétique employé par Valmiki dans cet hymne en l'honneur de Brahma, et de celui adopté par l'auteur inconnu du Manava-dharma-sastra.

HIRANYAGARBA

(A celui qui est sorti de la matrice d'or.)

Hymne du poëte indou Valmiki, en l'honneur de Brahma.

« La nuit de Brahma s'achève, le pralaya touche à sa fin, l'œuf d'or va se briser, laissant échapper de son sein la pensée éternelle de celui qui existe par lui-même et qui se reposait dans l'obscurité.

*
* *

« O brahmatma (âme divine), toi qui n'es pas à la portée de nos sens, que nul ne peut comprendre, que l'esprit seul perçoit, âme de tous les êtres, intelligence suprème, régulateur de l'espace et des mondes, développe ta splendeur, disnous les mystères de ton repos et de ton mouvement : pourquoi le néant, pourquoi la création ?

« Astre aux mille rayons qui sème au loin dans les espaces infinis la vie et la lumière, cause éternelle et imperceptible, germe immortel par qui tout est fécondé, et en qui tout doit revenir. Divin Pouroucha (générateur céleste), comme le buffle errant sur les bords du fleuve après une journée d'orage, j'ai soif de te connaitre, et de t'adresser mes vœux.

« O Narayana (esprit qui se meut sur les eaux), pure essence, esprit subtile, immuable volonté ! à quelle heure de tes nuits a été conçue la nature (pracrita), par quelle force as-tu peuplé le chaos, illuminé les mondes et créé la vie ?

« Quelle joie dut s'emparer de ton cœur, quel orgueil ce fut pour ta puissance lorsqu'un matin, par le seul effet de ta pensée, ce resplendissant soleil se leva sur les mondes, éclairant l'air, les terres et le vaste Océan ?

« Puis les plantes, les arbres et les fleurs surgirent de toutes parts, les eaux se peuplèrent de poissons, l'air et la terre d'animaux différents, et l'homme naquit avec une portion de ton intelligence ; divinité inférieure que tu jetais dans l'espace pour jouir de ton œuvre et se souvenir de toi.

« Tu as donné à l'homme l'ahancara (conscience), souveraine maîtresse de nos pensées, voix céleste, lumière intérieure qui nous dit voici le bien et voici le mal ; ici est la récompense et là est la punition : et tu lui as donné aussi le boud-

4

dhi (intelligence) d'où émane les cinq principes de perception extérieure.

*
* *

« Et tu lui as donné encore la volonté, car de la volonté
seule peut naître l'action indépendante et libre, et de l'action
indépendante et libre, le principe de justice qui récompense
ou punit.

*
* *

« Et à peine l'homme était-il né qu'il sentit en lui un ardent désir de remonter jusqu'à toi, de s'abîmer dans la
grande âme, de regagner, rayon céleste égaré, l'immortel foyer
dont il était descendu.

*
* *

« Quatorze manwantaras (époques divines) se sont écoulées, la terre a déjà nourri mille et mille générations d'hommes; de minutes en minutes les âmes des justes vont rejoindre le Grand Tout, comme la goutte d'eau qui va se perdre
dans les fleuves, comme les fleuves qui vont mourir dans
l'Océan.

*
* *

« L'homme a vieilli sans cesser d'espérer et de croire en
toi. O Zeus! dissipe l'obscurité qui t'entoure, le silence de la
vie m'effraye : voyageur perdu au milieu des sables du désert, pêcheur égaré dans la vague, j'implore une goutte d'eau,
je cherche le rivage, fais-toi connaître à moi !

*
* *

« J'ai exécuté fidèlement les saints préceptes, je me suis
retiré dans les forêts, depuis longtemps ma peau s'est ridée,
et mes cheveux ont blanchis, je suis maître de mes sens, et
j'ai perdu le souvenir des fils de mes fils.

*
* *

« J'ai donné tout ce que je possédais, renoncé à toutes mes
affections, et emportant le feu consacré et les vases du sacri-

fices, je me suis enfui loin des lieux habités, pour que rien
ne vint détourner ma pensée de ta contemplation.

*
* *

« J'ai laissé pousser ma barbe, et mes ongles, et les poils de
mon corps, mes cheveux sont rasés, je ne mange que les
grains purs, les herbes et les racines qui servent de nourriture aux mounis (personnages sanctifiés), et au vanaprastha (habitant des bois), et jamais le soleil, soit qu'il se lève
soit qu'il se couche, ne me trouve endormi.

*
* *

« Je n'ai que mon bâton et une aiguière, mes vêtements
sont faits de l'écorce des arbres, et je fais chaque jour, les
trois ablutions prescrites, en prononçant les paroles consacrées de la sâvitri (invocation ordonnée par le véda), la
syllabe mystérieuse *aum !*

*
* *

« A la première heure du jour, je dispose le feu consacré
suivant le mode vitana, et sur l'autel entouré de fruits de la
terre, j'offre à Dieu et à la création le sacrifice du sarvameda,
dans lequel Christna lui-même est la victime.

*
* *

« Et le corps dégagé de tout attachement terrestre, l'esprit dirigé vers le ciel, ne songeant qu'à la délivrance finale,
je commente le véda qui est la divine parole du Seigneur de
toutes choses révélée à sa créature.

*
* *

« De même qu'un tronc d'arbre s'éloigne du rivage, sans
souci du courant qui l'emporte, de même qu'un oiseau quitte
son nid sans regretter la branche qui l'a vu naître, de même
je quitterai cette enveloppe misérable qui retient mon âme
loin des cieux.

*
* *

« O Brahma ! depuis qu'avec délices, je médite sur toi,

n'ayant aucuns besoins, inaccessible à tout désir, sans autre société que ma pensée, dans l'attente de la céleste béatitude, je ne suis point parvenu à mieux te connaître et t'adorer que l'enfant au berceau dont le vagissement est une prière.

« Et cependant le véda a dit : « Vivez de l'aumône et c'est « sa main qui vous donnera, pleurez et c'est lui qui vous « consolera, demandez et il vous exaucera, abîmez-vous « dans sa contemplation, et il se révélera à vous. »

« Es-tu l'éclair qui sillonne l'espace, le tonnerre qui gronde dans la nue, le Gange aux flots sacrés, ou le mystérieux Océan? Es-tu la grande voix qui parle aux orages sur les sommets de l'Himavat (Hymalaya)?

« Es-tu ce vent surnaturel (nirgahta) qui soulève les sables du pays de Madyadèsa, comme les flots en courroux ? Es-tu la brise des nuits qui gémit sur les eaux des lacs, qui murmure dans le feuillage des grands bois, et courbe sur son passage l'herbe divine du cousa.

« Es-tu le swarga (ciel) que les dévas (anges) habitent, que les sages regardent comme le terme de l'exil? Es-tu l'éther immense ou s'agitent des milliers d'étoiles? Es-tu la terre, es-tu les eaux, es-tu le feu qui dévore, es-tu le soleil bienfaisant ?

« Es-tu la vie source de toute vie, l'âme de toutes les âmes, le principe de tous les principes? Es-tu l'amour qui uni tous les êtres, la force qui conserve, détruit et renouvelle? Es-tu la mort, es-tu le néant?...

« Je ne te connais pas, mais je sais que tout n'*est* que par toi, et rien en dehors de toi; que tu existes par ta propre puissance, que l'infini, l'immensité, l'espace ne sont rien pour toi. Je ne te connais pas, ô Narayana, mais je sais que *tu es, et a toujours été*, et cela me suffit pour attendre la fin, qui sera ma naissance en toi. »

Nous ne pensons pas que parmi toutes les invocations religieuses et poétiques, que l'homme a adressées au créateur, on puisse en trouver une seule, qui donne sur Dieu des notions plus sublimes et plus simples; et l'ermite Valmiki parlait ainsi aux premiers âges du monde historique.

A cette époque de foi simple et ardente où les peuples pasteurs ne disputaient pas sur leurs croyances, ou les prêtres n'avaient pas encore osé paraître, avec leur arsenal de révélations, de mystères et de superstitions, l'idée de Dieu laissée dans la conscience de l'homme comme un souvenir de son origine, engendra tout d'abord, cette unité de l'Être suprême, sur laquelle s'appuient tous les cultes primitifs de l'Orient, à laquelle Bouddah voulut revenir lors de sa révolution religieuse dans l'Indoustan, et que Moïse et Mahomet adoptèrent dans leur tentative de régénération.

L'unité voilà la vérité! La trinité, ne fut que le commencement de la diffusion, c'est à elle que l'humanité a dû toutes les erreurs du polythéisme mythologique, elle qui donna naissance à Jupiter et à son cortége de dieux, à Isis, Osiris, Horos et leurs compagnons, à Odin ou Iodah, Friggah'Thor et tout le panthéon scandinave, à Hesus, Belenus et Teutatès des druides, à tous les mauvais génies et au diable.

Pour bien démontrer que l'Inde a été le foyer générateur de toutes les religions du monde ancien, et qu'en dernier lieu le christianisme n'a fait que copier servilement la légende et les traditions brahmaniques, il est nécessaire d'étudier cette contrée au point de vue religieux, sous trois phases qui indiquent également trois situations historiques différentes et que nous nommerons : 1º *époque de l'unité de Dieu ou des patriarches ;* 2º *époque de la trinité ou des prêtres brahmes;* 3º *époque du polythéisme ou de l'alliance des prêtres et des rois.*

Époque de l'unité de Dieu ou des patriarches.

Nous n'avons pour nous renseigner sur cette époque légendaire, qui commence aux premiers pas de l'homme sur la terre, pour finir quelques siècles après l'apparition des védas ou livres sacrés, que la fable et la poésie. Mais si les traditions qu'elles nous donnent ne seraient que de faibles autorités en matière historique, il n'en est pas de même sur le terrain religieux où la légende, en dehors des événements qu'elle raconte et qu'on peut discuter, conserve toute sa force dès qu'il s'agit de croyances et de doctrines qu'elle constate. Ainsi par exemple, si je lis dans Swayambhouva la strophe suivante :

« Sache, ô saint Richi Vasichtha qu'en plongeant trois fois dans les eaux sacrées du Gange, suivant le mode prescrit, le corps de ton fils Outtami, qui vient de naître, il sera purifié de toutes ses souillures et sera sanctifié devant le Seigneur. »

On pourra discuter l'époque où vivait Vasichta, celle de la naissance de son fils, aller même jusqu'à nier leur existence : on ne m'empêchera jamais de soutenir qu'à l'époque où écrivait le poëte Swayambhouva, il était d'usage dans un but religieux de purification, d'ondoyer les enfants dans le Gange, ainsi que fit plus tard Ardjouna pour Christna dans le fleuve sacré des Indous, et Jean pour le Christ dans le Jourdain.

Si l'événement historique est nuageux, la coutume reste. Les traditions et la poésie, peuvent donc nous donner des renseignements à peu près certains sur les cérémonies religieuses, et indiscutables sur les notions de la divinité, de l'époque patriarcale et védique.

Qu'était Dieu pour les peuples et les livres sacrés des premiers âges de l'Indoustan ?

Nous venons de voir l'Hyranyagarba témoigner de sa

splendeur et de sa puissance, c'est bien devant le dieu unique, le Zeus irrévélé que s'incline le plus ancien poëte dont
la légende Indoue ait gardé le souvenir, et le chant sacré se
termine par un acte de foi en l'immortalité de l'âme.

Le même souffle semble animer le véda quand il définit
ainsi ce créateur de toute chose :

« Celui qui existe par lui-même, et qui est dans tout parce
que tout est en lui. Le Gange qui roule c'est Dieu, la mer
qui gronde c'est lui, les vents qui soufflent, la nue qui tourne,
l'éclair qui brille c'est lui. De même que de toute éternité le
monde était dans l'esprit de Brahma, de même aujourd'hui,
tout ce qui existe est son image. »

La philosophie classique qui a la prétention de définir
Dieu et ses attributs, trouverait certainement dans ces
quelques lignes matière à reproche de panthéisme, nous
pensons pour notre part, que les Indous sont beaucoup plus
logiques en n'édictant point sur la divinité une science de
convention, et que ce n'est pas diviser Dieu à l'infini, que
de reconnaître sa main dans tous les phénomènes de la nature.

Dans le Prâsada (Poëme des poëmes), recueil consacré aux
fragments d'œuvres mutilés par le temps, et tellement anciennes, que le nom de leurs auteurs n'a pas été conservé,
on trouve sous forme de maximes, récits et légendes, des
pages admirables en l'honneur de Brahma, qui viennent démontrer d'une manière plus convaincante encore, à quel
point les croyances primitives des Indous furent pures,
simples et dénuées de superstitions.

En lisant ces poésies, qui s'appliquent aux choses les plus
ordinaires de la vie, où l'homme mêle Dieu dans un langage
plein de naïveté à ses actes de chaque jour, lui racontant ses
peines, l'interrogeant sur l'avenir, lui demandant ses conseils, on sent que le rapsode qui s'en allait de porte en
porte, à l'heure du repas du soir, redire ces récits aux pasteurs émerveillés, n'avait pas encore eu l'occasion de chanter
sur sa lyre les exploits de Brahma et des dévas, défendant

leur pouvoir, contre les rakchasas les mauvais génies et le diable.

Ces inventions sacerdotales n'avaient pas encore pu se faire jour.

Il ne célébrait point non plus les luttes des conquérants qui, par *la grâce de Dieu* et l'appui des prêtres, font les peuples s'égorger entre eux comme des bêtes fauves, et ont l'audace de donner des fêtes à l'être suprême, chaque fois qu'ils ont massacré cent mille hommes.

Dieu n'avait pas encore songé à se baigner dans le sang de ses créatures.

Nous allons extraire du Prâsada deux légendes les plus caractéristiques de l'époque primitive que nous étudions, mieux et avec plus d'autorité, elles feront connaître l'Inde ancienne, son culte, l'esprit de ses croyances religieuses, que ne sauraient le faire nos réflexions personnelles.

En ces matières rien ne vaut le texte, et l'on peut voir que nous ne nous privons point, de citer, et de traduire. Les comparaisons avec les autres théogonies, la discussion de leurs emprunts, l'examen de l'influence subie, et de la filiation qui rattache toutes les religions du globe, à celle de l'Indoustan viendront à leur heure, facilités du reste par ces extraits des livres sacrés.

La première de ces légendes porte le titre de Soudama-Dhâraka, ou Soudama le semeur.

SOUDAMA-DHARAKA.

« Au pays de Mithila, non loin du Godavery, vivait un homme appelé Soudama, du fleuve à la montagne, aussi loin qu'un éléphant pouvait aller dans un jour, la plaine lui appartenait, il eut compté pendant trois jours sans s'arrêter aux heures des repas et du sommeil, qu'il n'eût point su le nombre de ses troupeaux, et quand venait la récolte, le riz et les menus grains ne pouvaient point tenir dans les dwasthras (en samscrit, réserves).

« Et cet homme avait une nombreuse famille, et son fils

aîné, celui qu'il avait eu d'une vierge, et qui devait après sa
mort laver son corps, l'oindre de parfums, et accomplir sur
sa tombe les cérémonies funéraires, était déjà en âge de se
choisir une femme.

« Il avait encore de nombreux serviteurs pour la maison
et pour les champs, qu'il conduisait doucement, selon la loi
de Dieu.

« Et cet homme était aimé de sa famille et de ses serviteurs car il était pieux et bon.

« Il était aimé aussi des voyageurs, qu'il recevait dans sa
maison en leur disant : — Vous ne trouverez rien ici qui ne
m'ait été donné par le Seigneur, et tout ce que le Seigneur
m'a donné est à vous!

« Et il était aimé encore des lépreux, des infirmes et des
indigents, car il leur donnait toujours un asile pour la nuit,
et du grain pour plusieurs semaines, et il ne leur demandait
jamais le nom de leur père, ce qui aurait pu les peiner.

« Il était si bon que quand ses serviteurs et ses fils avaient
retourné la terre, et que le moment était venu de confier au
sillon le riz et les menus grains de la récolte prochaine, il se
rendait aux champs, et pendant que les ouvriers vaquaient
à leurs occupations il jetait au vent, à la manière de ceux qui
sèment, du grain que les petits oiseaux venaient en foule
ramasser autour de lui en gazouillant, et pour ce qu'il faisait là, il avait été surnommé Dhâraka (le semeur.)

« Et jamais il n'eut approché de sa bouche la nourriture,
ni permi que ses fils et ses serviteurs ne prissent leurs repas
sans avoir auparavant adressé à Dieu la prière du brahmya-
houta, qui est la consécration des aliments :

« Seigneur, purifiez ces graines et ces fruits, car vous avez
dit à votre créature : — Toute plante que je n'ai pas plantée
périra, toute pensée qui ne vient pas de moi est maudite, et
tout ce qui n'est pas consacré et que la bouche reçoit agit
comme un poison ou donne la lèpre.

*
* *

« Il ne me verra jamais face à face, il ne sera point reçu

dans le séjour céleste, celui qui ne m'offre point la nourriture qu'il va prendre, il n'est pas digne de prononcer mon nom, ni de l'enseigner à ses enfants, et les cérémonies funéraires accomplies par son fils n'auront pas le pouvoir de purifier ses fautes.

*
* *

« Seigneur, purifiez ces graines et ces fruits, qu'ils soient doux à mon corps et le fortifient, comme la prière et la vertu fortifient l'âme, et qu'à l'heure de mon dernier repos, mes oreilles puissent entendre votre voix me convier à la nourriture sacrée dans la céleste demeure.

« Or un soir que les troupeaux étaient rentrés, que les femmes avaient tracé sur le seuil de la demeure les signes consacrés, qui procurent le repos des nuits et éloignant les mauvais présages, le riz du repas chantait dans les tiselles de cuivre pendant qu'on l'arrosait de beurre clarifié. Un étranger se présenta sous le poyal de la demeure de Soudama.

« — Salut, dit-il au padial, qui après avoir remisé les éléphants gardait la porte de la maison, laisse-moi reposer ici quelques instants : puisses-tu voir ta vieillesse comblée de jours heureux, et que les cérémonies funéraires soient accomplies sur ta tombe par ton fils ainé, entouré des fils de ses fils.

« Et ayant dit cela il s'assit sur une pierre, car il paraissait fatigué.

« — Salut, répondit le padial, tu confonds le serviteur avec le maître, mais tu peux te reposer, car la demeure de Soudama n'est jamais fermé à l'heure du repas, — et il allait répondre aux souhaits d'usage qu'on lui avait adressé, bien qu'il ne fût pas le chef de la maison, car celui qui ne rend pas par orgueil le vœu du voyageur, de l'infirme ou du mendiant est capable de méconnaître son père.

« Mais Soudama parut.

« Et le voyageur ayant connu que cette fois il ne se trompait pas, il dit à Soudama : —Salut ! puisses-tu voir ta vieillesse comblée de jours et que les cérémonies funéraires soient accomplies sur ta tombe par ton fils ainé entouré des fils de ses fils.

« Et Dhâraka lui répondit : — C'est ici la maison de Dieu, celui qui est fatigué peut s'y reposer, celui qui a faim et soif y peut manger et boire, celui qui est loin de sa famille et de la terre où il est né, et qui sent sa fin approcher peut entrer y mourir en paix, les cérémonies de la purification dernière seront accomplies sur sa tombe.

« Ayant dit, il guida l'étranger dans l'intérienr de sa demeure, et s'étant fait apporter de l'eau dans une aiguière de cuivre, il lui lava les pieds et lui versa sur la tête et sur le corps un parfum délicieux.

« Et ayant bu et mangé, le voyageur demanda à continuer sa route, malgré l'heure avancée de la nuit. Et comme on insistait pour le retenir, il reprit sa gourde, son chapelet et son bâton.

« Et alors Soudama lui dit : — Pourquoi refuses-tu de passer la nuit sous mon toit, ne saurais-tu reprendre ton chemin au lever du jour, la contrée où tu vas est donc bien éloignée d'ici que tu sois obligé de marcher, à l'heure ou tout se repose.

« — Je vais au pays de Gangea ; jusqu'à mon arrivée, je ne dois pas prolonger mon repos au delà du moment où le chant des éléphants sacrés indique le milieu de la nuit.

« — Dis-moi ton nom, poursuivit Soudama, afin que je m'en souvienne, le nom d'un hôte est toujours doux à prononcer.

« Et celui-ci prenant la parole de nouveau lui dit : — Écoute, Soudama, toi qu'on a surnommé le Semeur, les temps ne sont pas éloignés ou de grandes calamités vont fondre sur cette contrée, tu verras ta terre ravagée et tes récoltes perdues.

« — Louange à Dieu et à son saint nom, répondit Soudama.

« — Tes troupeaux périront, et au milieu de l'affreuse tempête qui viendra de la mer, les génisses ne reconnaîtront plus la voix plaintive de leurs petits, l'éléphant affolé se sauvera dans les réduits les plus obscurs des montagnes et des bois.

« — Dieu est Dieu et sa volonté est la loi.

« — Tes enfants seront tous frappés jusqu'au dernier, tu ne reconnaîtras plus la place où fut ta maison, et il ne te restera pas même une aiguière pour puiser ton eau, une tiselle de terre pour faire cuire ton riz, un bâton pour te soutenir dans ta marche, *une pierre pour reposer ta tête.*

« — Que Brahma soit béni dans sa colère.

« Et comme l'étranger s'apprêtait à partir, Soudama lui dit : — Qui es-tu, toi, qui après avoir mangé avec moi, et t'être reposé sous mon toit, viens m'annoncer de pareils malheurs.

« — Je suis celui qui annonce à tous, depuis le pays de Madura jusqu'au pays de Gangea, la venue du grand vent de la mer, qui entraîne dans sa course rapide, ma (la lune) et les étoiles, qui fait pâlir sourya (le soleil), et fait voler dans les airs comme des fétus de paille, les arbres vieux de plus de dix générations. (Les cyclônes.)

« Depuis quinze jours l'eau du ciel tombe en cascades sur les hautes montagnes de Lanka (Ceylan), le Samanta-Kounta est couvert de nuages noirs, l'Océan gronde sourdement dans ses profondeurs, les andharapotama (homme des eaux) m'ont dit : C'est le signe précurseur du vent terrible, va et rapporte cela à nos frères.

« Comme il achevait ces mots, un son rauque et aigu se fit entendre : — Voilà, dit-il, les éléphants sacrés qui annoncent le milieu de la nuit, je dois me mettre en route, car il y a loin encore du pays de Mithila aux rives ou les cent fleuves (le Gange) se jettent dans l'Océan, et il ne faut pas que les gens du nord disent que les andhara du sud ne les ont point prévenus.

« Il dit, et disparut en un instant sur la route poudreuse et blanchie par la lune, et Soudama rentra pensif dans sa demeure, ne sachant comment expliquer les paroles qu'il avait entendues, et ce qu'il devait faire.

« Et il ne manqua pas, avant de s'étendre sur sa natte, d'adresser à Brahma la prière du repos, et de s'en remettre à lui du soin de le protéger.

« Et il arrriva ainsi qu'il avait été prédit par l'étranger.

Un jour sourya ne parut pas à l'horizon, le ciel était noir, et un vent violent, tel qu'on ne l'avait point encore vu dans ces parages, se leva de l'ouest, détruisant tout sur son passage, et faisant remonter l'eau du Godavery vers sa source.

« Et de toutes parts, les animaux épouvantés fuyaient, le tigre se rencontrait avec l'agneau, la panthère avec la biche, et les serpents malfaisants qui rampent sur l'herbe, sortaient de leurs trous envahis par les eaux, et cherchaient à s'enrouler autour des jambes des taureaux et des buffles pour échapper à la mort.

« Et Soudama qui s'était prosterné entouré de sa famille, priait, en attendant la mort, vit aussi passer devant lui, ses troupeaux qui fuyaient, ne connaissant plus la voix de leurs maîtres.

« D'abord, ce furent les chevaux, les taureaux, les génisses qui ruaient pour se débarrasser de leurs petits ; puis ce furent les éléphants qui, réunis en masse, semblaient charger dans un combat et faisaient trembler la terre sous leurs pas.

« Quand le troupeau d'éléphants passa près de Soudama, un d'entre les plus forts, qu'il avait l'habitude de monter, s'arrêta tout à coup devant lui, et son maître l'ayant appelé par son nom, qui était Nourmali, l'animal se précipita sur lui, l'enleva malgré sa résistance, et l'ayant placé sur son dos, il reprit sa course à travers les rizières et les plaines marécageuses, les fleuves débordés, et les bois, jusqu'aux montagnes prochaines, où étant en sûreté, il s'arrêta.

« Et Soudama qu'il avait sauvé, se mit à se lamenter en disant : — Rends-moi mes fils, qui étaient la joie et l'orgueil de ma vieillesse, et voilà maintenant que j'ai peur de mourir ; qui donc lavera mon corps, entourera mes membres des bandelettes sacrées, et accomplira les cérémonies funéraires : malheur sur moi.

« O Brahma, seigneur de toutes les créatures, où sont les fils que tu m'avais donnés ? qui perpétuera ma race dans l'avenir suivant ta loi ?

« Que me font ces montagnes, que me font ces vallées, que me fait la vie : j'ai perdu ceux que j'aimais !

« Seigneur, pourquoi m'avoir sauvé, en me séparant de

mes fils, vous avez coupé les branches et les racines de
l'arbre, comment l'arbre pourrait-il vivre encore ?

« Voyez ! mes cheveux sont devenus blancs, sous le
poids des ans, mes membres se sont affaiblis, je ne pourrai
plus demander ma nourriture à la terre, et si je vais chercher un asile, qui me le donnera parmi les hommes de ce
pays ?

« Et ainsi il se lamentait, et il priait Brahma de lui donner
la mort par le feu du ciel, ainsi qu'il fait pour les saints ermites dont la fin approche, et qui loin de leurs fils, ne ver-
raient pas s'accomplir les cérémonies de purification.

« Mais le bruit s'étant répandu que le riche Soudama, du
pays de Mithila, ayant échappé au vent de la mer, se trouvait
en Madura, aussi nu et aussi pauvre qu'un ver de terre, de
toutes part, ceux qu'il avait obligé au temps de sa fortune
accoururent autour de lui, et chacun lui donna une portion
de son bien.

« Et ils vinrent en si grand nombre et de Lanka, et de
Jaffnat, et de Soumanta, et de Harzpoor, et de l'est, et de
l'ouest, du côté des deux mers, qu'en peu de temps Dhâraka
fût plus riche encore qu'auparavant.

« Et ayant remercié Dieu, le Semeur épousa une nouvelle
femme, qu'il connût vierge et dans la saison favorable, et en
ayant eu un fils, il le nomma Devagana (en samscrit, envoyé
de Dieu).

« Il eut par la suite beaucoup d'autres fils, et des filles
tellement belles, que tous les jeunes hommes les désiraient
pour épouses ; et ainsi il fut récompensé, car il avait toujours
été bon pour tous, et n'avait point maudit le seigneur... »

(Prâsada.)

La légende ne se termine pas ici dans le Prâsada, le poëte
inconnu, comme tous les chantres primitifs, n'abandonne
point si vite son héros ; il nous fait assister à sa mort, aux
cérémonies funéraires que ses fils, avec l'aîné comme sacrificateur, accomplissent sur sa tombe, puis il continue l'histoire
de la famillle par Devanaga, ou Devagana, et ses descendants jusqu'à une époque qu'on ne peut fixer, les derniers

chants du poëme n'ayant été conservés ni par le recueil que nous citons, ni par la tradition.

L'antiquité de cet épisode patriarcal ne saurait être un instant discutée. On peut dire que la preuve peut s'en faire par le récit lui-même, car il n'y est question, d'une manière formelle, ou même par simple allusion, ni de prêtre, ni de roi, ni de temple, ni de palais, la tribu ne paraît pas encore formée, les villes n'ont point jeté leurs fondations, nous sommes au règne de la famille, tout s'incline sous la puissance paternelle.

Comme dans l'œuvre de Valmiki, la légende de Soudama accuse nettement la croyance de cette époque primitive en un seul et unique Dieu créateur et maître de tout, et à l'immortalité de l'âme. Impossible de glisser la plus petite superstition, la créature n'a pas encore osé faire apparaître le Créateur dans les buissons ardents; si l'homme naïf et bon croit, dans son ignorance des choses de la nature, entendre la grande voix de *Celui qui est* dans le bruit des orages, le roulement du tonnerre, le murmure de la vague, si les éclipses, les grandes marées, les tremblements de terre lui paraissent des manifestations de sa colère, aucun brahme, derviche, hiérophante ou lévite, n'a encore osé placer derrière chacun de ces événements, des dieux inférieurs, des dévas, des anges, des mauvais génies, et le diable qu'il faut apaiser surtout par d'abondantes et riches offrandes.

Le culte est simple. On ne songe même pas à offrir à Dieu, autre chose que l'invocation et la prière, et l'obéissance aux lois si sages de la conscience est la seule morale que l'on connaisse.

Pourquoi ces hommes dont l'intelligence et la saine raison n'avaient pas encore été troublés par des contes absurdes, la peur de l'inconnu et de chimériques châtiments, eussent-ils offerts sur un autel de pierre, de bois ou d'or, des grains, des fruits et des animaux immolés?...

Est-ce que Dieu mange? est-ce qu'il peut voir avec plaisir le sacrifice inutile d'un animal que l'on égorge en son nom, et pour le remercier d'avoir donné la vie!...

Non, l'idée de ces holocaustes ne pouvait venir aux an-

ciens patriarches, aux hommes primitifs, qui se contentant
des sublimes notions sur la divinité qu'ils trouvaient en
eux, ne songèrent jamais à faire jouer au Créateur, le rôle
indigne que lui ont toujours attribué plus tard, sans distinction de religion, de pays et d'époque, ceux qui se sont dit
ses serviteurs et ses prêtres.

Je ne sais en vérité rien qui soit plus beau dans sa simplicité, que le culte des premiers âges du monde, que nous
retrouvons tout entiers dans ces fragments de l'histoire et
de la poésie, et à qui les commentateurs indous assignent
une antiquité de quinze à vingt mille ans au moins, c'est-à-
dire remontant aux premiers siècles après le dernier déluge.

Nous ne pouvons donner ici, on le conçoit, toutes les légendes, tous les hymnes, tous les récits et déclamations
qui permettent de reconstituer les anciennes croyances de
l'Inde avec une certitude historique, cet ouvrage n'y suffirait pas; mais nous pouvons, d'après le Prâsada, Poëme des
poëmes, qui est la collection de tous les écrits de cette époque, exposer le cérémonial de ce culte, dont le père de famille était l'officiant.

L'œuvre de Valmiki et la légende de Soudama, nous ont
montré le dieu unique que l'on adorait, tantôt sous le nom
de *Zeus*, tantôt sous celui de Brahma, la foi en une autre
vie, et l'idée de récompense et de châtiment. Ces sublimes
croyances devaient avoir leur consécration matérielle, établissant le lien extérieur entre le Créateur et la créature, et
cette manifestation fut en harmonie par sa simplicité avec
la grandeur de l'idée qu'elle consacrait.

A la naissance d'un enfant, le père de famille, entouré de
ses parents et de ses amis, se rendait au fleuve ou au ruisseau le plus prochain, près de l'étang des ablutions, s'il
n'existait pas de cours d'eau dans les environs de sa demeure, là il plongeait dans l'eau par trois fois le nouveau-
né en disant :

« Je vous remercie, ô Seigneur, de cette nouvelle vie
donnée à ma chair et à mon sang. Faites que cette eau bien-
faisante purifie son corps et donne de la force à ses mus-

cles, c'est une voix de plus dans la maison pour chanter vos louanges. » (*Prásada.*)

L'enfant était alors reconduit à la maison, et on attendait pour lui donner un nom, une circonstance, ou un événement favorable, qui put marquer dans la vie de l'enfant, et le nom qu'il recevait alors, était toujours tiré de cet événement, comme un souvenir destiné à le perpétuer.

Dans les premiers jours de sa naissance, un ouragan, après avoir causé partout de terribles ravages, venait-il, par exemple, à respecter les biens de la famille, l'enfant recevait aussitôt le nom de Parjanya : en samscrit, *le maître de la tempéte.*

Avait-on tué à la chasse, ou dans les environs de l'habitation, un tigre qui depuis longtemps décimait les troupeaux, l'enfant était appelé Bukhâra : en samscrit, *le cri du tigre.*

Si sa naissance coûtait la mort de sa mère, invariablement on le désignait sous le nom de Paryasyama : en samscrit, *qui a tué sa mère.*

D'autrefois le hasard seul présidait à ce choix, les frères aînés, les serviteurs, en attendant le don officiel d'un nom par le père de famille qui seul avait ce droit, donnaient entre eux à l'enfant le premier nom venu pour le distinguer dans leurs conversations, et ce nom de hasard était toujours tiré des qualités ou des défauts physiques qu'on avait remarqués dans le nouveau-né.

Était-il beau, il s'appelait Maïgalaya : en samscrit, *agréable, bien fait.*

Se distinguait-il par la force de ses membres, on le nommait Paryaçamy, par élision de Paryamrçamy, qui signifie en samscrit, *faire plier devant soi.*

Avait-il, au contraire, une difformité physique, le nez d'une dimension extraordinaire, par exemple, il recevait le nom de Parkata : en samscrit, *le héron,* etc.

Si le père de famille, venait à mourir avant d'avoir fait choix d'un nom pour son fils, le surnom qui lui avait été attribué comme un simple signe distinctif, ainsi que nous venons de l'indiquer ci-dessus, lui restait définitivement, et était considéré comme ayant été donné par le père, en vertu de cette fiction, que ce dernier l'ayant souvent entendu prononcer devant lui, sans le changer, il y avait consentement de sa part à ce qu'il devint le nom de son enfant.

Et cela était très-important, car si par hasard, au décès de son père, l'enfant n'avait encore reçu ni nom ni surnom, il était connu pendant le restant de sa vie sous le nom de Aparyasa : en samscrit, *l'oublié.*

Cette situation était d'autant plus rare qu'elle ne pouvait avoir lieu qu'en cas de mort subite du père, dans les quelques heures qui suivaient la naissance de l'enfant, et encore dans cette circonstance, recherchait-on avec soin dans la mémoire de chacun, si dans les dernières paroles du père, il n'était pas possible de trouver un nom pour le nouveau-né.

Le soin que l'on mettait à faire remonter ce choix au père, ce surnom d'*Oublié* sembleraient faire croire, que celui que la fatalité avait condamné à porter ce titre d'Aparyasa avait dans la famille une situation inférieure à celle de ses autres frères et sœurs. Nous ne pouvons cependant rien affirmer sur ce point; aucun des récits, hymnes, et poëmes de l'immense recueil dans lequel nous puisons, en constatant cette coutume n'en a indiqué les conséquences.

Si l'enfant qui venait à naître était une fille, la cérémonie de l'ondoiement était accomplie par l'aïeule, et à son défaut par une sœur ou une des proches parentes de la mère.

A cette dernière seule appartenait également le choix du nom qui représentait toujours un parfum, une fleur, une qualité de beauté, de douceur, de chasteté, tels que Tamali, en samscrit, *souffle embaumé;* Rasita, *jasmin rose;* Nimilia, *fille aux beaux yeux;* Koumaritallaja et par abréviation Koumarita, *la plus belle entre toutes,* etc....

C'est en général dans les cinq jours de la naissance que les parents et les amis se réunissaient de nouveau pour la *dation* du nom, et dans cette cérémonie mi-religieuse, mi-civile, on voit apparaître les premières formalités destinées à donner de l'authenticité à un acte accompli, comme tous ceux de cette époque, sous la protection divine.

Si dans cet intervalle, aucun événement heureux ou malheureux n'était survenu indiquant le nom à donner à l'enfant, il recevait celui d'un ancêtre ou tout autre que le père choisissait, en prononçant les paroles suivantes :

« Que le nom de Brahma soit béni, celui-ci est mon fils, et il s'appellera Parjanya, écoutez bien afin qu'on s'en souvienne. »

Puis sortant de la maison suivi de tout le cortége, il plantait dans son jardin, un palmier ou un tamarinier, suivant les contrées, en disant :

« Au nom du puissant et juste Brahma, vous tous qui êtes ici présents, gardez la mémoire de ceci ! cet arbre a été planté le jour de Parjanya, en la trente-cinquième année du v⁰ siècle lunaire de la troisième époque divine. »

A la suite de la cérémonie, un grand repas était donné, et tous ceux qui y assistaient recevaient du père de famille une coupe en bois de cèdre, ou de sandal, sur laquelle étaient incrustés certains signes, qui devenaient comme le chiffre du nouveau-né.

Si plus tard, dans une famille nombreuse, à l'occasion d'héritage, ou pour toute autre cause, la parenté d'un des membres venait à être contestée, tous les témoins survivants de sa naissance étaient appelés, et se présentaient, leur coupe à la main, et chacun prenant Dieu à témoin, prononçait les paroles suivantes :

« Au nom du puissant et juste Brahma, ce que ma bouche va dire est conforme à la vérité. Cette coupe m'a été donné par Oupâviti, le jour de ₎Parjanya, en la trente-cinquième année du v⁰ siècle lunaire, de la troisième époque divine. Parjanya est bien le fils d'Oupâviti. »

Il pouvait arriver que les témoins de la naissance contestée, fussent tous morts depuis longtemps, c'est alors que le chiffre gravé sur la coupe. intervenait comme preuve, et celui qui l'avait toujours porté sur sa ceinture, était déclaré fils de celui qui avait donné la coupe.

Rien ne saurait rendre l'effroi et le respect (dont témoignent les écrits de l'époque) qui s'emparaient de celui qui était appelé à déposer, en prenant le nom de Brahma à témoin. Le faux serment devait être d'autant plus rare, que la croyance était plus vive. Cette cérémonie était pleine de grandeur dans sa simplicité,

Plus tard lorsque l'enfant sortait des mains des femmes, et qu'on trouvait son intelligence assez développée pour l'admettre à l'invocation, c'est-à-dire à la prière du matin et du soir. Le père lui faisait prendre un bain, lui rasait la tête, en ne laissant qu'une petite touffe de cheveux sur la nuque, et l'ayant revêtu d'une tunique neuve il disait :

« Voilà, mon fils, que tu viens t'asseoir à côté des hommes, que rien d'impur ne souille ton corps, que ta pensée se tourne toujours vers le bien, car Brahma va commencer à te connaître par tes actions. »

A partir de ce moment, l'enfant âgé de douze à quatorze ans environ, abandonnait les jeux, et les différents autres amusements dont il s'était presque occupé uniquement jusqu'alors, pour se mêler dans la mesure de ses forces aux occupations et aux travaux des hommes.

Il cessait de vivre dans les appartements réservés aux femmes, et recevait une place à côté de ses frères plus âgés pour manger et dormir. Chaque matin et chaque soir il assistait à l'invocation à Brahma prononcée par son père, et s'il était l'aîné le remplaçait parfois dans cet office.

Voici ces prières telles que les ont conservées le Pràsada, et le Nikâra (en samscrit, *trésor*, *essence pure*). Ce dernier ouvrage est classique dans les séminaires destinés à former les jeunes brahmes à la profession sacerdotale. Toute la première partie de ce dernier ouvrage est consacrée aux hymnes et prières en l'honneur de la divinité, composés aux époques anciennes que nous étudions.

Invocation du matin.

« Heureux l'homme qui vit dans la pensée de Brahma, heureux celui à qui la méditation du Seigneur, créateur de toutes choses, est un délassement à ses travaux!

« Heureux celui qui chante ses louanges, qui suit ses préceptes et reste fidèle à sa loi! c'est pour lui que Brahma a créé la lumière, pour lui que les moissons mûrissent.

« Pour lui que l'herbe verdit dans les plaines, que les animaux donnent leur croit, les arbres leurs fruits, les abeilles leur miel, et que la terre se couvre de fleurs.

« Celui qui, méditant sur sa puissance, conserve pendant toute sa vie la crainte d'offenser Brahma, s'éteindra plein de jours, au milieu de ses fils, qui lui ouvriront la céleste demeure par les purifications qu'ils accompliront sur sa tombe.

« Il sera sur la terre comme l'arbre sandal qui embaume tout ce qui vient rechercher la fraîcheur de son ombrage, celui qui ne passera pas un seul jour sans invoquer Brahma. »

(Nikâra).

Invocation du soir.

« O Brahma, quel est ce mystère qui se renouvelle chaque nuit, après les labeurs de la journée, quand chacun est de retour des champs, que les troupeaux sont rentrés, et que le repas du soir est terminé?

« Voici que chacun se couche sur sa natte, que les yeux

se ferment, que le corps tout entier s'anéantit, et que l'âme s'échappe pour aller converser avec les âmes de ses ancêtres.

*
* *

« Veille sur elle, ô Brahma, lorsque délaissant le corps qui se repose, elle s'en va flotter sur les eaux, errer dans l'immensité des cieux, ou qu'elle pénètre dans les sombres et mystérieux réduits des vallées et des grands bois de l'Hymavat.

*
* *

« O Brahma! Dieu tout puissant, qui commande aux orages, Dieu de la lumière et des ténèbres, fais que mon âme dans cette course vagabonde, n'oublie pas sur le matin de revenir animer mon corps, et me rapporte un souvenir de toi. »
(Nikâra.)

Nous n'avons pas besoin de faire remarquer, combien est pur le souffle religieux qui anime l'*invocation du matin*, lorsque l'homme priait ainsi, il suivait les données que la saine raison apportait à son intelligence, il n'avait pas encore faussé l'instrument admirable qu'il avait reçu de Dieu, et, la conscience en lui révélant l'idée d'un être supérieur créateur des mondes et de tout ce qui existe, ne l'avait point accompagnée de ridicules et grotesques superstitions.

Invoquer le nom de Dieu de ce Zeus irrévélé, méditer sur Brahma, c'est-à-dire la grande âme, suivre les prescriptions de sa loi, c'est-à-dire faire le bien, savoir que tout vient de lui, les moissons qui mûrissent, le parfum des fleurs, le miel des abeilles, lui offrir ses pensées et son travail, voilà en quoi consistait toute la religion des premiers habitants des plateaux de l'Himalaya; *religion naturelle* que les brahmes, les lévites et les prêtres de tous les pays et de tous les cultes ont depuis proscrite avec acharnement, de leurs temples et de leurs autels.

Cette religion si simple, dépourvue de ces vaines pompes extérieures qui parlent aux yeux aux dépens du recueillement et de la piété sincère : ou le miracle, les mystères, les apparitions de la divinité sous la forme mortelle, les diables et son cortége de génies malfaisants, et toutes les inventions du charlatanisme sacerdotal, n'avaient pas encore trouvé l'heure de se produire. Cette religion accessible à toutes les intelligences, se rapprochait trop de la sublime unité de l'Être suprème, pour que les hiérophantes aient pu espérer un seul instant de la faire servir de marchepied à leur ambition et à leur insatiable despotisme.

Un Dieu *compréhensible* quoique *incompris* dans son essence, pas d'autres mystères que celui de l'existence de ce créateur inconnu, admis comme un indiscutable axiome par un acte de foi, pas d'autre problème que celui de l'immortalité de l'âme, auquel on eut continué à croire en laissant à Dieu le soin de le résoudre; quelques prières, accompagnant les travaux de l'homme, et le père de famille pour prêtre!... Ce n'est pas avec cela, en vérité que l'on eût courbé les peuples dans la poussière des chemins, qu'on les eût forcé d'adorer et Siva dieu de la guerre et Kali déesse du carnage, et le pudique Jupiter, et toutes les incarnations, et toutes les vierges mères, et les chats, et les serpents, et les bœufs, et les dévas, et les anges.

Ce n'est pas avec cela, pour empêcher le réveil, proscrire la fraternité, et rajeunir leur influence, que les dominateurs d'hommes eussent pu de temps en temps lancer les peuples les uns contre les autres, et couvrir la terre de ruines et de débris sanglants.

Ce n'est pas avec cela que l'homme eût fait un esclave de son frère,... qu'on eût enchaîné des milliers d'ouvriers comme des troupeaux pour leur faire bâtir des pagodes, des temples, des églises immenses, que la peur remplissait ensuite d'innombrables et riches offrandes. Paraissez pauvres parias, ilotes, soudras et esclaves de tous les âges, vous qui portiez au front la marque au fer rouge de votre maître, vous qui avez construit à coups de fouet les pagodes d'Ellora, de Jagdgernath, et de Chélambrum, les temples de Delphes, d'Éphèse, de Thèbes et de Memphis, venez nous dire ce que vous avez souffert, et comment le fer, le feu et les tortures, avaient raison de vos résistances.

Et vous ouvriers du moyen âge, esclaves conquis à la guerre, serfs attachés à la glèbe, venez nous apprendre aussi ce que vous ont coûté de larmes et de gouttes de sang, ces vieilles cathédrales gothiques aux flèches perdues dans les airs, qu'on vous faisait construire sous prétexte d'y loger Dieu, et qui n'ont jamais contenu, que les richesses arrachées à la complaisance ou à la peur des princes, des empereurs et des rois.

Le dieu juste et bon, père et non bourreau de ses créatures, s'il venait sur la terre, se choisirait une autre maison.

Il ne voudrait point de ce voisinage de brahmes, de bonzes, et de derviches hurleurs, mendiants et quêteurs, qui depuis des milliers d'années, ne vivent que par *l'exploitation* de son nom.

« Heureux l'homme qui vit dans la pensée de Brahma! Heureux celui à qui la méditation du Seigneur créateur de toutes choses est un délassement à ses travaux!

« Heureux celui qui chante ses louanges, qui suit ses préceptes, et reste fidèle à sa loi!... »

Nous ne t'oublierons plus prière sublime, simple invocation de la créature qui a conscience de sa faiblesse, à l'éternel et puissant créateur ; tu n'as jamais fait verser de sang, jamais fait allumer de bûcher; tu n'as point proclamé l'esclavage et le massacre loi de Dieu sur la terre... C'est vers toi que nous chercherons a revenir, malgré tous ceux qui ont intérêt à te proscrire encore, car tu es une vivante et puissante protestation contre leur ambition sans bornes, leur égoïsme aussi grand que le monde, qu'ils voudraient étreindre tout entier dans leurs serres; leurs haines aveugles, contre tout ce qui veut adorer Dieu en dehors du temple, et sans se courber sous la main du prêtre.

L'invocation du soir, récitée par le père devant la famille et ses serviteurs, sous une forme plus poétiquement nuageuse, place le repos des nuits sous la protection divine, et demande à Brahma de ne point permettre que le juste soit frappé de mort subite pendant son sommeil.

L'idée qui fait voyager l'âme pendant le sommeil du corps, à la recherche des âmes des ancêtres, pour converser avec elles, est il vrai est, d'une teinte un peu superstitieuse, mais qui songerait à reprocher au croyant inconnu, auteur de cette prière, cette fiction poétique qui lui fait demander à son âme, de lui rapporter au matin, un souvenir de Dieu.

Il y a dans l'ensemble de cette invocation, comme un certain effroi mystérieux, causé par cet étrange phénomène du sommeil dont l'homme ne s'est pas encore rendu compte. La première idée qui s'est offerte à son esprit, c'est que cet anéantissement du corps était l'image de la mort, et il a cru que pendant sa durée, l'âme se séparait de son enveloppe matérielle, pour errer à la recherche d'autres âmes, ou se rapprocher de Dieu.

Les songes dont il se souvenait au réveil ne pouvaient que le confirmer dans sa pensée ; c'étaient des souvenirs de choses que l'âme avait entrevues pendant ses pérégrinations...

A partir de ce moment l'adolescent assiste son père, dans les cérémonies mortuaires que ce dernier accomplit chaque année sur la tombe où les urnes des ancêtres, cérémonies dont il doit être lui-même le principal officiant, lorsqu'il sera devenu plus tard chef de famille.

Les cérémonies funéraires, le culte des ancêtres ! Tout le monde ancien est là ! Tous les peuples ont donné au culte des morts la place principale dans leurs coutumes religieuses, tous ont tenu à prouver, par la fidélité du souvenir que le berceau commun de tous les rameaux de la race blanche est bien dans les plaines du haut Bengale et les vallées de l'Hymalaya.

Cette idée est trop importante, ce culte a joué un trop grand rôle dans l'humanité, pour que dans cette revue rapide des mœurs et croyances religieuses des patriarches indous nous ne fassions que les indiquer. Ce sujet, à mon avis, mérite un chapitre spécial je lui consacrerai le prochain.

Deux autres cérémonies religieuses devaient être accomplies chaque année, aux époques des semailles et des moissons.

Elles avaient pour but : la première, de placer sous la protection divine les grains confiés à la terre ; la seconde, de remercier Brahma de la récolte qu'il avait accordée.

Dans ces deux cas, le cérémonial était le même, l'invocation seule différait.

Lorsque les semailles étaient terminées, lorsque les moissons étaient rentrées, que les dwastras (en samscrit, *réserves*) regorgeaient de riz et de menus grains, le chef de famille réunissait tous les serviteurs qui avaient pris part aux travaux des champs, après qu'ils s'étaient baignés et rasés ; il donnait à chacun un vêtement neuf de toile de coton pour les serviteurs, de lin ou de soie pour les parents, et tous s'étant agenouillés, il prononçait la prière consacrée.

Invocation des semailles. (Niyama-Nelli.)

« Échauffée par les baisers de sourya, la terre a entr'ouvert son sein fécondé, elle a reçu les grains qu'elle doit rendre au centuple, et tressaillant sous les rayons de son amant céleste, son sein s'est refermé.

« Ainsi la fiancée, quand elle a été conduite à la maison du bien-aimé, sent sa poitrine bondir, et ses flancs qui frémissent ; c'est le mystère qui s'accomplit dans l'ivresse et la joie, c'est la vie qui se renouvelle.

« O Brahma ! commande aux vents qui viennent de l'ouest de repecter le travail mystérieux de la terre, fais que l'eau soit toujours abondante, sans que les pluies inondent les rizières, et que les fleuves sortent de leur lit. »

Invocation des moissons. (Niyama-Masa.)

« Reçois, ô Brahma ! les vœux de tes humbles créatures ; si jamais l'un de nous oublie tes bienfaits, que frappé de la

lèpre il soit un objet de dégoût pour sa famille, et qu'il voit
s'en aller en pourriture sa chair et ses os.

*
* *

« Nous t'avons imploré pour les graines et pour les fruits,
et par ton ordre la terre, s'est couverte de verdure ; l'herbe
des prairies et des rizières a jauni faisant éclore les grains
nourrissant, les arbres se sont chargés de fleurs, et les fleurs
ont produits des fruits.

*
* *

« O Seigneur ! créateur de tout ce qui existe, toi par qui
tout se transforme dans la nature pour recevoir une nouvelle
existence, fais que ces fruits et ces grains que tu nous a
donnés purifient notre corps, comme la prière et la méditation de ton *nom* purifient l'âme. »

Un festin où tous étaient conviés terminait d'ordinaire la
cérémonie, et chaque serviteur recevait en cadeau un sac de
riz et de menus grains.

Si parmi les parents, il s'en trouvait quelqu'un, qu'une
inondation, la sécheresse ou un ouragan aient privé cette
année là de sa récolte, tous ses alliés lui donnaient une
portion de la leur, et lui constituaient une réserve suffisante
pour attendre la moisson prochaine.

Seize ans était l'âge où le fils recevait du père de famille
la permission de se choisir une épouse, et cet événement
était l'occasion de fêtes religieuses dans lesquelles, on voit
poindre, ainsi que dans celles de la naissance, les premières bases d'un acte mi-religieux, mi-civil destiné à constater par la preuve testimoniale et le serment, l'union qui
s'était accomplie.

Le choix de l'épouse se faisait de plusieurs manières :
tantôt le père allait la chercher lui-même, dans quelque
famille amie ou alliée de la sienne, et la présentait à son fils
en prononçant ces paroles : — « Voilà celle de qui doivent
naître ceux qui perpétueront ton nom. — » Tantôt il se con-

tentait de dire à son fils : — « Va de Madura en Malayala, visiter nos amis, tu t'assoieras à leur table et dormiras sous leur toit, et quand tu auras trouvé une belle fille que tu désireras pour femme, viens me le dire afin que nous envoyions les présents d'usage. »

Au lieu d'extraire sèchement du *Poëme des poëmes* les formules et invocations religieuses qui accompagnaient la célébration du mariage, nous allons donner en entier une légende de cet ouvrage qui les contient toutes, et qui fera connaître en même temps au lecteur un des épisodes les plus poétiques de la vie patriarcale.

Nataliky (en samscrit, la vierge modeste), tel est le titre de cette légende.

Ceux de nos lecteurs qui se sont intéressés à nos premiers essais, doivent se souvenir de la thèse que nous avons soutenu, sur Moïse et les Hébreux, dans la *Bible dans l'Inde*. Ce prétendu peuple de Dieu, n'a été en Égypte, si les traditions historiques doivent primer les contes apocryphes, que cette quatrième classe du peuple, que l'on retrouve dans toute l'antiquité et chez toutes les nations, sous le nom de parias, d'ilotes ou d'esclaves.

Moïse en entraînant cette caste asservie dans le désert, pour lui rendre la liberté et se créer chef de nation, a été obligé de lui donner un passé, une origine divine, puisque tous les peuples s'en attribuaient une semblable, et un livre de la loi pour régler le culte, assurer la puissance à sa famille en en faisant la classe sacerdotale, et établir quelques lois civiles, sans lesquelles il ne pouvait rien fonder. Et pour cela, il ne fit que copier les livres sacrés que les Égyptiens tenaient des Indous, à l'imitation de Bouddah pour l'extrême orient, de Zoroastre pour la Perse, qui cueillirent à pleines mains dans les védas et Manou, et présentèrent aux peuples émerveillés, leur livre comme une émanation directe de la divinité.

Zoroastre avait prétendu qu'il avait reçu le Zend-avesta, des mains d'Ormuzd sur le mont Albordjeh, au milieu des éclairs et des tonnerres. Moïse ne se mit point en frais d'imagination pour trouver autre chose, et présenta ses copies

mal faites des livres sacrés de l'Égypte et de l'Inde, comme
un don de Jéovah sur le mont Sinaï.

Nous allons trouver, dans ce récit du Prâsada, une nouvelle occasion de signaler les emprunts du législateur hébraïque.

La légende de Nataliky, n'est que la seconde partie de
celle d'Adgigarta que Moïse, ainsi que nous l'avons démontré dans la *Genèse indoue*, a transformé en celle d'Abraham.

NATALIKY

(la vierge modeste).

« Adgigarta voyant sa peau se rider et ses cheveux
blanchir, sentant que le moment n'était pas éloigné où son
fils devrait accomplir les cérémonies funéraires sur sa
tombe, songea que le moment était venu de lui choisir une
femme pour perpétuer sa descendance.

« Et l'ayant fait venir devant lui, il lui dit : J'arrive sur le
soir de ma vie, ô Viashagana, ta mère s'est endormie dans
le Seigneur, et il n'y a plus de femme à la maison pour sur-
veiller le travail du nelly. Voilà qu'il te faut choisir une
épouse, pour donner une mère à tes sœurs et procréer un
fils.

« Et Viashagana répondit : Qu'il soit fait, mon père, selon
votre volonté.

« Adgigarta continua : Prends une couple de jeunes éléphants blancs, charge-les des riches tapis de Kanawer, des
vases d'or et d'argent de Nepâl, des soieries de Dacca, et des
parfums qui viennent de l'Iran. et rends-toi en la contrée de
Mithila qui borne ce pays, chez Nimi qui en est le chef, et
est fils de Pavaca, qui fut le père de ta mère Parvady. Quatre
filles jeunes et belles ornent sa maison, qui sont Anoumaty,
Tamary, Anniama et Parvady ainsi nommée, parce que ce
fut ta mère, qui à sa naissance la plongea trois fois dans
les eaux du Mahaar pour la purifier (mahaar, *grande rivière*,
un des noms du Gange; du samscrit, maha, *grand*, aar, *rivière*).

« Et après avoir mangé et bu, dans la maison de Nimi, tu donneras les présents à celle que tu auras trouvé belle dans ton cœur, et l'ayant obtenue de son père, tu la ramèneras en cette maison, afin que j'aie la joie de vous bénir.

« Et ayant entendu cela, Viashagana dit à son père : Et si je les trouve toutes cinq également belles, et si leur père me dit qu'elles sont toutes également vertueuses et craignant le Seigneur, pourrais-je donner ces présents à l'une, sans que les autres n'en conçoivent du chagrin et ne pleurent en secret, ce qui ferait dire à Nimi : Pourquoi cet homme est-il venu dans ma maison apporter la douleur à mes filles ?

« Alors Adgigarta : Prends cinq fois autant de riches tapis, de vases d'or, de soieries et de parfums, et les leur donne à chacune en cadeau, et elles ne seront point jalouses entre elles, parce qu'il n'y en aura pas eu d'oubliées.

« Mais Viashagana dit encore : Quand je leur aurai donné à chacune des présents, ne seront-elles point fâchées quand j'en choisirai une pour la conduire en la maison de mon père.

« Remets-t'en au Seigneur du soin d'indiquer celle que sa sagesse te destine, et que la première que tu apercevras, en approchant la maison de son père soit saluée par toi comme l'épouse que tu auras choisie, et tu lui passeras au cou le tâli des fiançailles.

« Satisfait par ces dernières paroles, Viashagana prit un couple d'éléphants blancs, qui n'avaient point encore porté le hdoudah, il les chargea de cinq lots de riches tapis de Kanawer, d'autant de vases d'or et d'argent de Nepâl, de soieries de Dacca et de parfums de l'Iran, et ayant reçu la bénédiction de son père, il se mit en marche pour se rendre en Mithila, qui était le pays ou le frère de sa mère Parvady était chef.

« Après avoir marché pendant plusieurs jours, Viasaghana aperçut un matin de vastes champs de nelly bien arrosés, et l'herbe verte de toutes parts s'étendait aussi loin que la vue.

« S'étant adressé à un vaidehâ (en samscrit, cultivateur), qui faisait mouvoir en chantant le balancier d'un étang, il il lui demanda à qui étaient ces rizières si bien entretenues.

« Et le vaidehâ, sans se déranger de son travail, lui répondit : — Ces champs appartiennent à Nimi, fils de Pavaca.

« Et ayant rencontré plus loin d'immenses troupeaux de génisses avec de grands taureaux au cornes recourbées du pays de Birmah, il s'adressa à un kélivala (qui tond la terre, faucheur), et lui demanda à qui étaient ces animaux qui paissaient en aussi grande quantité dans la prairie.

« Et le kélivala lui répondit, en continant à faucher l'herbe le long des chemins : — Ces taureaux aux longues cornes recourbées et ces génisses appartiennent à Nimi, fils de Pavaca.

« Et ayant aperçu encore un grand nombre d'éléphants qui venaient du nord, chargés de figues sèches, de pistaches, de noix et de grenades, ainsi que de fines étoffes tressées du poil des chèvres de Kaboul, il dit au padial (gardien des éléphants) qui les conduisait : — A qui sont toutes ces richesses et les animaux qui les portent?

« Et le padial lui répondit, en poursuivant son chemin : — Ces éléphants, ces fruits secs et ces riches étoffes de Kaboul sont à Nimi, fils de Pavaca.

« Et Viashagana, émerveillé, se disait en lui-même : Que vais-je faire avec mes modestes présents, chez un homme aussi riche, mais peut-être se souviendra-t-il que je suis le fils de sa sœur. Et il s'aperçut bientôt que le bruit de son arrivée s'était répandue partout, car à mesure qu'il approchait du terme de son voyage, de tous côtés les bergers et les serviteurs de Nimi accouraient sur les bords de la route, l'appelaient par son nom et lui souhaitaient la bienvenue.

« Ayant eu à traverser un ruisseau, il rencontra sur la la rive une dizaine de jeunes filles qui lavaient dans l'eau courante les chombous et les plats de cuivre du repas, et une d'elles, qui paraissait les diriger, se leva et dit : Salut à Viashagana, fils d'Adgigarta, qu'il soit le bienvenu dans la maison de Nimi. Je suis Nataliky et Nimi est mon père.

« Salut à Nataliky, répondit Viashagana, et la voyant jeune et belle, il s'en réjouit et pensant que le Seigneur l'avait ainsi placée sur sa route pour qu'il la choisît pour femme, il ajouta : Reçois, ô fille de Nimi, qui fut fils de Pavaca, ce tâli, signe du mariage, que ma mère Parvady a porté.

« Je me nomme aussi Parvady, s'écria la jeune fille, qui fut dans le ravissement d'être choisie la première, quoique la plus jeune entre toutes ses sœurs. Et quittant ses compagnes, elle se dirigea avec Viashagana vers la maison de son père.

« Et Nimi les voyant venir tous deux les admira, tellement ils étaient jeunes et beaux, et comme ils s'approchaient, il dit à ses autres filles : Voilà le fils de ma sœur Parvady qui a choisi Nataliky pour sa femme; et elles en conçurent une grande jalousie.

« Alors Viashagana s'étant incliné et portant la main sur son front dit : Salut, ô Nimi, je t'apporte les paroles d'amitié d'Adgigarta, accorde-moi d'emmener cette femme qui est ta fille dans la maison de mon père : c'est Brahma qui m'a inspiré de passer autour de son cou le tâli que mon père donna autrefois à Parvady en la maison de Pavaca.

« Que la volonté de Brahma soit faite, répondit Nimi, je reçois les paroles d'Adgigarta, et tu peux conduire ta femme auprès de lui pour qu'il accomplisse les cérémonies d'usage. Entre dans cette maison, qui est la tienne, pour y manger avec nous et t'y reposer pendant quelques jours.

« Cette manière de se choisir une épouse fut observée depuis sous le nom de mode du Seigneur, car il fut reconnu que c'était Dieu qui l'avait instituée.

« Et Viashagana ayant distribué ses présents selon l'usage, reprit le lendemain le chemin du pays de Gangea, où était la maison de son père, et Nataliky le suivit montée sur un des éléphants blancs qu'elle avait reçu en cadeau.

« Adgigarta les attendait avec tous ses parents et ses amis, car il avait su en songe le moment précis du retour de son fils; et de ses mains que l'âge avait rendues tremblantes, il les bénit tous les deux, en prononçant l'invocation consacrée, car Nataliky ne pouvait entrer comme épouse dans la maison avant d'avoir été unie devant le Seigneur.

Invocation du mariage.

« Que Brahma unisse vos âmes d'un lien indissoluble, et
que la vertu soit ce lien! Que dans vos cœurs n'entrent jamais ni le dégoût ni l'oubli; un mari qui dédaigne sa femme
est maudit de Dieu! Une femme qui dédaigne son mari ne
peut espérer d'entrer au séjour céleste!

« Respectez dans votre union les époques qui ne sont point
favorables, car celui qui se livre en tout temps aux plaisirs
de l'amour offense le Seigneur, qui pour ce fait ne lui accorde
point une nombreuse postérité.

« Vous consacrerez à Dieu l'aîné de vos fils, car c'est lui
qui accomplira sur votre tombe les cérémonies funéraires
qui lavent les dernières souillures, et qui vous permettront
d'entrer dans le séjour des âmes purifiées.

« Ayant ainsi parlé, Adgigarta offrit à Nataliky, du riz
grillé, un jeune chevreau à toison rouge, et deux jeunes
colombes.

« Et la jeune femme les ayant reçus, mangea le riz grillé
avec son mari, rendit la liberté aux deux colombes, puis
ayant pris le jeune chevreau dans ses bras, elle franchit le
seuil de la maison en disant :

« Je suis vierge, n'ayant point encore connu d'homme.
Que mes yeux se ferment pour toujours à la lumière plutôt
que de s'arrêter sur un autre visage que celui de mon époux.
Que ma voix se sèche dans mon gosier plutôt que de prononcer des paroles d'amour, qui n'iraient point à ses oreilles.
Que je meure plutôt que de laisser délier mon pagne par une
autre main que la sienne.

« Et le jeune chevreau ayant été égorgé, chacun en mangea
en mémoire de cela.

« Adgigarta fit alors cadeau à tous ceux qui avaient assisté
à l'invocation et au repas, d'un anneau d'or sur lequel était

incrusté le signe consacré de sa maison, et dit à tous ses parents et amis assemblés :

« Voici l'anneau du souvenir, que tous nos amis le conservent comme un témoignage, que nos parents le gardent précieusement en l'ajoutant à la chaîne de la famille, car c'est ainsi que nos arrières-petits-enfants pourront se dire entre eux : nous sommes issus du même père.

« Et ainsi furent unis Viashagana, fils d'Adgigarta et de Parvady, et la belle Nataliky, fille de Nimi et d'Annoumaty.

« Leur premier né fut consacré au seigneur en sortant de l'eau de la purification, et reçut le nom de Pavaca, en l'honneur de son bisaïeul, car c'est à lui qu'il avait été promis que de sa race naîtrait celui qui devait illuminer le monde.

. . . . »

La poétique histoire de cette famille se continue, dans le Prâsada jusqu'à la naissance de Devanagny, mère de Christna, qui fût le rédempteur indou. Nous nous bornons pour le moment à cette citation, qui suffit au but que nous nous étions proposé, d'indiquer les prières, invocations et cérémonies du mariage patriarcal. Elles ne sont, ainsi qu'on peut le remarquer, ni moins simples ni moins affirmatives de l'unité de Dieu, ni moins dépourvues de superstitions que celles qui les précèdent.

En résumé, la religion primitive des patriarches de l'Indoustan ne fut basée que sur l'unité de Dieu, l'immortalité de l'âme, et la récompense ou le châtiment pour les bonnes ou mauvaises actions.

Comme forme extérieure du culte, tout père de famille était le conservateur de l'idée religieuse, et l'*officiant* des cérémonies.

Les enfants étaient ondoyés à leur naissance, et une invocation à Dieu saluait leur entrée dans la vie. Le mariage et la mort étaient de nouveau consacrés par des prières. Dans l'une, on priait Dieu de bénir l'union qui s'accomplissait et la postérité qui allait naître ; dans l'autre, on purifiait l'âme du mort des dernières souillures par la prière, et l'on demandait à Dieu de l'admettre au séjour des bienheureux.

Matin et soir, au coucher et au réveil ainsi qu'avant chaque repas, le père de famille implorait la bénédiction de Brahma, et deux grandes fêtes par année, à l'époque des semailles et des moissons, plaçaient les fruits de la terre sous la protection divine :

« O Brahma commande aux vents qui viennent de l'ouest de respecter le travail mystérieux de la terre... »

Et après la récolte, remerciaient Dieu de l'avoir faite belle et abondante, et l'homme humble de cœur, lui demandait d'être purifié par cette nourriture qu'il tenait de sa bonté.

« O Seigneur... fais que ces fruits et ces grains, que tu nous as donnés, purifient notre corps, comme la prière et la méditation de ton nom, purifient l'âme. »

Et c'était tout... Et ces hommes des premiers âges, se trouvaient parfaitement en règle avec leur créateur, en suivant les données que la conscience et la raison leur révélaient, comme les plus simples et les plus dignes de l'idée de Dieu.

On n'avait point encore imaginé, sous le nom d'Être suprême, ce fantôme-épouvantail dont toute la joie fût de répandre le sang, qui pour un mot faisait massacrer des tribus entières, qui fit son culte incompréhensible et stupide pour mieux asservir l'intelligence en la faussant, et brûla les corps quand l'intelligence refusa de se soumettre...

Triste invention du prêtre, qui comme le belluaire, ne peut dominer que par la peur et l'abrutissement.

Combien de siècles se sont écoulés? des milliers de générations d'hommes ont disparu, les bûchers se sont éteints sous le sang des victimes, les rois lassés de servir de bourreaux, ou emportés par la tourmente des haines amoncelées, n'ont plus le pouvoir, ou n'osent plus frapper, proscrire, massacrer sur un signe...

Mais lui, l'homme des hécatombes, l'homme des bûchers, l'homme du passé sanglant, celui qui a tué Dieu pour se mettre à sa place sur l'autel... Il est toujours là, luttant avec acharnement, disputant pied à pied chaque lambeau de son pouvoir qui s'envole, n'ayant qu'un souci, qu'une idée, qu'un but, tenir sous sa main le monde assoupli et dompté !...

Que lui importerait qu'il râlât, qu'il fût comme un cadavre sous son pied, pourvu qu'il ne sentit plus ce cadavre tressaillir au saints noms de *raison*, de *progrès* et de *liberté*.

Et chose étonnante si tous les Torquemada et leurs séides couronnés, ne sont plus là pour dire au peuple agenouillé : *Crois, obéis ou meurs*, si leurs successeurs n'osent plus se faire précéder de tortures et de supplices, au nom d'un Dieu de paix et de pardon, ce n'est pas qu'ils aient renoncé à ces antiques moyens de domination... c'est qu'ils ne peuvent plus les employer...

Rendez-leur un pouvoir incontesté, rendez-leur la force... et vous verrez de nouveau, les brahmes massacrer les bouddhistes, les bouddhistes et les mages massacrer ceux qui ne voudront point se soumettre à eux, les hiérophantes ensanglanter l'Égypte, les lévites massacrer les Hébreux au moindre signe d'indépendance, et les prêtres de Rome ressusciter les proscriptions, les tortures, le saint-office et les bûchers.

Cela ne date que d'hier :

J'étais à Goa, la vieille ville indo-portugaise des Albuquerque, je connaissais les sombres et cruels souvenirs laissés par l'inquisition portugaise dans l'Inde, qui nulle part ne fut plus acharnée, et plus rigoureuse, et dont le pouvoir ne prit fin qu'en 1815, grâce aux Anglais qui ne rendirent Goa, dont ils s'étaient emparés, qu'à cette condition. Je résolus d'aller visiter dans la vieille ville, distante de quelques lieues de Villanova de Goa, ou Pandjim comme la nomment les indous, le palais des grands inquisiteurs, et les prisons du saint-office; je désirais voir par moi-même, à quarante-cinq ans de distance seulement de sa suppression, s'il ne me serait point possible, de trouver encore quelques restes, quelques vestiges, parlant aux yeux, de cette épouvantable domination religieuse.

L'Indou est le peuple le plus attaché que je connaisse

à ses croyances et à son Dieu, il est persuadé de l'excellence
de son culte, et ce en quoi il a parfaitement raison à mon
sens, répond ivariablement à toutes les tentatives des missionnaires : Vous adorez Dieu avec des paroles, et moi avec
d'autres, mais en résumé, c'est toujours à Dieu que cela
s'adresse; à quoi me servirait d'abandonner ma manière de
parler à Dieu, qui est celle de mes ancêtres, pour prendre la
vôtre qui est celle d'étrangers qui ne sont pas de ma race?
Pourquoi ne me demandez-vous pas aussi d'abandonner ma
langue pour parler la vôtre, et de quitter mes habits si com-
modes pour la chaleur, pour porter les vôtres qui sont faits
pour le froid?...

Aussi n'y a-t-il dans l'Inde entière, en dehors des parias
à qui les jésuites servent de petites pensions pour se faire
catholiques, et qui ne vont à l'église, bien entendu, qu'autant que les appointements sont payés régulièrement, d'autres chrétiens que ceux faits par l'inquisition portugaise au
moyen du fer et du feu.

Le Portugal ne comptait presque, au siècle dernier, dans
ses possessions heureusement fort restreintes, que des
catholiques. Quiconque était amené dans les prisons du
saint-office, n'en sortait que convertit ou mort!...

Combien de ces malheureux, après avoir résisté avec courage aux premiers supplices, finissaient par céder aux horri-
bles tortures qu'on arrivait par degrés à leur imposer, et
sortaient de là incapables de tout travail et affreusement
mutilés...

Oui !... mais le Seigneur devait être content! Quand ils
étaient entrés, ils s'appelaient Rama, ou Moutoussamy, et
possédaient l'usage de leurs membres...

Quand ils sortaient, ils s'appelaient Joseph ou Pacôme,
et étaient estropiés!...

Ignoble profanation de tout ce qu'il y a de grand et de
saint sur la terre, épouvantables folies sacerdotales!... Et
cinquante année à peine me séparaient de ces actes, que
l'humanité d'une nation étrangère avait seule fait cesser.

Je ne trouvais que peu de choses à observer dans les prisons du saint-office, cellules, cachots, oubliettes, puits et ca-

veaux, étaient envahis par les arbustes, les lianes et les plantes
de toute espèce, à tel point qu'il eut été imprudent à cause
des reptiles de se hasarder à y pénétrer. La main du temps
semblait s'être hâtée de voiler ces lieux sinistres, et de répandre à profusion des flots de verdure et de fleurs, là où avaient
coulé tant de larmes, où avaient éclaté tant de sanglots.

Seule la chambre de torture, déblayée sans doute à l'intention des visiteurs, permettait au souvenir de celui qui s'y
égarait un instant, de reconstituer quelques épisodes affaiblis des scènes sauvages qui avaient dû s'y passer...

Au moment où je sortais de ces ruines, je vis venir à moi
cinq ou six malheureux qui me firent détourner la tête avec
dégoût. Tous étaient affreusement estropiés et mutilés, et à
quelques années près, paraissaient du même âge, de soixante-
dix à soixante-quinze ans environ. L'un rampait plutôt qu'il
ne marchait, le corps supporté par quatre moignons informes, tenant entre ses dents une moitié de coco en guise de
sébille... Un autre n'avait plus de langue ni d'yeux... Un
troisième avait les mains coupés; un autre encore avait eu
les pieds broyés dans les brodequins de la torture... Ils
étaient là, me demandant l'aumône avec des sons et des cris
inarticulés... et je laissais tomber mon offrande les larmes
dans les yeux, la rage dans le cœur !...

C'étaient les dernières victimes des prêtres de Rome à
Goa !...

L'heure est venue d'arracher le masque à tous ceux qui
se servent de Dieu pour voiler leur ambition, leurs vices
et leurs crimes, qu'ils soient brahmes, bonzes, mages ou
lévites.

L'heure est venue de leur prouver qu'ils ont une origine
commune, et que leur ténébreuse association, en se transmettant d'âge en âge les mêmes mystères, les mêmes superstitions, les mêmes croyances grossières, qu'ils faisaient
adopter de la plèbe ignorante, n'a eu pour but que d'éterniser son pouvoir et de faire vivre ses adeptes en dehors des
dures lois de travail et de souffrance, qui pèsent si lourdement
sur le reste des hommes. Parasites dans les sociétés antiques,
parasites dans les sociétés modernes, voilà leur rôle.

Ils ont débuté seuls d'abord, ayant arraché par obsession, par habileté, par peur, le pouvoir civil et religieux dans la famille, de la famille dans la tribu, de la tribu dans la peuplade, ayant appelé autour d'eux tout ce qui préférait à la peine, la vie plantureuse aux dépens du travail des autres... Puis les rois sont venus, mettant par instant en péril leur domination, mais l'alliance a toujours fini par se faire entre gens si bien faits pour s'entendre... Et vous pouvez ouïr d'ici les plaintes des peuples qu'ils ont tués... Le monde entier a râlé sous le prêtre. L'Orient est mort, ses peuples ne comptent plus dans la vie humaine. Mais l'Occident a secoué le moyen âge, les cendres de Jean Huss et de Savonarole ont fait éclore des combattants. L'heure n'est pas loin où quiconque essayera encore de tailler Dieu à son image, de mendier en son nom, en son nom d'agiter les consciences et les places publiques, ne trouvera plus sur son chemin ce peuple, qui le regardait passer à genoux aux temps de sa décrépitude et de son obéissance servile aux caprices d'une théocratie qui n'a régné que par la corruption, le sortilége et le mensonge.

Bacon disait en son temps : Pourquoi monter au sommet d'une tour pour regarder un brin d'herbe, agenouillez-vous près de lui, tout au contraire pour l'observer de plus près... Et la science moderne était née. On étudia le brin d'herbe de près, on analysa les causes, on comprit les effets, et la nature interrogée par la raison lui livra ses secrets...

Soumettons de même toute science religieuse à la raison, remontons du sorcier au thaumaturge, au magicien, au prophète, aux incarnations, aux fils de Dieu, prouvons jusqu'à l'évidence, que toutes ces choses ne sont qu'inventions *de prêtres*. Et descendant enfin dans notre conscience dégagée de toutes les superstitions, de toutes les ruines du passé, nous pourrons retrouver les vérités immortelles qui y ont été déposées par le Dieu unique, tout de bonté et de miséricorde, qu'ont adoré les hommes des premiers âges, et que la corruption sacerdotale a si longtemps remplacé, par la superstitieuse image d'une divinité gardienne de son ambition et de ses intérêts. *Revenons à la religion naturelle !*

CHAPITRE II.

D'OÙ VIENNENT LE CULTE DES ANCÊTRES ET LE CÉNOBITISME.

Le culte des ancêtres si fort en honneur dans l'antiquité, conservé jusqu'à nos jours par tous les peuples de l'Orient, est né d'une croyance antérieure aux védas, et remonte aux premiers temps de l'époque patriarcale.

En outre des légendes, prières et invocations, que nous avons données, qu'on interroge les monuments les plus anciens de la littérature religieuse des Indous, les quelques fragments antérieurs aux livres sacrés qui nous restent du premier Manou. Quelques hymnes de Valmiki, et tout le recueil connu sous le nom de Nikâra, partout on retrouvera à côté de la foi en un Dieu unique, et à l'immortalité de l'âme, la croyance que l'homme ne pouvait entrer au séjour céleste et s'absorber dans la *grande âme*, c'est-à-dire dans le sein de Brahma, s'il ne laissait derrière lui un fils qui put acomplir sur sa tombe les cérémonies funéraires de la purification, destinées à laver l'âme et le corps des dernières souillures contractés sur la terre.

Le père de famille défunt avait, pendant le cours de sa vie, racheté les fautes qu'il avait pu commettre, par la prière, par la méditation sur Dieu et la pratique de toutes le vertus; mais quoi qu'il eût fait de bien, que la mort l'ait frappé subitement, ou après une longue maladie, il n'avait pas eu le temps de se purifier de ses derniers souillures; et dès lors, comme l'âme ne pouvait retourner au séjour des *bien-heureux* avant que la moindre tache à sa pureté ait été été enlevée; le fils aîné ouvrait à son père la porte de Brahma, par le jeûne, les prières et les cérémonies funéraires qu'il accomplissait sur sa tombe, et qui avaient le don d'enlever jusqu'aux péchés les plus légers du défunt.

Ces cérémonies ne pouvaient être accomplies par une autre personne que le fils du mort, du fait d'un parent, même le plus rapproché, elles eussent été inefficaces. Et comme il se pouvait que des fautes graves que le défunt n'avait pas eu le temps de purifier, l'aient fait condamner par Brahma à un long exil. Le fils aîné devait chaque année, à l'anniversaire du décès de son père, répéter sur sa tombe ou sur l'urne qui contenait ses cendres, les mêmes cérémonies.

Celui qui ne laissait pas de fils, pour le suppléer, et accomplir la purification funéraire, à mesure qu'il avançait en âge, devait veiller avec le plus grand soin à ses actions, afin de commettre le moins de fautes possibles, car il devait s'attendre à subir dans son entier la punition que Brahma lui infligerait pour les dernières souillures.

Telle était la croyance!

Il y a là sans qu'on s'en doute, l'explication naturelle, logique, d'une foule de mœurs, de coutumes civiles et religieuses qui, à travers l'antiquité, sont parvenues jusqu'à nous, et à qui bien qu'elles se soient tranformées, il nous sera facile d'assigner leur origine.

Ce fut une nécessité impérieuse et devant laquelle toute autre devait céder, que de laisser après sa mort un fils qui put vous remplacer, et vous ouvrir le ciel par ses mortifications et ses prières. Aussi la femme stérile, allait-elle d'elle-même faire choix d'une seconde épouse pour son mari, et l'introduisait-elle sans répugnance dans le lit conjugal.

Si la première femme craignait, que la beauté, la jeunesse d'une seconde épouse, put nuire à son influence dans la maison, et à l'affection que son mari lui portait, au lieu de lui permettre une autre femme légitime, elle lui conduisait une de ses servantes, parmi les plus robustes et les plus jeunes, la choisissant vierge; et le fils qui naissait de cette femme de basse classe, n'appartenait pas à sa mère naturelle; il était dit *issu de la femme légitime de son père.* Cette dernière était considérée, comme n'ayant cédé temporairement une portion de ses droits à une étrangère que dans son propre intérêt, et pour donner, *pour ainsi dire par procuration*, à son mari, un fils qu'elle n'avait pu procréer elle-même.

Dans la primitive société indoue le mari ne pouvait en aucun cas, se choisir une seconde femme et l'introduire dans sa maison, ni même contracter une union passagère avec une femme inférieure, il lui fallait le consentement de sa femme légitime, qui dans les deux cas, soit qu'elle admit une femme comme seconde épouse, soit qu'elle consentit à un simple lien passager, avait toujours le choix de la femme. Et cela n'était que logique. Cette dérogation à la loi n'ayant pas eu en vue les plaisirs de l'époux, on admettait qu'elle ne pouvait avoir lieu que par une cession volontaire d'une partie de ses droits par la femme légitime.

Il est certain que la polygamie, qui devint une institution reconnue dans tout l'Orient, qui fut acceptée des Égyptiens et des Hébreux, que Mahomet sanctionna plus tard, vient de là.

Ce qui rattache l'origine de cette coutume, d'une manière indiscutable, à l'idée religieuse que nous venons d'énoncer, c'est que dans l'Inde, aux lieux où la croyance primitive, cause de la coutume, s'était conservée dans toute sa pureté, la polygamie ne fut jamais qu'une exception admise en cas de stérilité seulement de la femme légitime, et encore fût-il loisible à cette dernière, de n'admettre que temporairement une concubine.

La Perse sous les mages, l'Arabie et l'Égypte, reçurent cette coutume avec la croyance religieuse dont elle découlait, et vous rencontrez à chaque pas, dans les annales anciennes des émigrations qui peuplèrent ces contrées, dans les inscriptions, dans les bas-reliefs des temples, la preuve que le fils ainé était l'officiant des cérémonies funéraires de la famille, le chef du culte des ancêtres.

Moïse en copiant de souvenir les livres sacrés de l'Égypte et de l'Inde, auxquels il avait été initié par les prêtres à la cour des Pharaons, relate également cette coutume dans la biographie apocryphe des patriarches, qu'il écrivit à la hâte en tête de son livre, pour se rattacher par Adam, à une prétendue révélation primitive. Mais comme toujours, il se garde bien de donner l'esprit de la loi, d'expliquer la croyance qui a engendré la loi.

Écoutons ce qu'il dit au chapitre seizième de la Genèse :

« Or Sarah, femme d'Abraham, était sans enfants ; mais ayant une servante égyptienne nommé Agar.

« Elle dit à son mari : Voilà maintenant que le Seigneur m'a privé d'enfanter, approchez-vous de votre servante, *peut-être aurais-je des enfants d'elle*, et lorsque Abraham eut consentit à sa prière.

« Elle prit Agar, sa servante égyptienne, dix ans après qu'ils eurent commencé d'habiter en la terre de Chanaan, et la donna pour concubine à son mari.

« Abraham s'approcha d'elle, et l'ayant connue, elle conçut ; mais Agar voyant qu'elle allait donner un fils à son maitre, dédaigna Sarah sa maîtresse.

« Et Sarah dit à Abraham, vous agissez injustement contre moi, j'ai mis ma servante entre vos bras, laquelle voyant qu'elle a conçu me méprise. Que le Seigneur soit juge entre toi et moi.

« Abraham lui répondit : Voilà ta servante qui est entre tes mains, fais d'elle ce que tu voudras. Donc Sarah repoussa celle-ci, et Agar s'enfuit.

Voilà bien, saisie sur le vif, la coutume indoue et égyptienne tout entière. Sarah n'ayant pas d'enfant, en désire un par une autre femme, et elle conduit sa servante à son mari, *afin que d'elle lui naisse un fils.*

Mais pourquoi cette nécessité d'un fils ? pourquoi cette fiction qui faire dire à Sarah, *peut-être aurais-je des enfants d'elle.*

Sans doute on pourra dire qu'Abraham désirait des enfants, pour perpétuer son nom et sa race sur la terre, pour leur laisser les troupeaux, les biens qu'il possédait, et qu'il y a là une explication suffisante de son action... Cela est vrai ; mais qu'importait à Sarah un fils qui n'était point sorti de son sein, une descendance qui n'était point la sienne. Maitresse à la maison elle risquait de se donner une rivale, de perdre son autorité, et tout cela pour donner des héritiers à son mari qui ne fussent point de son sang?

Cela n'est pas dans la nature, et quiconque connaît un peu le cœur humain n'admettra jamais la possibilité d'une telle abnégation de la part de la femme, [à moins des motifs les plus impérieux et les plus graves, surtout, si comme dans ce cas, tout ce qu'il y a en elle de sentiments délicats doit en être froissé.

Dira-t-on que c'était dans les mœurs de l'époque? que la femme était esclave des volontés du maître et n'avait qu'à obéir? Une foule de gens n'ont pas d'autre réponse aux textes qui les embarrassent, ils semblent ne pas voir que ce sont ces mœurs qu'il s'agit d'expliquer.

Nous répondrons que la femme ne fût pas une esclave aux époques patriarcales, et que Sarah se charge elle-même du soin de nous le prouver, en choisissant la concubine qu'elle veut bien permettre à son mari, et en la chassant ensuite au premier acte d'orgueil qui vient blesser sa susceptibilité de maîtresse de maison.

Les écrivains catholiques prétendent, *et cela sérieusement*, que Sarah, ayant eu par *intuition divine* connaissance que de la race d'Abraham devait naître le rédempteur promis aux hommes, elle craignait, se voyant sans enfants, que la parole de Dieu ne se pût s'accomplir!

Laissons Sarah avec *son intuition divine* et ne rapetissons point l'idée que la conscience nous donne de Dieu, en le faisant intervenir dans ces contes absurdes, qui trop longtemps déjà ont abusé l'humanité.

A quoi bon faire toujours intervenir le merveilleux dans des choses qui trouvent leur explication naturelle dans l'histoire mieux comprise des époques où elles se sont produites.

Sarah a simplement partagé les croyances religieuses de son temps, croyances apportées de l'Inde par l'émigration qui colonisa l'Égypte. Se voyant vieillir dans sa stérilité, elle se demanda si l'heure n'était pas arrivée de permettre temporairement une femme à son mari, afin de se procurer un fils qui pût accomplir, sur sa tombe et sur celle d'Abraham, les cérémonies funéraires qui devaient leur ouvrir le séjour céleste. Et elle choisit Agar que, par deux fois, la jalousie lui fit chasser de sa maison.

Voilà, à l'aide de la coutume indoue l'explication historique et religieuse, que Moïse ne donne pas, de cet acte de Sarah, qui sans cela serait incompréhensible.

S'il n'y avait pas eu nécessité religieuse d'avoir un fils, pour le repos de la tombe et la délivrance dans l'autre vie, jamais Sarah n'eut introduit dans le lit de son mari, Agar qui lui devient immédiatement odieuse pour ce fait, et qu'elle finit par renvoyer à tout jamais de sa demeure avec Ismaël, le fils né d'Abraham, du jour où un tressaillement de son sein lui apprit qu'elle-même avait conçu.

Nous allons voir bientôt les preuves les plus convaincantes s'accumuler autour de cette idée, et accentuer mieux encore la filiation qui la rattache à l'Inde patriarcale. Toutes les conséquences que cette croyance eut pour l'Inde nous les retrouverons en Égypte, et dans la coutume mosaïque.

Ainsi suivant la loi primitive de l'époque de l'unité de Dieu et des patriarches, le père ne pouvait parvenir au séjour de Brahma que par les prières de son fils, et quand par hasard sa femme légitime se trouvait frappée de stérilité, il pouvait avec son consentement obtenir d'une femme étrangère, ce fils qui appartenait par une fiction de droit religieux non à sa mère naturelle, mais à la femme légitime de son père, et ne pouvait accomplir les cérémonies funéraires que pour cette mère légale... pour le père, cela allait de soi, puisqu'il était réellement son fils par le sang.

La femme frappée de stérilité avait donc un intérêt aussi grand que son mari à se procurer un fils.

Une fois cette croyance admise dans toute sa fatalité, — *le père n'est sauvé que par le fils*, — nous allons voir naître tout un droit nouveau, qui ira jusqu'aux conséquences les plus extrêmes pour veiller à ce que l'homme ne soit point privé des prières et des purifications funéraires.

Il pouvait arriver que le père de famille ayant connu, du consentement de sa femme, une servante ou une étrangère,

cette dernière ne conçût pas ; une tentative était faite encore
avec une autre femme, et si un résultat meilleur n'était pas
obtenu, le mari voyant que la stérilité était de son fait, était
libre alors, d'autoriser sa femme à concevoir des œuvres d'un
autre que seul il avait le droit de choisir, et qu'il prenait
d'ordinaire parmi ses parents les plus proches.

Écoutons Manou, conservant et codifiant la coutume
ancienne, lib. XI, sloca 59 et suivants.

« Lorsqu'on n'a pas d'enfants, la progéniture que l'on
désire peut être obtenue par l'union de l'épouse convenable-
blement autorisée avec un frère ou un autre parent (sapindha).

« Arrosé de beurre liquide, afin que la chair ne touche pas
la chair et gardant le silence, que le parent chargé de cet
office, en s'approchant pendant la nuit de la femme sans
enfants, engendre un seul fils, mais jamais un second.

« Quelques-uns de ceux qui connaissent à fond cette
question, se fondant sur ce que le but de cette disposition
peut n'être pas parfaitement atteint par la naissance d'un
seul enfant qui peut mourir, sont d'avis que les femmes
peuvent légalement engendrer de cette manière un second fils.

« L'objet de cette commission une fois obtenu suivant la
loi, que les deux personnes, le frère et la belle-sœur se com-
portent, l'une à l'égard de l'autre, comme un père et une
belle-fille.

« Mais un frère, soit l'aîné, soit le jeune, qui, chargé de
remplir ce devoir, n'observe pas la règle prescrite, et ne
pense qu'à satisfaire ses passions, sera dégradé dans les
deux cas, s'il est l'aîné, comme ayant souillé la couche de sa
sa belle-fille, s'il est le plus jeune, comme ayant souillé la
couche de son père.

« Mais ceci n'est que pour la femme mariée sans enfants, et
autorisée par son mari, une veuve sans enfants ne peut être
autorisée par les parents à concevoir du fait d'un autre, car
ceux qui lui permettent de concevoir ainsi, violent la loi
primitive.

« Il n'est question en aucune manière d'une pareille commission, ni dans la coutume ancienne, ni dans les livres

sacrés; les lois qui ont rapport au mariage ne disent pas que la veuve puisse concevoir pour donner un fils à son mari décédé, sans contracter une autre union.

« En effet, cette pratique qui ne convient qu'à des animaux, a été blâmée hautement par les hommes vertueux et instruits, bien qu'elle soit dite avoir eu cours parmi les premiers hommes à l'époque de Vena.

« Depuis ce temps, les gens de bien désapprouvent l'homme qui, par égarement, invite une veuve sans enfants à recevoir les caresses d'un autre homme en dehors du mode prescrit.

« Que la jeune femme dont le mari vient à mourir, soit épousée de nouveau par le propre frère du mari, et à son défaut par le plus proche parent, suivant la règle suivante :

« Après avoir épousé selon le rite cette jeune veuve vêtue de blanc, et connue comme étant de bonnes mœurs, que le nouveau mari s'approche d'elle avec respect pendant la saison favorable, et comme si elle était encore la femme de son frère, jusqu'à ce qu'elle ait conçu, et l'enfant qui naît est dit fils du défunt. »

Comme on le voit, le mari frappé d'impuissance pouvait autoriser sa femme à concevoir des œuvres de son frère, ou d'un de ses parents.

Il n'y a certes que cette croyance religieuse de la nécessité d'un fils pour racheter les fautes de son père, qui ait pu faire accepter de pareilles coutumes. On ne peut dire que la débauche et la dégradation des mœurs y aient conduit, quand on voit quelles précautions sont ordonnées au frère qui s'approche de sa belle-sœur avec l'autorisation du mari, et dans quel état d'esprit il doit se trouver; son corps doit être enduit de beurre *pour que sa chair ne touche point la chair de la femme*, et il ne doit point songer *à satisfaire ses passions*, sous peine d'être dégradé, c'est-à-dire rejeté de sa famille... S'il arrivait que ni l'un ni l'autre des deux époux n'aient pu ainsi se procurer un fils, deux moyens leur restaient de s'assurer une mort tranquille et de voir s'ouvrir devant eux les portes du séjour des bienheureux. L'adoption ou la vie cénobitique dans le désert.

Par l'adoption d'un fils, les deux époux se trouvaient dans la même situation que s'il en fût né un de leur union. Nulle différence entre l'adopté et le fils légitime, il recevait un nom de son nouveau père, héritait de lui et devenait chef de famille à sa mort.

Un fragment de Soumati, qui avait recueilli l'œuvre de l'ancien Manou, depuis abrégé par les brahmes, nous indique d'une manière non équivoque quel fut, à l'origine, le but et l'esprit de l'adoption.

« C'est aux macérations, aux jeûnes et aux prières d'un ermite du nom de Tarpana, qu'est dû ce mode de se procurer un fils par adoption.

« S'étant retiré dans les forêts sur le soir de sa vie, pour vivre seul à seul avec Dieu, méditer sur sa grandeur, sa puissance et la beauté de ses œuvres, parfois il gémissait et disait :

« Seigneur ! dans leurs tanières et dans les épais réduits des bois, les fauves ont des petits, et j'entends chaque soir, quand le beau sourya abandonne la terre, les hurlements de la mère conduisant sa nichée à l'abreuvoir, et les cris de joie des petits.

« Si je lève les yeux, regardant dans le feuillage sombre, j'aperçois de toutes part des milliers d'oisillons qui s'aident à voltiger à la saison nouvelle, sous la direction de leur mère, et j'entends *le gouhougou !* des colombes, qui rapportent aux nids la nourriture de leurs petits.

« Le long des lacs aux eaux profondes, le long des fleuves au cours rapide, et dans les mytérieuses solitudes, les jeunes buffles jouent dans les hautes herbes, sous la surveillance des mâles qui les protègent, et le jeune éléphant bondit autour de sa mère.

« Si je me rapproche des lieus habités par les hommes, de toutes parts les troupeaux paissent dans les plaines, et partout, après la saison favorable des amours, naissent les petits, que les mères élèvent de leur lait ; chaque brebis a son agneau, pas une génisse qui n'ait son nourrisson.

« Pourquoi Seigneur, la fille de l'homme, qui est issu de toi est-elle stérile ? pourquoi si souvent ne peut-elle concevoir des baisers de son époux ?

« Est-ce juste, est-ce bon, est-ce suivant la loi, que le frère continue à souiller le lit de son frère pour le féconder ? voit-on deux lions dans la tanière de la lionne, deux sangliers dans la même bauge, deux oiseaux mâles au même nid !

« Ayant ainsi prié le Seigneur, et s'étant plongé pendant des jours et des mois dans la méditation de ce sujet, le saint ermite Tarpana, imagina l'adoption pour la sainteté du lit conjugal et la perpétuité des cérémonies funéraires d'expiation.

« Et le corps courbé vers la terre, s'aidant d'un bâton pour assurer sa marche, il revint vers les lieux habités pour enseigner cela aux hommes... »   (*Soumati.*)

L'adoption eut donc pour objet de faire cesser cette coutume outrageuse à la dignité conjugale, qui remplaçait le mari par le frère, en même temps qu'elle assura l'accomplissement des cérémonies funéraires.

C'est de l'Inde, on n'en saurait douter, grâce à la transmission de l'idée religieuse, que l'adoption a passé dans les mœurs de tous les peuples.

La formule indoue de l'adoption fut celle-ci : — O Narada, moi qui n'ai pas de descendants mâles, je me hâte avec sollicitude de t'adopter pour fils, pour l'accomplissement des cérémonies funéraires et des rites sacrés, et la perpétuité de ma race.

Pourrait-on dire, lorsque les Athéniens admirent la formule suivante d'adoption, qu'ils ne l'avaient point reçue de leurs ancêtres indous, et que l'idée du salut du père par les prières du fils, ne faisait point partie de leurs croyances religieuses.

« J'adopte afin d'avoir un fils qui put accomplir sur ma tombe les cérémonies funéraires, perpétuer ma race, et

en transmettant mon nom par une chaîne non interrom-
pue de descendants, lui conférer en quelque sorte l'immortalité. »

A deux pas de là, les Spartiates (Spardhata, les rivaux),
autre rameau de la même tribu, avaient conservé les deux
coutumes : le père de famille sans enfants, pouvait se procurer un fils, soit par l'adoption, soit en autorisant sa femme
à concevoir de son frère, soit en connaissant lui-même sa
belle-sœur en cas de stérilité de sa femme.

Les Tyrenniens, les Sabins et les Samnites (en samscrit
tyrana, guerriers rapides ; sabhana, caste des guerriers ;
samnata, les bannis), peuplades issues de la haute Asie,
apportèrent en Italie les mêmes croyances, et ce culte des
mânes des ancêtres circonscrit dans la famille, dont le
fils aîné continua à être le prêtre, eut dans les mœurs de si
profondes racines, souvenir vivace du berceau, qu'à lui seul,
il forma toute la religion de la Rome ancienne, du jour où
Jupiter et Janus quoiqu'encore debouts n'eurent plus d'adorateurs.

Là encore, nous retrouvons la double coutume indoue,
l'adoption, ou l'obtention d'un fils par une femme étrangère,
et l'histoire nous apprend qu'il fut commun à Rome, d'emprunter la femme de son ami pour en avoir un fils.

Certes, on ne peut pas dire qu'il soit possible à une
croyance d'accuser mieux son origine. Sans doute il est naturel à l'homme de désirer des enfants et de les aimer, à condition qu'ils soient de son sang, et que le père se voie revivre
pour ainsi dire dans son fils; mais comment cette affection
qui a sa source dans l'amour même de soi aurait-elle pu
conduire l'homme impuissant, à se procurer un enfant par
l'union de sa femme et d'un étranger, ou par adoption. Comment
l'homme qui travaille avec joie pour nourrir et élever un
fils parce qu'il est né de lui, aurait-il pu concevoir l'idée de
s'imposer des privations, des sacrifices pour prendre à sa
charge les enfants des autres, si la croyance religieuse
n'était intervenue avec toute sa puissance mystérieuse, si
l'homme à Athènes, à Sparte, à Rome, en Égypte et en Judée,

à l'imitation des anciens patriarches de l'Inde, n'avait pensé que les cérémonies mortuaires accomplies par son fils sur sa tombe, avaient le pouvoir de lui ouvrir le séjour de Brahma, Zeus, Osiris ou Jupiter.

Si le père de famille, venait à mourir avant d'avoir pu se procurer un fils suivant les différents modes que nous venons d'indiquer, l'importance de ne point le laisser privé des seules prières qui eussent l'efficacité d'effacer ses fautes, et de racheter une condamnation de plusieurs milliers d'années d'exil peut-être, était telle qu'en vertu d'une nouvelle fiction, on trouvait le moyen de lui donner un héritier.

Le frère, et à son défaut le plus proche parent, épousait la veuve du défunt, et le premier enfant mâle qui venait à naître était dit fils du décédé, héritait de lui, et dès que ses pas pouvaient le porter, et ses lèvres balbutier quelques paroles, commençait à murmurer des prières, sur la tombe ou l'urne funéraire de celui qu'on lui avait donné pour père.

Manou qui avait consacrée cette coutume, formulait ainsi la loi :

« Que la jeune femme dont le mari vient à mourir, soit épousée de nouveau par le propre frère du mari, et à son défaut par le plus proche parent, suivant la règle suivante, etc.... et l'enfant qui naît est dit fils du défunt. »

On voit de plus en plus, combien était forte cette croyance religieuse des premiers temps de l'Inde, puisque le frère ou le parent le plus proche, étaient obligés de se sacrifier au défunt, d'épouser sa veuve, et de consentir à ce que leur premier né fût soustrait à leur tendresse ; nécessité d'autant plus pénible, que si après avoir engendré un fils, pour le compte de son frère ou de son parent, le mari de la veuve, ne pouvait en avoir d'autres héritiers mâles, il était obligé pour assurer à son tour l'accomplissement des cérémonies funéraires de son décès, soit d'adopter un fils, soit d'en obtenir un d'une étrangère. Car nul au monde ne voulait se trouver dans cet état dont le véda a dit :

« L'homme qui passe de cette vie dans les ténèbres mystérieuses de l'autre sans laisser derrière lui, un fils pour
prier, ressemble au pêcheur qui se hasarde sur l'immense
océan avec une barque sans gouvernail, sans voiles et sans
rames et qui prétend arriver au port. »

La Bible hébraïque, dans une foule de passage, témoigne
d'une coutume identique, mais comme toujours, elle ne l'explique pas et semble avoir totalement oublié l'idée religieuse
qui lui a donné naissance, et seule peut la rendre acceptable.
C'est ainsi que les croyances et les habitudes en se transmettant d'âge en âge, perdent leur cachet primitif, n'ont
plus ni nécessité ni raison d'être, se conservent à titre de
coutumes dont nul ne connaît l'origine, mais qu'on continue
d'observer par respect pour la tradition bien que la tradition
elle-même soit devenue muette, sur les causes qui leur ont
donné naissance.

Nous voyons dans la Bible que Ruth étant devenue veuve,
suivit Noémie sa belle-mère de Moab en Bethléem, et comme
elle n'avait pas d'enfants, elle se rendit auprès de Booz, proche parent de son mari, et les choses se passèrent suivant les
coutumes que nous venons d'indiquer.

Booz épousa Ruth devant les anciens et le peuple en
disant :

« Vous êtes témoins que je prends pour femme Ruth la
Moabite, veuve de Mahalon, afin que je fasse revivre le nom
du mort dans son héritage, et que son nom ne s'éteigne pas
dans sa famille, parmi ses frères et son peuple. »

De même Thamar après la mort de Her, son mari, n'ayant
pu concevoir d'Onan frère de ce dernier qu'elle avait épousé,
et qui avait eu recours aux manœuvres les plus contre
nature pour ne point susciter des enfants à son frère, *semen
fundebat in terram*, ne craignit pas, sous un déguisement, afin
de ne point rester sans descendance, de provoquer les embras-
sements de Juda son beau-père.

Cette coutume n'avait plus de raison d'être à l'époque où

nous la retrouvons en Israël, puisque le fils n'accomplissait plus les cérémonies funéraires sur la tombe de son père, que le lévite était prêtre dans le temple et en dehors du temple, commandant *in castris, vel extra castra* et que pas un verset de Moïse et des différents auteurs de la Bible, ne peut faire soupçonner qu'ils eussent conservé le plus faible souvenir de la croyance religieuse, qui seule peut expliquer et les paroles de Booz épousant Ruth *pour faire revivre le nom du mort,* et l'inceste de Thamar.

Nous demanderons à ceux qui osent prétendre que de la Bible sont sorties toutes les coutumes religieuses de l'Orient, — comme si les civilisations de l'Inde, de la Chine, de la Perse et de l'Égypte n'existaient point déjà de toute pièce, des siècles avant l'apparition de cette copie mal faite des livres sacrés de la haute Asie, — de nous dire, s'il n'y a point là, infiltration de la religion et des mœurs anciennes de l'Inde, d'où peut venir cette coutume absurde et contre nature...

Cependant, il était possible de parvenir au séjour de Brahma, de s'abîmer dans la grande âme, sans laisser de fils, sans qu'aucune cérémonie funéraire fût accomplie sur sa tombe, mais pour cela, il fallait que la mort vous surprît sans souillures, ou avec une telle provision de prières, invocations, et bonnes-œuvres, que l'on fût immédiatement purifié des dernières fautes que l'on n'avait pas eu le temps d'effacer par le sacrifice expiatoire.

Peu de fidèles osaient tenter l'aventure. Pour être complétement rassurés sur leur sort dans l'autre vie, les premiers patriarches qui n'eurent pas d'enfants, et refusèrent de s'en procurer par un des moyens que nous avons indiqués, ou par adoption, imaginèrent de se retirer loin des lieux habités, où la fréquentation de leurs semblables était une source journalière de fautes, pour vivre au désert, seuls à seuls avec la pensée de Dieu, se nourrissant de fruits sauvages et de racines, et partageant leur temps entre la mortification et la prière.

Nous lisons dans un fragment de Valmiki conservé au Prâsada :

« Il ne doit pas ambitionner les prières d'un fils, celui qui se retire dans les forêts pour y vivre de privations et de souffrances et qui, n'accordant que quelques heures au sommeil, passe ses jours et ses nuits à prier et à méditer sur la grandeur, la puissance et la bonté de Brahma. Les prières et la mortification qu'il aura semées pendant sa vie, le purifieront de toutes souillures, et son âme s'absorbera dans la grande âme comme la goutte d'eau dans l'océan. »

C'est de là qu'est née la vie cénobitique, qui se conserva dans l'Inde malgré la révolution brahmanique, et fut si fort en honneur dans l'Orient pendant toute l'antiquité.

Le christianisme qui ne fut suivant l'opinion des gnostiques, qu'une rénovation des mystères de la haute Asie, qui a emprunté à la religion des brahmes son rédempteur Christna, tous ses sacrements, toutes ses cérémonies, et la trinité. — Nous en donnerons bientôt de nombreuses preuves, venant compléter celles déjà apportées au débat par la *Bible dans l'Inde*. — Le christianisme, disons-nous, à l'imitation des Indous, eut ses anachorètes se retirant dans les déserts pour s'y purifier, comme les sectateurs de Brahma, par la prière et la mortification de la chair.

Pour prouver jusqu'à quel point les anachorètes chrétiens furent les imitateurs des cénobites de la haute Asie, nous allons citer d'importants passages du législateur Manou sur les devoirs du vânaprastha, ou *dévôt ascétique* habitant des forêts. Il nous paraît utile de donner quelques développements à cette question ; tout ce qui touche aux origines du christianisme, et tend à prouver sa filiation brahmanique étant mis par nous en première ligne.

Les études de cette première partie sur les patriarches indous, et la *religion naturelle* des premiers âges, n'ont, le lecteur l'a déjà compris, d'autre but que de prouver que tous les fondateurs de religion et *Moïse en tête*, venus à une époque où le patriarche n'existait plus, où la famille s'était depuis longtemps fondue dans la tribu, la tribu dans la peuplade, la peuplade dans la nation, à une époque où l'Asie entière et l'Égypte comptaient de grands royaumes dont les peuples asservis étaient divisés en castes sous l'autorité des prêtres et des rois, où Thèbes aux cent portes, ou Babylone, où Ninive la grande comptaient déjà des siècles d'existence, que tous les fondateurs de religion, et *Moïse en tête*, disons-nous, forcés de se rattacher à Dieu depuis la création du monde pour être cru des peuples, ont simplement copié dans leurs livres de la loi les récits sur la Genèse et les anciens patriarches de l'Asie, tels qu'ils les ont trouvés dans les védas, Manou et autres livres sacrés de l'extrême Orient, en les appropriant au degré d'intelligence de leur époque.

Moïse fut de tous le moins habile, et il faut une foi robuste pour croire à ses inventions, quand on le voit obligé, pour se rattacher à Adam en trois ou quatre générations, de faire vivre des hommes, six, huit et neuf siècles, alors qu'il est constant, par la chronologie des rois d'Égypte, et plus anciennement encore par celle des rois de l'Inde, qu'à cette époque la vie de l'homme dépassait aussi rarement un siècle qu'aujourd'hui.

Les deux autres époques, *de la trinité et des brahmes*, du *polythéisme* et de *l'alliance des prêtres et des rois*, en nous montrant comment les prêtres confisquèrent la religion naturelle pour lui substituer leurs mystères, nous donneront la clef de toutes les superstitions, de toutes les croyances grossières qui ont donné naissance aux différentes religions du globe ; foyer où le christianisme puisa plus que toutes les autres, à ce point qu'aujourd'hui, bien qu'il ait abandonné beaucoup de pratiques anciennes, et qu'il en ait transformé une foule d'autres, on peut dire qu'il n'est encore qu'une copie servile du brahmanisme.

La retraite dans le désert pour se purifier par la prière, est une de ces coutumes abandonnées, ou plutôt transformées, car il est incontestable qu'elle a donné naissance plus tard, à tous ces ordres mendiants, qui préfèrent prélever leur vie sur la crédulité publique, que de la devoir à un travail pénible mais honnête.

Au point de vue de l'origine de cette ancienne coutume, il est intéressant d'étudier, dans Manou, les règles de la vie cénobitique cher les Indous qui pourraient, ainsi qu'on va le

voir, en changeant quelques mots, comme par exemple celui
de véda en Écriture sainte, parfaitement s'appliquer aux
ermites chrétiens.

Les quelques fragments du primitif Manou ou Vriddha-
Manava, que nous possédons, ne contiennent que quelques
versets sur la vie ascétique du temps des patriarches, c'est
donc au Manou abrégé par les prêtres dans l'intérêt de leur
domination, que nous sommes obligé d'avoir recours, en
avertissant le lecteur, que dans les lignes qu'il va lire, il
rencontrera quelques coutumes superstitieuses, qui n'a-
vaient point cours à la primitive époque dont nous nous
occupons.

Les brahmes de la pagode de Chélambrum possèdent
beaucoup de fragments du Vriddah-Manava, et nous sommes
convaincu, que si l'on pouvait fouiller à loisir, dans les
immenses bibliothèques des pagodes du sud de l'Inde, on
parviendrait à reconstituer, en entier cet ouvrage admira
ble que Minos a consulté, dont Manès s'est servi pour donner des lois aux Égyptiens, que Moïse a tronqué, et dans
lequel nous retrouvons encore aujourd'hui, tout abrégé qu'il
est, les sources du droit Justinien et de tous les codes modernes.

Il suffirait pour cela de créer une école de samscrit dans
une de nos possessions de l'Inde, soit à Karikal, soit à Pondichéry ; les résultats qu'on obtiendrait avant peu de cette
institution, pour l'histoire du passé de l'humanité, seraient
incalculables,... mais les jésuites veillent : ce n'est pas pour
rien qu'ils détruisent dans l'Inde tous les manuscrits qu
leur tombent sous la main, et quoique chassés de notre pays
par une loi qui n'a jamais été rapportée, ils sont assez puissants pour faire obstacle longtemps encore à toute mesure
utile qui les a pour adversaires.

DEVOIRS DE L'ANACHORÈTE ET DU DÉVOT ASCÉTIQUE.

(*Manava-Dharma-Sastra*, livre de la loi de Manou).

« Le personnage sanctifié, qui a passé sa vie dans l'étude
des livres saints, et qui se voit en sa vieillesse, seul en sa

maison doit, pour se purifier et se rendre maître de ses sens, se retirer dans la forêt, et y vivre suivant la règle prescrite.

« Il est également permis au chef de famille, bien qu'il ait des enfants, de se retirer dans les forêts pour y mener la vie cénobitique, mais seulement quand ses cheveux ont blanchis, que sa peau s'est ridée, et qu'il a sous les yeux, les fils de ses fils. Renonçant à tout, qu'il confie sa femme à ses fils ou qu'il l'emmène avec lui.

« Que l'ermite emporte avec lui le feu consacré, et tous les objets employés dans les sacrifices, qu'il quitte son village, la maison où il est né, et se retire dans le désert pour y finir sa vie dans les privations.

« Qu'il offre les cinq grands sacrifices à Dieu, à la création, à la rédemption, à la mort et à la vie future avec les grains sauvages, les racines et les fruits, qui sont la seule nourriture permise aux personnages sanctifiés.

« Qu'il ne se vêtisse qu'avec l'écorce des arbres, ou la peau des animaux, qu'il laisse pousser ses cheveux, sa barbe et ses ongles, et les poils de son corps.

« Qu'il trouve le moyen sur sa chétive nourriture, de faire des aumônes, et qu'il offre de l'eau, des racines et des fruits à ceux qui viennent le visiter dans sa retraite.

« La lecture du véda doit être sa principale occupation, qu'il endure toutes les souffrances sans se plaindre, qu'il soit bienveillant, compatissant à l'égard des autres, donne toujours, et ne reçoive jamais.

« Qu'avant de cuire sa nourriture, il l'offre à Dieu suivant le mode vitana, et qu'il renouvelle le sacrifice prescrit en l'honneur de la création, chaque jour de nouvelle lune.

« Qu'il ne manque jamais d'offrir le sacrifice des moissons à l'époque du grain nouveau, et accomplisse tous les quatre mois, aux changements de saison, les cérémonies consacrées.

« Avec les grains purs qui servent de nourriture aux saints personnages, et que l'on récolte au printemps et en automne, qu'il prenne soin lui-même de faire selon le mode prescrit les gâteaux destinés à être offerts sur l'autel.

« Après avoir offert à Dieu cette nourriture pure, qu'il tire de la forêt, qu'il la mange avec le sel qu'il a ramassé, et cette nourriture purifie son âme et la fortifie.

« Il peut offrir ainsi et manger les graines potagères, qui viennent dans l'eau et sur la terre, les fleurs, les racines, les fruits des arbres et l'huile produite par les fruits.

« Qu'il évite le miel, le beurre, la viande, les végétaux qui poussent sur le bois mort, et que dans le mois d'a-souina (août), il jette toutes les provisions de grains, de racines et de fruits qu'il avait faites, ainsi que ses vieux vêtements.

« Quand même il souffrirait de la faim, il doit s'abstenir de tout ce qui pousse dans les champs labourés, bien qu'il eût l'autorisation du propriétaire; il ne doit rien accepter non plus, qui soit fabriqué par la main de l'homme.

« Il peut manger ses aliments cuits ou tels qu'il les ré-colte sur la terre, ou aux branches des arbres, et se servir de deux pierres en guise de pilon pour les écraser.

« Il peut faire sa provision pour un an, pour six mois, pour un mois, pour un jour. Mais il est mieux de ne ramas-ser ses grains que pour un jour.

« Il faut prendre sa nourriture tous les jours, soir et ma-tin, mais il est mieux de ne manger qu'une fois tous les soirs, et même que tous les deux jours seulement.

« Les personnages qui sont arrivés au plus haut degré de sainteté, ont suivi les règles de la tchândrayana, qui consiste à manger quinze bouchées le premier jour de la lune, et d'aller en diminuant, de sorte qu'une seule bouchée soit mangée le quatorzième jour et que le quinzième soit consa-cré au jeûne. Il faut agir de même, pour les quinze jours de la lune qui décroît.

« Pour observer strictement son devoir, l'ermite ne doit vivre que de fleurs et de racines sauvages, et de fruits tombés des arbres par eux-mêmes, et que le temps a mûri.

« Que pour prier, il se couche sur la terre nue, ou se re-lève sur les genoux, ou se tienne incliné sur les pieds, fuyant les positions agréables, et qu'il fasse ses ablutions trois fois par jour.

« Pendant la saison chaude, qu'il s'expose tout nu aux ardeurs du soleil; pendant la saison des pluies, qu'il soit sans abri contre les torrents d'eau qui descendent du ciel et des montagnes; et pendant la froide saison, qu'il n'habite que les lieux malsains et humides.

« Que trois fois dans le jour, après les ablutions prescrites, il invoque le nom de Dieu, soumette son corps aux austérités les plus rigoureuses et flagelle jusqu'au sang sa substance mortelle.

« Arrivé à ce degré de mortification, qu'il éteigne le feu consacré et se couvre de ses cendres, qu'il n'ait plus ni demeure, ni abri, ne vivant plus que de racines crues et de fruits aigres.

« Exempt de tous désirs sensuels, chaste comme un novice, qu'il n'ait d'autre lit que la terre, d'autre habitation que le pied des arbres.

« Qu'il ne demande l'aumône qu'aux autres anachorètes et aux pères de famille à qui il a été permis de se retirer dans la forêt, et, si on lui offre quelque nourriture, qu'il n'en reçoive pas plus que ce que contient une feuille ou le creux de la main...

« Celui qui a ainsi dégagé son corps de tout attachement charnel, par l'étude des livres saints, la prière, les mortifications et l'aumône, peut attendre sans crainte l'heure d'être admis dans le séjour de Brahma.

« Lorsque l'anachorète a passé ainsi la troisième partie de sa vie, quand il ne lui reste que peu de temps à vivre, qu'il quitte la forêt voisine des lieux habités, pour se retirer dans les lieux déserts, incultes, habités seulement par les bêtes fauves, qu'il embrasse la vie ascétique, renonçant même au souvenir de toute affection.

« Là passant ainsi dans ce quatrième ordre, qui est le renoncement suprême à tout, l'homme est sûr d'obtenir après sa mort le plus haut degré de félicité... »

La traduction du chapitre entier, consacré par Manou aux règles imposées à cette seconde phase de la vie cénobitique, nous entraînerait dans d'inutiles redites, nous allons nous borner à citer les passages qui ne forment pas double emploi avec les recommandations déjà faites aux premiers ermites par le législateur indou.

« Après avoir accompli le sacrifice de pradjâpati, qui est le renoncement à tout, après avoir éteint le feu du sacrifice, n'emportant qu'un bâton et une aiguière, qu'il s'éloigne des régions habitées, qu'il embrasse la vie ascétique, celui qui désire arriver resplendissant de gloire au séjour céleste.

« Qu'il soit toujours seul, sans autre compagnie que sa pensée, car, pour obtenir le suprême bonheur, il doit abandonner tout et être abandonné de tous, coucher sans vêtements sur la dure, ne parlant pas, fixant son esprit sur l'Être divin, tel est l'état dans lequel doit se trouver le saint personnage deux fois régénéré qui approche de la délivrance finale.

« Qu'il ne désire point la mort, qu'il ne désire point la vie, et ainsi qu'un moissonneur qui, le soir venu, attend paisiblement son salaire à la porte du maître, qu'il attende que son moment soit venu.

« Qu'il purifie ses pas en regardant où il met le pied, qu'il purifie l'eau qu'il doit boire afin de ne donner la mort à aucun animal, qu'il purifie ses paroles par la vérité, qu'il purifie son âme par la vertu.

« Qu'il supporte avec patience, et sans jamais les rendre, les mauvaises paroles, les injures et les coups. Qu'il se garde surtout de conserver de la rancune à qui que ce soit au sujet de ce misérable corps.

« Méditant avec délices sur l'Ame suprême (Brahmatma), n'ayant besoin de rien, inaccessible à tout désir des sens, sans autre société que son âme et la pensée de Dieu, qu'il vive ici-bas dans l'attente constante de la béatitude éternelle.

« Il ne doit jamais chercher à se procurer sa subsistance en expliquant les prodiges et les présages, ni au moyen de l'astrologie ou de la chiromancie, ni en donnant des préceptes de morale casuiste, ou en interprétant l'Écriture sainte.

« Qu'il considère avec attention, pour mieux sanctifier sa vie, les transmigrations des hommes, qui sont causées par leurs actions coupables, leur chute dans l'enfer et les tourments qu'ils y endurent.

« Celui qui est doué de cette vue sublime n'est plus captivé par les actions d'ici-bas, celui qui est privé de cette vue parfaite, n'étant point assez purifié, est destiné à retourner dans le monde.

« Ce corps dont les os forment la charpente, à laquelle les muscles servent d'attaches, enduit de chair et de sang, recouvert de peau et contenant les excréments infects, soumis à la vieillesse, à la décrépitude, aux chagrins, aux maladies et à des souffrances sans nombre, doit être laissé avec bonheur par le juste.

« Tout disparaîtra dans la pourriture terrestre, seules les bonnes actions et l'âme ne passeront point. Mais la demeure céleste ne s'obtient que par la méditation de l'essence divine, car aucun homme ne recueillera le fruit de ses efforts s'il ne s'est élevé à la connaissance de l'Ame suprême.

« La sainte Écriture est un refuge assuré pour ceux qui la comprennent, et pour les esprits faibles qui ne la comprennent pas, tous ceux qui la lisent, sachant que c'est la parole de Dieu, arriveront à une éternité de bonheur.

« Le novice, l'homme marié, le prêtre, l'anachorète, et le dévot ascétique forment cinq classes que l'homme doit parcourir pour arriver, à l'instant de sa mort, à s'identifier avec Brahma.

« De même que toutes les rivières et tous les fleuves vont se confondre dans l'océan, de même tous les hommes de toutes les classes viennent s'absorber dans le sein de la divinité, mais, le cénobite et le dévot ascétique sont les seuls qui n'aient pas besoin de la purification funéraire par les sacrifices prescrits.

« Écoutez, ô hommes, quelles sont les vertus dont la pratique vous est recommandée pour obtenir sûrement un bonheur éternel au séjour céleste.

« La résignation, — *l'action de rendre le bien pour le mal,* — la tempérance, — la probité, — la pureté, — la chasteté et la répression des sens, — la connaissance de la sainte Écriture, — celle de l'Ame suprême, c'est-à-dire de Dieu, — le culte de la vérité, — l'abstinence de la colère. Telles sont les dix vertus en quoi consiste le devoir prescrit !

« Celui qui, connaissant ces vertus, les a pratiquées, qui s'est adonné à l'interprétation du véda et du védanta, peut quitter ce monde sans crainte, tous ses péchés sont effacés, il n'a plus besoin de prières ni des cérémonies funéraires de son fils. Son âme sera recueillie par Brahma à la sortie de son corps, et, en subissant le jugement, il ne doit point trembler sous le regard de Dieu.

« Lorsque l'heure de la mort a sonnée pour lui, qu'il se fasse étendre sur une natte et couvrir de cendres, et que sa dernière parole soit une prière pour l'humanité entière qui va continuer à souffrir, alors qu'il sera réuni au père de toute chose. »

Telle fut la loi des cénobites et des anachorétes dans l'Inde des premiers âges, et celui qui s'y soumettait n'avait nul besoin de purification et de cérémonies mortuaires sur sa tombe; peu importait au personnage ainsi régénéré, de ne laisser derrière lui aucune postérité, de ne point voir se perpétuer sur la terre, et sa race et son nom, puisqu'il avait déjà renoncé à tout, et que par les souffrances imposées à son corps, et l'abandon de toute affection, il était sûr de parvenir au séjour céleste, sans passer par le lieu d'expiation, par l'enfer.

Ainsi nous voyons cette croyance religieuse de l'expiation des dernières fautes, dominer la primitive société patriarcale tout entière, convier l'homme au mariage, à l'étude de la divinité, à la purification par la prière et les cérémonies funéraires, ou, — sublime fiction, — par une vie tellement honnête et pure, que toute cérémonie d'expiation devient inutile.

Et ces vertus recommandées à l'homme, *rendre le bien pour le mal*, la chasteté, la probité, l'amour de la vérité, la tempérance, la résignation, l'amour de Dieu, où pourrait-on en trouver de plus belles, et quelle est la religion qui en copiant ces préceptes des livres sacrés des Indous, et des croyances des premiers âges, y ait ajouté un mot... Quel est l'homme, le prophète, le fils de Dieu, l'incarnation, parmi tous les gens qui ont joué à l'envoyé céleste, qui nous ait révélé une morale plus pure :

« Il faut purifier ses paroles par la vérité, et son àme par la vertu.»

Qu'on lise attentivement ces admirables prescriptions de Manou, à part une ou deux allusions, à la croyance superstitieuse de la tansmigration des âmes, le philosophe le plus spiritualiste, le moraliste le plus sévère en avouant qu'ils n'y pourraient ajouter rien, se demanderont avec étonnement, s'il n'est point vrai que jusqu'ici l'humanité ait tourné perpétuellement dans un cercle, oubliant le lendemain ce qu'elle avait conquis la veille; tantôt meurtrie par les invasions, tantôt systématiquement abrutie par les prêtres, et bouleversée périodiquement et fatalement par les grands cataclysmes de la nature.

Que nous sommes loin de Moïse, qui ne connut même pas l'immortalité de l'àme, qui n'eut pas la moindre notion du bien et du mal, puisqu'il ne sut enseigner au peuple d'esclaves qu'il soulevait, que le vol et les rapines par ordre de Jéovah ! et ne parvint à maintenir dans l'obéissance, cette horde de pillards que par des massacres périodiques.

Au moindre murmure contre son autorité, le législateur hébraïque s'en allait derrière quelque buisson, au sommet de quelque montagne un jour d'orage, car il cherchait toujours à mettre le tonnerre dans son jeu, puis il redescendait et faisait massacrer dix, quinze, vingt mille hommes, parce que le peuple d'Israël avait dansé autour d'un veau, ou s'était amusé avec des femmes chananéennes.

C'était l'ordre de Dieu !

Il est vrai que ce même Dieu si irritable sur la question du veau, et des femmes de Chanaan quand il était de mauvaise humeur, était de bonne composition quand on savait le prendre, et un peu plus tard, en lançant son peuple sur les tribus ses voisines, Jéovah lui ordonnait de massacrer toutes les vieilles femmes qui n'étaient plus bonnes à rien, mais de réserver pour son usage, toutes les vierges, *autem reservate vobis puellas.*

Personne, croyons-nous, ne songera à rattacher à la loi de Moïse, le cénobitisme des premiers temps de l'Église chrétienne; l'initiation indoue ne saurait être contestée. Il est facile de prouver que les premiers adeptes qui se groupèrent autour des apôtres, et ces derniers eux-mêmes, ne furent que des initiés des mystères de l'Orient. Philon le Juif, Dosithée, Cérinthe, Simon que Pierre, surnomma le magicien, et une foule d'autres, tous leurs contemporains, le leur ont assez dit. — « Vous ne fondez pas une religion nouvelle renversant les croyances abandonnées à la plèbe, vous ne faites que vulgariser les mystères et les principes religieux, qui jusque-là dans tout l'Orient avaient été réservés aux prêtres et aux initiés dans l'intérieur des temples.

A l'époque où Jupiter, Minerve, Mars, Janus et Cybèle, ne trouvèrent plus d'adorateurs même dans les rangs de la foule, en plein siècle d'Auguste, la grande masse du peuple qui renia ses dieux, ne sut que mettre à la place, et s'abandonna avec fureur aux jouissances matérielles, qui seules lui parurent dignes d'occuper les loisirs de sa vie, et de remplir le vide que' le scepticisme avait fait dans son cœur. Tout le monde fut épicurien, et dans ce culte des sens oublia l'âme, les sublimes traditions de la conscience, et la vie future...

Prêtez l'oreille : c'est Horace célébrant Lydie, le vin de Falerne et les repas sans fin; Ovide chantant l'art d'aimer, et Virgile qui ne voyait plus dans les dieux de la patrie que des machines poétiques, et Properce, et l'élégiaque Tibulle, et toute cette pléiade de grands hommes qui chantèrent la nature, ne sachant plus ou placer Dieu...

Mais au milieu de l'orgie romaine, quelques grands caractères avaient surgi : Brutus et Cassius étaient morts pour la République, Caton pour la vertu, et Cicéron venait d'écrire le Devoir. Quelques groupes de stoïciens conservaient dans leurs cœurs, les traditions du bien pour le bien qui leur venaient de l'Asie ; tout ce qui croyait encore aux destinées futures revenait à l'unité de Dieu et aux croyances primitives, de toutes parts l'œuvre des prêtres s'écroulait avec les milliers de dieux qu'elle avait inventés dans l'intérêt de son despotisme.

Alexandrie développait les doctrines platoniciennes, préludant à l'établissement de cette école célèbre que le christianisme triomphant fit fermer plus tard par Justinien. Et de tous côtés, en Asie-Mineure, en Perse, dans la Thébaïde d'Égypte, une foule d'hommes, après avoir passé la plus grande partie de leur vie dans l'étude des livres sacrés de l'Inde, se retiraient au désert pour finir leurs jours selon les prescriptions du véda, dans la prière et la méditation sur Dieu. Les uns venaient parfois près des villages et des villes, et ils ondoyaient à la manière antique, les nouveau-nés que les mères leur apportaient en foule, ainsi faisait Jean sur les bords du Jourdain; d'autres venaient à de certaines époques de l'année, prêcher le long des routes, aux abords des cités, ils enseignaient l'amour du bien, la croyance en l'immortalité de l'âme, et engageaient les peuples à rejeter les superstitions inventées par leurs prêtres, pour revenir aux pures et sublimes croyances des premiers âges.

Ainsi fit Jésus de Nazareth! qui ne fit que prêcher aux peuples le retour à loi naturelle, et dont les disciples jugèrent à propos de faire un Dieu.

La tentative chrétienne, qui ne fut au début qu'un retour à la loi naturelle, se rattache donc directement à l'Inde par ses anachorètes et ses premiers pasteurs. Quand plus tard, la religion nouvelle aura besoin de culte pour enrégimenter ses adeptes, de merveilleux pour les frapper, et de l'enfer pour les effrayer, c'est encore aux mystères de l'Orient qu'elle s'adressera, et les apôtres et leurs successeurs copieront le brahmanisme dans ses superstitions, ses cérémonies et ses pompes, comme ils avaient au début copié l'époque patriarcale, et les védas et Manou.

Revenons aux coutumes patriarcales.

Cette primitive croyance de la libération du père dans l'autre vie par les cérémonies accomplies par le fils, donna à la famille une organisation qui survécut à toutes les révolutions anciennes, et dont les traces ne sont pas encore effacées chez les nations modernes.

Du moment où le fils aîné ouvrait à ses parents le séjour de Brahma, par ses prières et ses oblations, on doit comprendre combien fut importante la place qu'il occupa dans la famille, même du vivant de son père.

A peine arrivait-il à sa majorité, c'est-à-dire à l'époque où il était introduit dans le conseil des hommes, à l'âge de quinze ans environ, qu'on le mariait, après lui avoir fait l'investiture *du cordon d'autorité*, et qu'il acquérait, de ce fait, une autorité presque égale à celle de son père dans la famille.

Rien ne se faisait plus sans qu'il ne fût consulté; ses autres frères et sœurs étaient complétement sous sa domination, et généralement, quand le père entrait dans la troisième période de sa vie (soixante-dix ans), il lui remettait la direction suprême de sa maison et de toutes les affaires de la famille.

Suivant les Indous, la vie d'un homme juste, craignant Dieu, se sanctifiant par l'aumône, la prière et la connaissance de la sainte Écriture, se compose de trois périodes de trente-cinq années, en tout cent cinq ans. Dans la première, l'homme arrive à maturité, se marie, élève ses enfants; dans la seconde, il dirige l'adolescence de ses fils, leur enseigne le bien, les traditions de la famille, les initie aux cérémonies religieuses qu'ils doivent accomplir plus tard, et ceci fait, alors qu'il les a tous mariés, qu'il a sous les yeux, comme dit le véda, les fils de ses fils, et qu'il atteint la troisième période de sa vie, il remet son autorité à son fils aîné, pour ne plus s'occuper que de bonnes œuvres et de méditations sur la vie future et l'Être suprême. Parfois même il se retire au désert pour attendre la fin de son existence dans la contemplation divine.

Cette situation du fils aîné, réunissant sur sa tête l'autorité civile et religieuse dans la famille, à ce point que ses autres frères ne pouvaient ni se marier, ni rien entreprendre d'important sans son autorisation, donna naissance, on n'en saurait douter, à ce droit d'aînesse des civilisations antiques, si strict dans son application, si dur pour les autres membres de la famille, qu'il ne se fût jamais établi sans la croyance religieuse dont il était né.

En face de la nécessité d'éviter à l'âme du père et de la mère le supplice d'un exil prolongé hors du ciel, dans des lieux de punition d'autant plus effrayants qu'ils étaient inconnus, personne ne murmurait, et tous les enfants songeant qu'eux-mêmes plus tard auraient besoin de maintenir la même discipline dans leur descendance, dans l'intérêt des cérémonies funéraires, commençaient par s'incliner sous l'autorité de leur aîné.

Ainsi, en remontant à travers les âges jusqu'au berceau de l'humanité, s'explique par l'idée religieuse, ce droit d'aînesse illogique et contre nature que l'Inde entière applique encore de nos jours, qui est la base du droit social dans tout l'Orient, qu'Athènes, Sparte et Rome gardèrent jusqu'à leur chute, que la France de 89 a brisé, et qu'une foule de nations européennes, l'Angleterre en tête, conservent précieusement comme le dernier soutien de leur puissante aristocratie.

Le respect et la soumission stupide du bœuf qui trace son sillon, sont morts! Chose horrible, les peuples ne s'imaginent plus, que ceux qui se disent nobles et ceux qui se disent prêtres aient été formés d'une pâte fine, pétrie à part du commun, par Dieu.

On commence à savoir que leurs ancêtres ont été quelque peu assassins, bourreaux et voleurs de grands chemins..... On se murmure à l'oreille, dès l'école, toutes les platitudes, toutes les bassesses, toutes les génuflexions faites par leurs souples échines devant le fouet et les éperons du *roy*, tous les crimes commis par eux sur un signe du trône, et tout cela pour conserver honneurs, situations et fortune.

On sait, de l'atelier à la mansarde, que leurs femmes si prudes si hautaines, qui traitent *de misérable* la fille du prolétaire, qui tombe par amour ou misère, ont toujours tenu à honneur de pourvoir largement le lit de toutes les Majestés, et que l'armorial, s'il était perdu, se pourrait reconstituer par les maîtresses des rois.

On sait tout cela et bien autre chose encore, et on ne veut plus obéir, et on ne veut plus adorer, et on ne veut plus travailler pour qui ne travaille pas... Et voilà pourquoi l'Angleterre conserve le droit d'ainesse, qui accumule le capital, la propriété, le fruit du travail de tous dans les mains d'un petit nombre, ce qui permet de dominer encore quand le respect et l'obéissance servile n'existent plus... Et voilà pourquoi en France, tout ce qui voudrait encore être obéi, tout ce qui voudrait être adoré... tout ce qui ne veut pas travailler, mais faire travailler les autres... rève le rétablissement du droit d'aînesse, qui, habilement entendu et habilement dirigé, remplacerait avec avantage le droit féodal.

Nous voilà loin de nouveau des cérémonies funéraires et du culte des ancêtres du monde ancien. Constatons, en terminant, que chaque coutume civile ou religieuse de notre époque, malgré les transformations que les siècles et les révolutions de toute nature lui ont fait subir, peut se retrouver, dans son sens symbolique, avec la cause qui lui a donné naissance dans les primitives civilisations de l'Orient.

Aucunes idées, aucunes croyances ne se perdent ou ne sont brusquement interrompues dans le monde, elles ne font que se transformer et se modifier sous la main du temps; chaque siècle est fils de celui qui le précède, et il suffira pour reconstituer une histoire de l'humanité, vraiment digne de nous, de laisser de côté les appréciations personnelles, les divagations des gens qui expliquent tout, le bon comme le mauvais, par le doigt de Dieu, et d'appliquer la méthode scientifique à l'étude du fait particulier et des événements.

Pour expliquer cette idée et ses résultats, supposons que nous adressions des questions identiques à deux hommes, dont l'un serait partisan de la révélation, du sortilége et des miracles en matière historique, et l'autre. qui, n'admettant que la méthode scientifique, soumettrait le fait à l'étude de la raison.

Nous obtiendrions la réponse suivante :

La question d'abord !

D'où peut venir le droit d'aînesse, et qui a pu donner au père de famille l'idée d'une injuste distinction entre ses enfants, qu'il devrait confondre dans un même amour?

L'homme de la révélation répondra : — Le droit d'aînesse vient de Dieu, qui l'établit dans la descendance d'Abraham en Israël, lorsqu'il annonça que le Rédempteur naîtrait de Juda, qui était fils aîné de Jacob, petit-fils du patriarche. C'est pour cela que Moïse établit chez les Hébreux l'aîné chef de la famille (et la conséquence, on la voit de là. Le christianisme doit protéger le droit d'aînesse).

L'homme de science, entendant cette opinion, ne manquera pas de dire dans sa réponse :

— Une pareille assertion est contraire à tous les faits matériels qu'on peut admettre avec quelque certitude. Vous m'accorderez bien qu'avant Moïse et Abraham et les Hébreux, il existait sur la terre d'autres peuples de beaucoup plus anciens qu'eux, et qui n'avaient pas attendu Moïse pour constituer la famille et se donner des lois.

De l'étude de ces peuples plus anciens, en remontant jusqu'aux tribus qui les ont formés et aux patriarches chefs de familles de qui sont issues ces tribus, il résulte que le droit d'aînesse remonte aux premiers âges du monde, et qu'il est né, et du besoin d'autorité dans la famille, si le père venait à mourir, et de la croyance qui s'était accréditée que le fils aîné seul avait le droit d'accomplir les cérémonies funéraires, qui purifiaient l'âme du père et lui ouvraient le séjour de Brahma.

Cette coutume a dû sa longue existence au prestige de la croyance religieuse qui la soutenait.

Entre ces deux réponses le choix est facile : de la première sont nés les bûchers de l'inquisition et toutes les folies sacerdotales du moyen âge. Dieu règle, Dieu ordonne, il faut obéir quand même !... Mais vous brûlez, mais vous torturez, et tout cela au nom de la *Suprême puissance* et de la *Suprême bonté?*

Il faut obéir! les desseins de Dieu sont impénétrables, répondaient ces sinistres misérables, et ils ont couvert le

monde de ruines, et partout, ils ont laissé des traces de sang
qui n'ont pas encore disparu.

De la seconde est sorti l'esprit moderne, c'est-à-dire la liberté d'examen, et l'indépendance de la raison. Et avant peu,
Dieu débarrassé de tous les parasites qui vivent de l'exploitation de son nom, retrouvera parmi nous ce culte pur et
simple de la religion naturelle, en honneur dans les premiers
âges, alors que l'homme simple et bon, n'avait pas encore
inventé le Dieu des armées et de la vengeance, le Dieu des
prêtres et des rois.

Nous en avons fini avec cette revue des mœurs religieuses
des premiers temps de l'humanité et grâce aux ouvrages
sacrés de l'Inde, grâce au Prâsada et à Manou il nous a été
possible de reconstruire en entier le culte des anciens patriarches de l'Indoustan. Nous ne pensons pas qu'il soit
possible de concevoir une *idée de Dieu* plus sublime dans sa
simplicité, et de l'honorer d'une manière plus conforme
aux révélations que nous recevons de la conscience.

Qu'on relise ces hymnes, ces invocations, ces prières, ces
préceptes de morale, ces prescriptions aux anachorétes, et
qu'on nous dise s'il est une seule des sectes religieuses modernes qui ait imaginé un principe, un devoir, une vertu, qui
ne soit recommandés aux hommes, dans les *extraits* que nous
venons de donner.

L'amour du prochain, la chasteté, l'action de rendre le
bien pour le mal, le culte de la vérité et la reconnaissance
de l'Ame suprême, voilà ce qu'à chaque pas vous rencontrez
quand vous parcourez les pages splendides de ces antiques
écrivains, dont quelques-uns remontent aux époques anté-
historiques.

Unité de Dieu, — immortalité de l'âme, — récompense et
châtiment. Telle fut la croyance; et comme corollaire de la
croyance, pratique de toutes les vertus!

Comment de l'unité de Dieu, les nations sont-elles arrivées
au polythéisme, aux panthéons Indou, Égyptien, Grec, et
Romain, à Jupiter, à Isis, au destructeur et sanguinaire
Jéovah?

Comment de ce culte simple, qui réunissait la famille autour de l'invocation du père, ont pu sortir les cérémonies superstitieuses, les temples, les pagodes, les églises, où des centaines d'hommes parqués comme des troupeaux, viennent écouter des paroles magiques et des prières qu'ils n'entendent point?

Comment de la croyance pure, le miracle, le sortilége et le mensonge sont-ils nés?

C'est ce que nous allons voir par l'étude approfondie des différentes révolutions sacerdotales.

Du jour où le père de famille fût remplacé par le prêtre, l'ambition religieuse naquit et la démoralisation commença.

Du jour où le prêtre restituera au père de famille son pouvoir religieux, les croyances simples et les mœurs pures floriront de nouveau.

Brahmes, bonzes, derviches, imans, lévites, hiérophantes, prêtres et pasteurs, vous avez beau vous couvrir de boue les uns les autres, vous avez beau crier : « — C'est nous qui avons le Dieu qui châtie le mieux ses ennemis, c'est nous qui avons l'enfer le plus terrible, c'est nous qui avons le paradis le plus agréable, c'est nous qui avons la morale la plus pure, peuples accourez vers nous, laissez tomber le fruit de votre travail, apportez votre or, vos richesses sur le parvis de nos temples,... venez à nous car nous seuls possédons la vérité!

Gesticulez, criez, envoyez ceux qui ne veulent point payer brûler au feu éternel, traitez vos adversaires d'imposteurs et d'athées, parce que s'agenouillant sous la main de Dieu, ils refusent de s'incliner sous la vôtre!

Associez-vous avec les rois pour brûler nos corps... vous n'empêcherez pas que des siècles avant que vous n'ayez osé venir exploiter la terre, un homme, qui n'appela point la force à son secours, n'usa ni de miracles, ni de superstitions grossières; un homme dont les peuples ont oublié le nom, mais que dans leur reconnaissance ils ont appelé Manou, c'est-à-dire le législateur, ait dit :

« Écoutez, ô hommes, quelles sont les vertus dont la prati-

que vous est recommandée pour obtenir sûrement un bonheur éternel au séjour céleste.

— « La résignation, *l'action de rendre le bien pour le mal,* — la
tempérance, — la probité, — la pureté, — la chasteté, et la
répression des sens, — la connaissance de la sainte Écriture,
celle de l'Ame suprème, c'est-à-dire de Dieu, — le culte de
la vérité et l'abstinence de la colère. »

Allons, rentrez dans leurs temples vos épouvantails, vos
dieux thaumaturges, vos prophètes, vos sorciers. Vos incarnations n'ont plus rien à faire, que voulez-vous qu'elles
viennent révéler et sauver, puisqu'aux premiers âges du
monde, Dieu parlait ainsi à la conscience de l'humanité.

CHAPITRE III.

DE LA FAUTE ORIGINELLE DANS L'INDE ET CHEZ TOUS LES PEUPLES.

Tous les peuples ont admis parmi leurs croyances religieuses, l'idée de la faute originelle, et de la rédemption par l'incarnation divine. Avant de rechercher les motifs, signalons la croyance.

Suivant les livres sacrés des Indous, Adhima (en samscrit *le premier homme*) et sa femme Hèva (en samcrit, *ce qui complète la vie*), placés par Dieu dans l'île de Ceylan où tout avait été réuni pour leur bonheur et leur commodité, mais avec la défense de quitter ce lieu de délices, poussés par le prince des rakchasas ou démons, se rendirent coupables de désobéissance aux ordres de Brahma en se rendant sur la grande terre indoue qu'ils apercevaient de leur île. Pour ce fait, Brahma les condamna eux et leur descendance au travail et à la peine, mais comme Hèva n'avait suivi son mari que par amour, en priant Brahma de lui pardonner, ce dernier promit d'envoyer Vischnou s'incarner dans le sein d'une femme pour racheter l'humanité de la faute qu'ils venaient de commettre. (Nous avons donné cette légende dans la *Bible dans l'Inde*.)

Moïse, inintelligent copiste des mystère de l'Égypte et de l'Inde, charge le plus fortement la femme du fardeau de la désobéissance, en lui faisant manger une pomme à laquelle le Seigneur avait défendu de toucher, et Ève après avoir péché, tentée par le diable, fait à son tour succomber son mari ; pour ce fait le Seigneur les chasse du paradis terrestre où il les avait placés, *et ne promet pas de rédempteur.*

Les traducteurs catholiques de la Bible ont beau torturer le texte, Dieu n'annonce absolumont rien à Adam et Ève en les chassant, et loin de leur pardonner, *il craint qu'ils ne deviennent aussi puissants que lui s'ils continuent à manger l'arbre de vie*, et pour leur en empêcher, il fait garder ce fameux arbre par un ange armé d'un glaive.

Mais ne cherchons pas de querelle à propos de cette grossière superstition... nous en verrons bien d'autres.

Le bouddhisme, rameau détaché du brahmanisme, ne changea rien à la primitive légende indoue sur la faute du premier homme.

Zoroastre (en samscrit, Souriastara, *qui répand le culte du du soleil*) transfuge des pagodes de l'Indoustan comme Moïse le fut des temples de l'Égypte, raconte dans ses Nosks, que les premiers hommes à peine créés, essayèrent de gravir le ciel, pour devenir aussi puissants que Zerwan Akérhen, et que ce dernier les précipita sur la terre et de *dévah* ou anges qu'il les avait créés, il les fit *men* ou hommes, esclaves de la vie et de la terre pour effacer leur faute.

Le fondateur du magisme, n'est point l'inventeur de cette légende, qui n'est autre que celle du combat des dévas contre Brahma, de la théogonie indoue, copiée également par la fable grecque dans la lutte des Titans contre Jupiter.

D'après les croyances du syasyou, primitive religion du Japon, le dieu suprême qui existe par sa seule force et sa propre pensée, Ame-no-mi-naka-nnsino-kami, et par abréviation Nusino-Kami, ayant créé des dieux inférieurs, l'un d'eux Iza-na-gino-mikoto, et sa femme Iza-na-mino-mikoto, s'étant révoltés contre son autorité furent précipités sur l'Onok-oro-sima, la plus grande des îles qui forment le Japon, le Kiousou actuel, où ils donnèrent naissance à la race humaine. Le mot *Kami* qui, en japonais, signifie Dieu, vient certainement du samscrit et du talmoul *Sami*, mot qui a la même signification dans ces deux langues.

Les Chinois n'ont que des données très-vagues sur la faute originelle ; les Kings ou anciens livres sacrés, révisés par Com-fu-tsé, n'en parlent que par allusion. Mais il est généralement admis par les bonzes, que l'homme n'a dû sa situation misérable sur la terre, qu'à une révolte contre son créateur.

On ne saurait douter que les croyances de ces différents peuples soient émanées des primitives traditions de l'Inde, en présence de ce fait que Zoroastre et Bouddah, dont les doctrines envahirent la Perse, le Thibet, la Chine et le Japon, levèrent dans l'Inde même l'étendard de la révolte contre l'autorité religieuses des brahmes.

Comme on le pense bien, nous n'admettons ni chez les uns ni chez les autres, ces contes absurdes qui soumettent l'homme au travail et à la souffrance, qui rendent l'humanité tout entière responsable devant Dieu d'une faute de ses ancêtres, et quelle faute !

Parce qu'Adhima et Hèva ont quitté Ceylan, parce que Ève a croqué une pomme... voilà tous leurs descendants condamnés aux plus durs labeurs et à une expiation éternelle !

Nous ne pouvons voir là qu'une de ces niaiseries sacerdotales destinées à soumettre la raison humaine par l'absurde, et à entourer Dieu et la création de telles folies, que l'esprit de l'homme en arriva, dans cette nuit du passé où le prêtre lui défend de porter la lumière, à tout admettre sans discussion.

Chose étrange, les hommes les plus sérieux qui, dans le domaine de la science n'hésitent jamais à rejeter tout ce qui n'est pas établi sur des bases irréfutables, abandonnent tout criterium de certitude, du jour où ils se mettent à la remorque d'une secte religieuse. La raison perd tous ses droits, et ils ne semblent avoir d'autre souci que celui d'éteindre l'immortel flambeau que Dieu même nous a donné.

Dites-leur que la grande idée de l'Être suprême se peut passer de toutes les nuageuses superstitions d'un autre âge, qu'il n'est nulle besoin, pour adorer Dieu et lui rendre les hommages qui lui sont dus, des formes particulières de tel ou tel culte variables selon les temps, les lieux et les peuples; que les mystères, les incarnations dans le sein de Devanaguy, Avany ou Marie, et tous les legs merveilleux du passé issus de la crédulité et de la faiblesse humaine, ne sont que des inventions sacerdotales, et qu'il est temps de ne plus rapetisser le Créateur, en le façonnant à notre taille dans l'exclusif intérèt d'une caste.

Ils vous répondent par un acte de foi, et se refusent à tout examen.

La foi ! mais nous l'avons comme eux, comme eux nous croyons en un Dieu unique qui a tout créé et dont tout dépend, qui nous jugera suivant nos mérites et nos fautes, et recevra dans son sein notre àme purifiée par les bonnes œuvres ou l'expiation ; comme eux nous repoussons l'athéisme qui n'est qu'un orgueilleux blasphème !

Quel est donc le point qui nous divise ?

Un seul fossé nous sépare, mais il est large, profond, et nos mains ne se peuvent rencontrer d'une rive à l'autre.

L'acte de foi de nos adversaires, ne s'adresse pas seulement à Dieu, il s'applique avec la même ardeur aux inventions humaines, il faut croire à l'Être suprème de telle façon, lui rendre son culte ici et non point là, admettre certains hommes comme les seuls dépositaires de la vérité religieuse, entrer dans leur camp, soutenir leur bannière, proscrire tout ce qui ne pense pas comme eux, admettre une révélation qui est un non-sens appliqué à la puisance divine; mêler Dieu à toutes nos actions, chanter ses louanges sur les cadavres fumants de cent mille hommes égorgés à la guerre, croire que si l'on a été vaincu, c'est pour l'expiation de ses fautes, ou parce qu'on n'avait pas assez prié !...

Mais surtout se courber docilement sous la main du prêtre, croire à son infaillibilité, à son désintéressement, à ses vertus, épouser ses querelles, soldat bien discipliné, ne marcher que sur un signe de lui, le combler de richesses et d'honneurs, protéger sa sainte et grasse oisiveté, et le reconnaître à *deux genoux pour oint du Seigneur* : à ce compte seulement vous serez un croyant.

> Qui n'estime Cotin, n'estime pas son roi
> Et n'a, suivant Cotin, ni Dieu, ni foi, ni loi.

Le prêtre a remplacé Dieu.

Donc nous repoussons comme indigne de la majesté divine, cette croyance grossière d'une faute primitive, qui aurait attiré la colère céleste, non-seulement sur les prétendus auteurs de cette prétendue faute, mais encore sur l'humanité tout entière.

Vous aurez beau nous répéter que les desseins de Dieu sont impénétrables... vous ne nous ferez jamais admettre qu'ils soient absurdes et qu'ils violent à chaque instant les lois morales établies par le Créateur, dans le seul but d'éprouver notre obéissance, en nous forçant à croire des choses monstrueuses ou incompréhensibles.

D'un côté vous êtes forcés d'admettre le libre arbitre; car sans cela toute idée de punition serait injuste : et de l'autre vous établissez l'esclavage; car chaque acte de la vie religieuse est régi par un mystère ou une prescription que vous ne permettez pas de discuter.

C'est la liberté de croire et d'obéir à genoux. Du moment où il me faudrait croire à la faute originelle, et à la proscription de la race humaine pour le vol d'une pomme, je ne rirai plus de ce prêtre sauvage de l'île océanienne d'Huahiné-Ithi, qui me disait un jour : que le puissant dieu Thi avalait la lune tous les matins, et la rendait tous les soirs... Et il fallait voir comme le gaillard était habile, à l'aide de ce *sublime mystère*, à remplir sa case de dons pieux : cocos, ignames, taros, poissons, patates et cochons sauvages... il en revendait.

Quand arrivait une éclipse de lune, il ramassait de quoi charger un navire. Cela se conçoit. Le magnanime dieu Thi, ne voulant plus rendre la lune, il fallait l'accabler de présents pour le décider à la restituer...

Supposons, ce qui peut se voir, que l'île d'Huahiné-Ithi, comme le groupe des îles Sandwich, s'assimile peu à peu la civilisation européenne... Pensez-vous qu'il arrivera un moment ou ce brave prêtre dira à ses compatriotes : — Je suis un imposteur, et Thi n'avale absolument rien.

Non, ces choses-là ne se disent jamais, et en pleine civilisation, le bon prêtre continuera à exploiter son idée, soutenu par le roi et les chefs qui diront : — Il importe pour la sûreté de notre domination que le peuple continue à croire que Thi avale la lune.

Et si la raison réclame ses droits, on lui répondra : Ne voyez-vous donc point que ce n'est là qu'une image employée par nos livres sacrés, une sublime fiction, et que le grand Thi avalant et restituant constamment la lune, nous représente admirablement ce grand problème de la vie et de la mort, qui détruit et renouvelle tout dans la nature.

Et c'est ainsi que la plus stupide des croyances prend racine et devient un symbole... pas à Huahiné-Ithi seulement.

L'idée d'une faute originelle, définie, spéciale, doit être reléguée dans le domaine de la poésie religieuse, tous les cultes l'ont habilement exploitée, l'environnant de mystères, l'étayant de l'intervention de Dieu : aucun n'a voulu l'expliquer dans son sens naturel et logique.

Les premiers hommes, considérant d'un côté leur propre faiblesse, et de l'autre leurs aspirations vers Dieu et un monde inconnu, s'imaginèrent qu'ils avaient la science de ceci par souvenir, et qu'une faute seule avait pu les faire chasser du lieu où ils aspiraient à retourner. Et ils imaginèrent pour expliquer cette faute, la fable de la désobéissance, ou celle de la révolte contre Dieu, qui toutes deux admises par la théologie brahmanique, furent depuis acceptées, soit l'une, soit l'autre, par toutes les religions du globe.

Il est de notre temps de prouver l'insanité de pareilles croyances, de les extirper de l'âme des masses pour les remplacer par des idées plus saines, plus conformes à la justice de l'Être suprême.

Les premiers pas de l'homme sont mystérieux et fabuleux en tout. Le nuageux n'est point seulement l'apanage de l'idée religieuse.

Qu'était l'histoire à son berceau ? Une collection de faits faux et absurdes, dont l'existence est matériellement impossible !

Qu'étaient les sciences exactes dans les premiers âges du monde ? A part l'astronomie qui s'était développée d'elle-même, appelant naturellement l'observation, le reste ne possédait pas deux axiomes doués de quelque raison.

Nous avons réformé l'histoire, et créé la science. Est-ce

que l'idée religieuse échapperait à l'examen de la raison, par l'excès même de son absurdité?

Quoi qu'il en soit de ce que nous réserve l'avenir, c'est de la légende indoue qu'est sortie l'idée de la faute originelle et la promesse d'un rédempteur, deux croyances sur lesquelles toutes les théocraties ont basé leurs systèmes religieux, et assis leur domination.

Les premiers patriarches indous, ainsi que nous l'avons vu, par les chants, invocations et prières extraits des livres sacrés semblèrent s'inquiéter fort peu de cette faute inconnue, dont ils avaient cependant la notion, elle n'altéra en rien l'idée simple et sublime qu'ils s'étaient faite de Dieu et des devoirs de l'homme sur la terre.

La faute originelle... c'est le prêtre!

CHAPITRE IV.

L'IDÉE DE DIEU D'APRÈS MOÏSE ET L'ÉPOQUE PATRIARCALE.

En face du Dieu des anciens patriarches de l'Inde, et du culte dénué de superstitions qui lui était rendu, il nous paraît utile, et plein d'enseignements précieux, de placer le Dieu d'Israël, tel que Moïse l'a compris et présenté à l'adoration de son peuple.

Nous ne reviendrons pas sur certains côtés de l'œuvre de Moïse que nous avons suffisamment caractérisés ailleurs, mais il est un point sur lequel nous ne saurions trop insister pour le creuser et l'élucider mieux, nous voulons parler du rôle que le législateur hébraïque fait jouer à la divinité, et de la preuve, par ses propres écrits, que pour donner un livre de la loi aux esclaves qu'il avait soulevés, il n'a fait que copier très-hâtivement les anciens livres sacrés de l'Orient dont il avait eu connaissance par les prêtres, à la cour de Pharaon.

Quand on lit avec attention les cinq livres de la Bible attribués à Moïse, examinant froidement ce tissus d'absurdités, de grossière idolâtrie et d'épouvantables massacres, on se demande comment il se peut faire que la raison humaine se soit si longtemps courbée devant un pareil ouvrage. Et l'on a besoin de se souvenir des moyens employés par les prêtres et les rois pour soutenir ce code du mensonge, du vol et du libertinage, si l'on veut comprendre comment de telles turpitudes n'ont pas été, depuis longtemps déjà, mises au ban de la conscience humaine.

Je ne chicanerai point trop Moïse et son Jéovah sur leur création fantaisiste du monde, cela ressemble à toutes les genèses fabuleuses que la poésie et la tradition nous ont transmises. Au Congo, chez les Cafres, les Lapons, ou les naturels de la Nouvelle-Guinée, les prêtres possèdent des données à peu près aussi scientifiques sur ce sujet que le législateur hébraïque; et nous ne consacrerions pas quelques lignes à faire le procès à ces pages vulgaires, si Messieurs de la secte de Rome ne prétendaient pas aujourd'hui que la science et les découvertes modernes soient en complet accord avec la Bible.

Au moyen âge on brûlait ceux qui interrogeaient la nature en dehors de la Bible, et Galilée n'y a échappé que par une répudiation en règle de toutes ses opinions.

Aujourd'hui qu'on ne peut plus brûler personne quelqu'envie qu'on en ait, on se rapproche de cette science que l'on a proscrite.

Cela est commode, et tourner sa voile à tous les vents est le plus sûr moyen de faire marcher son esquif... seulement il faudrait ne pas oublier, mes bons *pères*, que votre *Église infaillible* après avoir fait pourrir en prison Galilée, pour avoir soutenu *que la terre tournait autour du soleil immobile*, doctrine contraire à la Bible, est obligée aujourd'hui, *avec sa même infaillibilité*, de reconnaître que Galilée avait raison, et que sa sainte infaillibilité se trompait.

Aussi ne pouvons-nous entendre sans grand étonnement MM. de Genoude et de Bonald, s'écrier en chœur : — « Quel abus n'avait-on pas fait des premières notions de la science contre les livres de Moïse ! Mais la science mieux étudiée a renversé toutes les théories d'une ignorance orgueilleuse. »

La science appuyant la Bible, et non la science émanant de la Bible ! Quelle concession. En 1600 cela vous eut valu, Messieurs, une excursion dans les prisons du saint-office, et cela eut été plus juste que pour Galilée, car si ce dernier avait raison de soutenir le mouvement de la terre autour du soleil, vous n'êtes point dans le vrai, vous, en appelant la science au secours des inventions bibliques.

Relisons ensemble le passage suivant de la Genèse :

« Et Dieu dit que la lumière soit et la lumière fut.

« Dieu vit que la lumière était bonne, et il la sépara des ténèbres . . . .

« Ce fut le premier jour. . . . .

. . . .

« Dieu dit aussi, qu'il y ait dans le ciel des corps lumineux qui divisent la lumière d'avec les ténèbres, et qu'ils servent de signe pour marquer les temps, les jours, les années.

« Qu'ils luisent dans le ciel, et qu'ils éclairent la terre.

« Et Dieu fit deux grands corps lumineux : l'un plus grand pour présider au jour, l'autre moins grand pour présider à la nuit.

« Il fit aussi les étoiles, et il les plaça pour luire sur la terre ; pour présider au jour et à la nuit, et pour séparer la lumière d'avec les ténèbres. Et Dieu vit que cela était bon.

« Et du soir au matin, cela fit le quatrième jour. »

Il est inutile de pousser plus loin la citation : il serait difficile en aussi peu de lignes, de laisser échapper plus de non-sens.

Jéovah cré la lumière *le premier jour*, et le soleil et les astres qui la produisent ne sont créés *que le quatrième.*

Jéovah cré la terre tout d'abord, et les autres astres n'arrivent ensuite, soleil, lune, étoiles, etc., que comme satellites de ce globe pour l'éclairer les jours et les nuits :

Il les plaça dans le ciel pour luire sur la terre.

Et aussi pour marquer le temps, le jour et les années de la terre...

Nous voilà bien avertis, la lumière qui émane du soleil et des astres, est créée quatre jours avant ces derniers, et quand nous disons quatre jours, nous nous trompons certainement de beaucoup, car suivant M. de Genoude :

« Les jours dont il est question dans le premier chapitre de la Genèse, sont des périodes indéfinies. »

Donc, pour être dans le vrai biblique, il faut dire que la lumière a existé dans le monde, indépendamment du soleil et des astres qui la produisent, pendant quatre périodes indéfinies.

D'un autre côté le même passage affirme que le soleil et la

lune ont été créés pour éclairer la terre le quatrième jour, ce qui laisse supposer que la lumière indépendante créée le premier jour avait été manquée, et donnait un éclairage insuffisant.

Se tire qui pourra de ce galimatias !

De plus, nous sommes bien et dûment informés que tous ces mondes qui s'agitent autour de nous dans les cieux, soleil, lune, étoiles, planètes de différentes grandeurs, n'ont été créés que pour la terre seule ; leur rôle, c'est de l'éclairer et de mesurer ses années, ses jours et ses mois...

J'en suis à me demander comment notre pauvre petit globe n'en éclate pas d'orgueil.

Et ce sont ces contes devant lesquels on a peine à tenir son sérieux, que l'on veut étayer des documents de la science... Et c'est à Dieu qu'on attribue de telles niaiseries !

Lorsque nous nous trouvons en face des premières pages de ce livre, prétendu sublime, nous ne pouvons nous empêcher de nous souvenir de ces admirables paroles du véda :

« O Zeus irrévélé, suprême intelligence, puissance infinie, c'est toi qui a créé ces lois immuables par qui les mondes gravitent dans l'espace, par qui la matière se transforme en s'éveillant au matin de la nuit divine.

« Chaque molécule s'unit à celle qu'elle doit féconder, le grand œuvre de la vie s'accomplit, et sous ton regard, ó Brahma, chaque type se développe et sort du chaos pour vivre et s'agiter encore pendant l'espace d'un jour divin. »

Après avoir créé la terre et les autres planètes, et les plantes et les animaux, Jéovah fait l'homme à son image, lui tire une côte pendant son sommeil et en forme la femme.

On connaît l'histoire de la pomme, ce qu'il advint de la désobéissance d'Adam et d'Ève, et c'est à cette plaisante aventure que l'humanité doit la maladie, la souffrance et la mort.

« Parce que tu as mangé du fruit que je t'avais ordonné de

ne pas manger, la terre est maudite à cause de toi, tu n'en tireras ta nourriture chaque jour qu'avec un grand labeur.

« Elle ne produira pour toi que des épines et des chardons et tu te nourriras de l'herbe de la terre.

« Tu mangeras ton pain à la sueur de ton front jusqu'à ce que tu retournes dans la terre d'où tu as été tiré. »

Ainsi la terre est maudite à cause de l'homme, et ce dernier retournera dans la terre dont il a été formé. De l'immortalité de l'âme et de la vie future il n'est nullement question. Si Moïse a connu ces croyances, il n'a pas jugé à propos de les enseigner à son peuple, et je suis porté à croire qu'à l'imitation de tous les prêtres anciens, il les réserva pour les lévites dans l'intérieur du temple.

Il est remarquable que chez toutes les nations de l'antiquité il y eut deux religions, l'une pour les initiés et les prêtres, renfermant les croyances sur l'unité de Dieu et l'immortalité de l'âme, légués par l'Inde, et l'autre, pour la plèbe, composée des plus grossières superstitions. Moïse, qui fut un initié des temples de Memphis, suivit les habitudes de son temps, et ne dut dévoiler les mystères qu'il tenait des hiérophantes, qu'à la caste des lévites qu'il institua dans la famille et la descendance de son frère Aaron.

Là est le véritable motif, croyons-nous, du silence des législateurs d'Israël sur l'immortalité de l'âme.

Mais continuons cette revue rapide de l'œuvre de Moïse pour rechercher l'idée de Dieu qui s'en dégage. Après avoir étudié la domination brahmanique qui s'installa dans l'Inde, à la suite de l'époque patriarcale sur les ruines de la religion naturelle, nous pourrons signaler plus facilement les emprunts faits par la Bible aux védas, aux anciens livres sacrés, à Manou et à la religion des Indous, et caractériser mieux l'esprit qui animait Moïse lorsqu'il écrivait son livre.

Après la faute, Jéovah chasse Adam et Ève du jardin de délices, *car il craint qu'en mangeant du fruit de l'arbre de vie, ils ne deviennent aussi puissants que lui*, et il place à la porte du paradis terrestre un chérubin, chargé, l'épée à la main, d'en défendre l'entrée.

Nous ne savons si les lumières de la foi peuvent ouvrir l'intelligence à la compréhension de ces merveilles, pour nous, nous avouons humblement n'y rien entendre, et nous ne saurions voir dans tout cela que le produit de la plus grossière superstition.

Voyez-vous ce chérubin montant la garde, armé d'un sabre, autour de ce pommier dont la vertu était de rendre aussi puissant que Dieu, celui qui en mangeait.

Les Pères de l'Église et autres commentateurs de la Bible ont oublié de nous dire à quelle époque cette faction de l'ange a pris fin... peut-être dure-t-elle encore, et qu'en cherchant bien... Passons ! Voilà donc l'origine de nos croyances, et cette Genèse sublime, pour lesquelles depuis des siècles les gagistes de Rome affectent la plus fanatique admiration. Voilà donc ce Dieu d'Israël et le rôle indigne de sa puissance, de sa bonté et de la prescience qu'on lui prête...

Que nous sommes loin des croyances des premiers âges de l'Inde, de ces invocations, de ces prières qui, au lieu de rabaisser l'image de la Divinité, en lui prêtant les actes les plus ridicules, nous donnent d'elle, au contraire, les notions les plus grandioses et les plus simples.

Cette légende du jardin de délices et du séraphin préposé à la garde du fruit défendu, ne vous rappelle-t-elle pas la fable grec du jardin des Hespérides dont les pommes d'or étaient gardées par un dragon ?

Il est si vrai que ces contes mythologiques ont la même origine, que la pomme du jardin des Hespérides n'était autant prisée que par l'immortalité qu'elle donnait à celui qui parvenait à s'en emparer, immortalité que procurait également la pomme du jardin de délices dont Jéovah défendit l'entrée à Adam, par peur qu'il ne devînt immortel et aussi puissant que lui.

« Maintenant donc, craignons qu'il n'avance la main et ne prenne aussi des fruits de l'arbre de vie, ce qui le rendrait semblable à nous et le ferait vivre éternellement. »

(Genèse).

Signalons, en passant, trois preuves que cette sublime Genèse n'est qu'une copie écourtée des ouvrages sacrés de l'Inde sur le même sujet.

« Au commencement Dieu créa le ciel et la terre.

« La terre était informe et nue, et les ténèbres couvraient la face de l'abîme, *et l'Esprit de Dieu reposait sur les eaux !* »

Et spiritus Dei ferebatur super aquas...
D'où a pu venir à Moïse l'idée de faire flotter l'Esprit de Dieu sur les eaux; est-ce une figure poétique sans importance? Non, car elle accuse une idée théologique, et détermine la situation du Créateur pendant le chaos.

Quelle est l'origine de cette croyance, quel sens symbolique se cache sous cette expression nuageuse? le législateur hébraïque ne saurait nous l'apprendre, il transcrit à grands traits les souvenirs qui lui sont restés de son sacerdoce dans les temples d'Égypte. Il consacre trois pages là où l'Inde a écrit des volumes, et l'on sent qu'il n'a ni la volonté, ni le temps d'expliquer les croyances qu'il impose...

Il venait de quitter l'Égypte avec la horde d'esclaves qu'il était parvenu à soulever, poursuivi par Pharaon; tout le monde s'était enfui pêle-mêle vers le désert, mais de toutes parts éclataient des murmures, surgissaient des révoltes... il fallait se hâter de donner un gouvernement à ces nomades, se créer une force par l'intervention de Dieu et le merveilleux, créer des chefs dont nul ne contesta l'autorité, établir un code de lois religieuses et civiles; les instants pressaient, Moïse, son frère Aaron, sa famille, commençaient à être attaqués dans le camp, on ne leur obéissait qu'avec répugnance, on regrettait les *viandes* et *les oignons d'Égypte,* un soulèvement pouvait faire nommer d'autres chefs. Jethro, le beau-père égyptien du législateur, et prêtre de Madian, lui disait : « Prends garde, tu ne peux mener le peuple ainsi; nomme des chefs, institue des lois...» C'est alors que Moïse joue la comédie du mont Sinaï... Dieu l'a appelé pour lui dicter sa volonté, qu'Israël attende en paix son retour.

En quelques jours il compose son livre et se hâte de redescendre de la montagne où il écrivait sous la dictée de Jéovah, car les Hébreux se sont révoltés et adorent le veau d'or...

Dans cet abrégé rapide des anciennes croyances religieuses de l'Orient, suivi de cette histoire apocryphe des patriarches, Moïse n'a eu qu'un but, celui de se rattacher à Dieu en quelques pages le plus rapidement possible, pour consacrer la plus grande partie du temps qu'il avait à rester sur la montagne à l'organisation du pouvoir sacerdotal dont il fit tout dépendre dans la nation, et qui devait, en consolidant sa puissance, asssurer pour longtemps la domination de sa famille. De là les minutieux détails, sur tout ce qui se rattache aux lévites, aux présents qu'il faut leur donner, aux sacrifices, aux vases d'or et d'argent dont chaque famille doit s'imposer pour le culte, aux cérémonies, et la pauvreté des développements accordés à la création et à l'époque patriarcale, copiés dans l'histoire religieuse et civile des Égyptiens et des Indous, leurs ancêtres.

Nous pensons aussi que Moïse élevé par les prêtres égyptiens, ainsi qu'il nous l'apprend lui-même, ne fut qu'un initié aux cérémonies, un kapural ou officiant, et non un dwidja ou prêtre expliquant l'Écriture sainte et les mystères de la création.

Quoi qu'il en soit, rapidité de transcription ou ignorance de l'esprit des croyances qu'il notait à la hâte, non-seulement Moïse n'explique rien, mais encore prend-il soin de démontrer jusqu'à l'évidence qu'il n'est que le pâle reflet d'une civilisation religieuse plus ancienne.

Sur ce point les preuves abondent.

Figure poétique ou croyance, à quoi se rapporte, ainsi que nous venons de le dire, cette expression de la Genèse hébraïque.

Et spiritus Dei ferebatur super aquas.

Et l'esprit de Dieu était porté sur les eaux.

Puisque Moïse ne peut nous répondre, voyons si nous ne trouverons pas nous-même l'origine de ce souvenir inexpliqué !...

Manou dans sa Genèse, appliquant à Brahma créateur,

l'épithète de Narayana, donne sur ce nom l'explication suivante.

Sloca 10, *Livre* Ier.

« Les eaux ont été appelées *naras*, parce qu'elles étaient la production de *nara*, qui signifie *l'esprit divin*. Ces eaux ayant été le premier lieu de mouvement — en samscrit, *ayana* — de *Nara*, *l'esprit divin*, il a en conséquence été nommé *Narayana*, *l'esprit divin qui semeut sur les eaux*. »   (*Manou.*)

Nous lisons dans le Prâsada, livre Ier, recueil des poésies génésiques, ode à Narayana.

« O Narayana, *toi dont l'esprit flottait sur les eaux* et s'était réveillé pour mettre fin à la dissolution de tous les êtres, ayant résolu de faire émaner les mondes et les créatures de ta substance éternelle, est-il vrai qu'après avoir rassemblé les eaux, le premier acte de ta création fut de faire émerger de la plaine liquide, la fleur bleue du lotus parfumé... »   (*Prâsada.*)

Une des plus belles pièces de vers du poëte ermite Valmiki, intitulée Nalika (lotus), qui célèbre les vertus, le parfum et la divine origine de la fleur sacrée, exprime la même image dans sa première strophe.

« Nalika, belle fleur à la corolle délicate, dont le sein renferme les plus suaves parfums, ô toi, qui a supporté le bras du divin Narayana, *lorsque flottant sur les eaux* après la fin du pralaya (chaos), il présidait à la création, je vais chanter tes louanges... »   (*Valmiki.*)

Enfin le Risch-Véda exposant aux croyants le réveil de Dieu dans la nature, s'exprime ainsi.

« Lorsque la nuit divine eut accompli sa dernière heure, l'esprit de Brahma tressaillit en lui, comme au printemps tressaille l'esprit de la nature; il produisit d'abord les eaux, dans lesquels il déposa le germe de tous les animaux qui devaient y vivre, et de toutes les plantes qui devaient y pousser, et comme les eaux furent les premières créées, et le premier lieu du mouvement, l'esprit divin en reçut le nom de *Narayana* (*celui qui se meut sur les eaux*), et c'est Brahma lui-même que l'on honore, quand on invoque ce nom, qu'il a reçu comme créateur. »   (*Rich-Véda.*)

Ainsi les livres sacrés et la poésie se réunissent pour employer cette expression de *Narayana*, et lui donner le même sens. Ce nom du Zeus irrévélé quand il n'agit pas, qui devient Brahma à son réveil, vient de ce que les eaux créées les premières, ont été le premier lieu de mouvement de la puissance créatrice.

Qui pourrait douter, en présence de ces textes formels, que Moïse en écrivant cette parole au début de la Genèse :

Et spiritus Dei ferebatur super aquas.

Et l'esprit de Dieu était porté sur les eaux,

N'a fait qu'enregistrer soit sans la comprendre, soit sans vouloir l'expliquer, une croyance des anciens livres sacrés de l'Inde dont il avait eu connaissance en Égypte.

Nous lisons dans la Genèse également :

« Et Adam donna à sa femme le nom d'Ève, *parce que* c'est par elle que devait se perpétuer la vie. »

Quelle est la signification de ce nom de *Ève* qui n'est donné à la première femme que *parce que* le genre humain doit naître d'elle. On ne saurait soutenir que nous sommes en présence d'une appellation sans importance, et la phrase entière serait vide de sens, si nous ne trouvions point, en remontant constamment aux sources primitives, l'explication que la Bible nous refuse.

La encore la copie est de toute évidence, et Moïse ne fait qu'adopter le nom donné par les védas à la première femme, et ce nom fut tiré du rôle qui lui était attribué par Dieu dans la création. Le nom d'Hèva, la femme d'Adhima dans la Genèse indoue, signifie en samcrit :

Ce qui complète la vie !

Et voilà pourquoi Moïse a pu écrire qu'Adam avait appelé sa femme Ève, *parce que c'est par elle que devait se perpétuer la vie.*

Même remarque pour le nom d'Adam, même explication tirée des traditions de l'Inde ancienne et de la linguistique.

Le premier homme d'après la Genèse indoue fut nommé par Brahma, Adhima !

Adhima en samscrit signifie *le premier homme !*

Quant à la légende tout entière de la création mosaïque, on a pu voir qu'elle n'est qu'une pâle copie de la légende indoue que nous avons donné dans la *Bible dans l'Inde.*

Un dernier exemple pour en finir avec ce qui a trait à la création proprement dite.

Après la faute originelle, qui attira sur Adam la colère de Jéovah, Moïse s'exprime ainsi :

« Et le seigneur chassa l'homme du jardin de délices, et il plaça à l'entrée de ce jardin un chérubin armé d'un glaive flamboyant, qu'il agitait constamment pour garder l'arbre de vie. »

Nous prions le lecteur de se rappeler, en relisant la Bible au besoin, que Jéovah n'a encore créé que les eaux, la lumière, le ciel, la terre et les astres, les plantes, les animaux et l'homme. Donc conséquence logique... où Moïse peut-il prendre le chérubin ou ange qu'il place à la garde de l'arbre de vie, dans le jardin de délices ?

Le législateur hébraïque n'a connu, ceci est d'une incontestable vérité, ni la création des anges, ou divinités inférieures, ni leur révolte contre Dieu, ou s'il a eu des notions de ces choses, il ne les a point racontées dans son livre.

En différents passages il fait apparaître un ange à Abraham, à Loth, à Jacob, et pas un mot, pas un verset pour nous expliquer l'origine et la nature de ces apparitions.

Quelle preuve plus frappante que Moïse, en écrivant son livre de la loi était sous l'empire d'une théologie toute faite, et de croyances religieuses qu'il empruntait à l'Égypte et à l'Inde, et qu'il abrégeait en les copiant.

Demandons encore aux *védas* et à *Manou* de nous éclairer sur ce sujet.

« Brahma avant de créer le monde quand le pralaya eût pris fin, divisa les cieux en douze parties et dit :

« Je veux que les cieux se peuplent d'esprits inférieurs qui témoigneront ma gloire et m'obéiront.

« Et les dévas jaillissant de sa pensée vinrent se ranger autour de son trône.

« Mais bientôt de terribles querelles éclatèrent parmi eux, et un certain nombre, ayant mis à leur tête Vasouki, se révoltèrent.

« Mais Indra prit le commandement de ceux qui étaient restés fidèles, et il terrasse Vasouki dans un combat singulier.

« Après la lutte, Brahma chassa du ciel Vasouki et ses compagnons et les précipita dans les enfers, où ils devinrent les rakchasas ou esprits mauvais.

« Indra et ses compagnons reçurent la garde du séjour céleste. »   (*Rich-Véda.*)

Sur le même sujet le législateur Manou s'exprime ainsi :

« Le souverain maître produisit de sa pensée une multitude d'eprits doués d'une âme supérieure, messagers toujours agissants de sa volonté, et il les nomma dévas. Il créa aussi une troupe invisible de musiciens célestes, préposés aux réjouissances des cieux et ils furent appelés les sàdhyas et les gandharbas. »

Soumati, auteur du Vriddha-Manava, ou ancien Manou, dont celui que nous venons de citer n'est que l'abrégé dit, dans un des rares fragments de son œuvre qu'il nous a été possible de consulter :

« Les dévas chassés du ciel pour s'être révoltés contre l'autorité de Brahma, n'eurent d'autres occupations que de troubler les pieux sacrifices des hommes, de les induire en tentations pour les pousser au mal, et de troubler leurs derniers instants par l'aspect de fantômes terribles, et de visions étranges.

« Ils se nomment iakchas (ou gnômes), pisatchas (vampires), asouras (titans), nagas (dragons), sarpas (serpents), souparnas (oiseaux de cadavres), rakchasas (chefs des mauvais).

« Ainsi furent appelés ces esprits mauvais, suivant le rôle qu'ils jouaient d'habitude auprès des pieux ermites, et des saints personnages qu'ils cherchaient à tromper, ou la forme des animaux qu'ils prenaient pour venir plus facilement sur la terre accomplir leur funeste besogne. »

(Vriddha-Manava.)

Voilà sans doute ce que Moïse eût écrit, s'il eût eu le temps ou la volonté d'expliquer les coutumes et les croyances auxquelles il faisait allusion dans son livre.

A chaque pas que nous faisons, nous pouvons dire que la lumière se fait plus éclatante autour de cette opinion, qui ne voit dans le libérateur de la caste asservie des parias d'Égypte qu'un abréviateur des croyances de la haute Asie.

Quoi de plus naturel du reste, Moïse n'a agi que comme tous les chefs religieux, qui ne fondent qu'avec les débris de ce qu'ils renversent, et empruntent, en les transformant les doctrines de leurs prédécesseurs.

Voilà Adam chassé du paradis terrestre, sa descendance va peupler le monde.

La première chose dont Moïse s'inquiète, c'est de se mettre en communication avec Adam, en faisant arriver la tradition jusqu'à lui par quatre ou cinq générations d'hommes seulement, qu'il fait vivre chacune de huit à neuf cents ans; ainsi Noé né neuf cent six ans après la création du monde aurait vécu vingt-quatre ans avec Adam, puisque ce dernier ne mourut qu'à l'âge de neuf cent trente ans.

Mais ce qu'il y a de plus fort, c'est que Noé, pour les besoins de l'histoire mosaïque, ne connaît les douceurs de la paternité qu'à l'âge de *cinq cents ans* époque où il engendre Sem, Cham et Japhet.

Quel tissus d'insanités !... et dire qu'aux yeux de Rome ce

n'est rien de croire en Dieu, si l'on ne consent à courber sa raison devant ces rêves insensés.

C'est ainsi que Moïse répondit d'avance aux objections de son peuple : Mais d'où peut-tu savoir les choses merveilleuses que tu nous enseignes? — Non content de faire parler Dieu, il rapprochait la tradition.

Cependant en détruisant un obstacle, il en dressait un autre. Un sceptique pouvait se lever; l'Israélite, par exemple, qui, menacé par lui, un jour lui dit : — « Crois-tu me tuer comme hier l'Égyptien? » Cet insoumis pouvait lui demander pourquoi l'homme ne vivait plus *neuf cent soixante-neuf ans* ainsi que Mathusalem !

Moïse s'en tire par un détour vraiment charmant, écoutez plutôt :

« Lorsque les hommes eurent commencés à se multiplier sur la terre, et qu'ils eurent engendré des filles,

« Les enfants de Dieu, voyant que les filles des hommes étaient belles prirent des femmes choisies entre toutes les autres.

« Et Dieu dit : Mon esprit ne demeurera plus à jamais dans l'homme, parce qu'il n'est que chair ; et *ses jours ne seront plus que de cent-vingt ans...* »

Après cela, il n'y avait plus rien à répondre, et l'incrédule le plus endurci ne pouvait que se rendre à de pareilles raisons.

De plus, souvenons-nous que Moïse avait un dernier argument, décisif celui-là, c'était de massacrer ceux qui ne voulaient pas se laisser persuader.

Après avoir puisé la légende du déluge [1] dans les croyances brahmaniques, le chef des Hébreux laisse de côté la tradition de la haute Asie, et établit une généalogie imaginaire remontant à Noé, de tous les peuples qu'il pouvait connaître parmi ceux qui habitaient l'Égypte et l'Arabie ; nous prou-

---

1. *Bible dans l'Inde,* page 248.

verons bientôt par d'indiscutables monuments chronologiques, l'impossibilité de ces récits fantaisistes.

Après avoir abrégé les livres sacrés de l'Inde dans tout ce qui touche à la Genèse, aux traditions primitives et au déluge, Moïse traite de la même manière les traditions historiques des Égyptiens. Dans son désir de donner un passé au peuple d'esclaves né d'hier qu'il gouverne, il ne s'applique pas plus à expliquer, à rendre logique la tradition historique, que la tradition religieuse.

Toute cette partie de son livre n'est qu'une course au clocher, pour arriver rapidement au mythe d'Abraham, et à l'histoire apocryphe des patriarches, pères prétendus du prétendu peuple de Dieu...

Et quels curieux épisodes. Nous défions nos aruspices modernes, de raconter sans rire la fable de la tour de Babel à d'autres qu'à des petits enfants.

Isaac, Jacob, Joseph, ne sont là que pour donner aux parias d'Égypte une origine moins méprisable, aux yeux des peuples voisins, mais rien n'y fit, et à cette époque où dans la constitution sociale, une nation ne perdait pas plus sa sa caste qu'un homme. Les peuples d'Égypte, d'Arabie, d'Asie-Mineure n'oublièrent jamais la naissance servile des Israélites, c'est avec peine qu'ils voyaient ces gens, sortis d'une classe impure suivant eux, vivre autrement que dans la servitude. Aussi Assyriens, Égyptiens et Babyloniens, ne se firent point faute de faire rentrer dans l'esclavage, à période fixe, ces parias qui avaient brisé leurs chaînes.

Il est impossible d'expliquer autrement cette ligue de tous les peuples leurs voisins, contre les Hébreux.

La Bible prétend que Dieu châtiait ainsi son peuple, chaque fois qu'il avait commis quelques fautes graves. Nous n'admettons pas la main de Dieu d'une manière immédiate et particulière dans l'événement historique au lieu de mêler constamment l'Être suprême à nos discordes, à nos tristes faiblesses, nous préférons croire l'homme indépendant et libre et ainsi sont également les actes qui émanent de sa volonté.

Ils font en vérité une belle besogne ceux qui ne peuvent

écrire deux pages d'histoire, sans attribuer à la Providence les actes de folie de l'humanité.

Toutes les sociétés antiques ont eu leurs ilotes, leurs esclaves et leurs parias, et les Hébreux furent bien la caste servile de l'Égypte.

L'époque patriarcale terminée, Moïse aborde le récit de sa mission, des moyens employés par lui pour soustraire les Hébreux à Pharaon, et de sa fuite au désert.

Là le merveilleux s'accentue, les buissons s'enflamment et parlent, les verges se changent en serpent, les mains se couvrent de lèpre et se guérissent à volonté, du matin au soir Jéovah n'a plus d'autre occupation que de parler à Moïse : Fais ceci, et puis cela; va trouver mon peuple, va trouver Pharaon, et comme le roi d'Égypte ne veut point consentir à la délivrance de ses esclaves, Jéovah finit par se fâcher, il envoio des grenouilles, il envoie des sauterelles, les prêtres de Pharaon renouvellent les mêmes miracles, la lutte prend des proportions colossales : cette fois le Dieu de Moïse envoie une telle quantité de moucherons, que les sorciers égyptiens s'avouent vaincus et que le roi d'Égypte va céder.

On croit que c'est fini, non, il reste encore à Jéovah quelques miracles à placer; cela ne peut point se terminer comme cela.

« Et il dit à Moïse : Va vers Pharaon, car j'ai endurci son cœur, et le cœur de ses serviteurs, afin que j'opère mes prodiges sur lui. »   (*Éxode*).

Et les ulcères, les pluies de feu, la grêle, de pleuvoir sur la tête des Égyptiens; leurs troupeaux meurent, la famine les décime, Pharaon demande grâce encore,... mais Jéovah ne veut pas céder, il nage au milieu de ce sang, il se complaît au milieu de ces tortures, de ces maladies...

« C'est pour que tu racontes à tes fils et à tes neveux, combien de fois j'ai brisé les Égyptiens, et les prodiges que j'ai fait sur eux, » — dit-il à Moïse!   (*Éxode*.)

Et comme bouquet, il fait périr en une seule nuit, tous les fils aînés des Égyptiens, à commencer par celui du roi... et, satisfait de ce dernier triomphe, il n'endurcit plus le cœur de Pharaon, et les Israélites peuvent enfin s'enfuir au désert, où les malheureux ne firent que changer de joug, car au moindre murmure à la moindre lassitude dans l'immense plaine de sable, Moïse au nom de Jéovah les fait massacrer par milliers par les prêtres.

Arrêtons-nous là, notre but étant dans ce chapitre, moins d'ajouter de nouvelles preuves à celles que nous avons donnés dans notre précédent ouvrage, de l'origine brahmanique de la société hébraïque et de l'œuvre de Moïse, que de mettre en regard de l'idée de Dieu aux primitives époques des patriarches indous, l'idée de Dieu telle qu'elle se dégage de l'époque patriarcale d'après la Bible.

Lorsque nous aurons étudié dans tous ses détails, la révolution religieuse, qui en donnant le pouvoir aux prêtres dans l'Inde renversa les pures croyances de la religion naturelle, nous reviendrons logiquement alors, avec des arguments nouveaux à la domination sacerdotale établie par Moïse sur le modèle de celle des brahmes indous et des hiérophantes d'Égypte.

Cette première partie de l'œuvre du législateur hébraïque, ne nous donne sur la divinité que des notions absurdes superstitieuses et cruelles; ce n'est point là le Dieu de Manou et des védas, le Dieu que priaient les patriarches Soudama et Adgigarta, et que Valmiki chantait dans l'hymne sublime de l'Hyraniagharba.

Moïse en copiant les traditions anciennes sur l'unité de Dieu, la Genèse et les premiers hommes, laisse échapper à chaque pas, les signes évidents de l'influence des idées de son époque, qu'il fut obligé de subir, et pour conduire un peuple abruti par la souffrance et un long servage, il dut recourir à tous les sortiléges, à tous les mensonges par lesquels régnaient les prêtres de son époque, et faire de Dieu un grossier épouvantail.

Et voilà ce qu'on nous donne comme étant la révélation.

Ah! si au lieu de ces contes étranges, de ces hommes vivant près d'un millier d'années, de ces récits immoraux de Loth, de Thamar, d'Abraham chassant de sa maison Agar et son fils qui était aussi le sien. Si au lieu de ces grossiers prodiges, de ces massacres ordonnés par Jéovah, devant lesquels proteste le plus vulgaire bon sens, la primitive société biblique, eût ressemblé à la société patriarcale de l'Inde, si le Dieu d'Israël n'eût été représenté qu'armé de mansuétude et de pardon; si inspiré par les hymnes, les prières, les préceptes de Manou que nous avons donnés plus haut, Moïse eût basé ses doctrines sur l'immortalité de l'âme et eût donné à son peuple, une ligne de conduite, morale, pure, rationnelle, conforme aux lumières de la conscience. Si au lieu du vol, du pillage à main armée, des massacres, du rapt des filles vierges, — *autem reservate vobis puellas*, — Moïse leur eût enseigné la pratique des vertus privées et humanitaires, que connurent les anciens *ermites* dont Manou nous a tracé la règle...

Sans admettre ces apparitions de Dieu, indignes de sa puissance et de sa majesté, sans croire qu'il ait choisi des hommes pour leur faire connaître sa volonté, alors que sa sublime voix se fait entendre constamment à la conscience de tous, nous dirions cependant :

— Oui votre révélation est sainte et divine, elle date du premier pas de l'homme sur la terre, c'est cette lumière intérieure qui préside à tous nos actes, pour les nommer mauvais ou bons, qui entretient en nous les notions de Dieu, de l'infini, et de l'immortalité, et nous donne la foi en une éternelle justice, faite surtout d'amour et de pardon.

Votre révélation serait belle,... car elle serait la *Raison* et nul ne pourrait contester la filiation divine de la raison, à moins de nier Dieu.

Nier Dieu, c'est-à-dire le mouvement, la pensée, la vie; remplacer la suprême intelligence par le magnétisme, le fluide et l'attraction universelle!

L'athéisme est une folie!

Oui mais votre Dieu ne saurait être le nôtre, nous ne pouvons nous agenouiller devant Jéovah luttant avec les sorciers de la cour de Pharaon, massacrant les peuples, confondant dans sa colère, les innocents, les enfants et les vieilles femmes, ordonnant de réserver les jeunes qu'il accordait à ses guerriers après la bataille, quand ils avaient suffisamment égorgé de Chananéens, d'Amorrhéens et d'Amalécites, pour satisfaire sa vengeance.

Vous étiez mieux avisés autrefois, quand tenant les peuples courbés sous le joug, vous défendiez la lecture de ces atrocités.

Comment voulez-vous que l'esprit le plus simple, s'il n'a point façonné sa raison à la croyance servile, ne se demande pas avec étonnement, pourquoi Chanaan, n'était point fille de Jéovah au même titre qu'Israël, et comment il se pouvait faire que l'auteur de toutes choses lança les peuples les uns contre les autres pour les faire s'entre-dévorer comme des fauves.

Et alors celui qui pense, s'aperçoit en sondant le passé, qu'il en a été partout ainsi depuis la chute de la religion naturelle qui fut la véritable, la seule loi de Dieu; que partout les brahmes, les bonzes, les prophètes, les lévites, les fils de Dieu, ont caché l'image de l'Être suprême derrière les mystères de la superstition, souillé son culte par les massacres, les hécatombes et les bûchers...

Et songeant au Zeus irrévélé, dont les premiers âges du monde, ont célébré la sagesse, la puissance et surtout la bonté, il se prend à redire avec le poëte indou :

« Je ne te connais pas, mais je sais que tout *n'est* que par toi, et rien en dehors de toi, que tu existes par ta propre puissance, que l'infini, l'immensité, l'espace, ne sont rien pour toi. Je ne te connais pas, ô Narayana, mais je sais *que tu es et as toujours été*, et cela me suffit pour attendre la fin, qui sera ma naissance en toi, »

Jéovah n'est que le Dieu des prêtres!

CHAPITRE V.

VOUS NE COMPRENEZ PAS LA BIBLE !

(L'école catholique.)

Lorsque Bayle, au siècle dernier, disait aux sectaires romains : — « Dieu a connu d'avance la chute des anges, il a su d'avance que l'homme, abusant de son libre arbitre, pécherait et qu'il tomberait dans le mal, et cela en vertu de sa prescience. Pourquoi donc les a-t-il créés? » Il lui fut répondu : Vous ne comprenez pas la Bible!

Bayle faisait cette objection à la fable catholique seulement, car, dans le sens du déisme et de la loi naturelle, l'homme n'a jamais changé de situation sur la terre, ses imperfections viennent de l'état inférieur dans lequel Dieu l'a placé. Dans ces simples traditions de la conscience, il n'y a qu'un mystère : la *Création*.

La croyance biblique au contraire, débute par une absurdité : l'homme créé dans un état de perfection relative, ne devant connaître ni le travail, ni les souffrances, ni la mort, perd cette heureuse situation par une faute, quelques instants après sa naissance.

De là l'objection : — Dieu, dans sa prescience, connaissait d'avance cette faute que l'homme allait commettre. pourquoi l'a-t-il créé ?

Un écrivain catholique d'un grand talent, M. de Genoude, a essayé de répondre à cette objection autrement que par la phrase consacrée : « Ce livre doit être lu avec les lumières de l'Esprit-Saint, vous ne comprenez pas la Bible. » Et son argumentation, la meilleure de toutes celles qui se soient produites sur ce sujet, est devenue classique en théologie, malgré sa fragilité.

Voici ce raisonnement :

« L'argument (tiré de la faute du premier homme que Dieu créa, tout en sachant d'avance qu'il allait être obligé de le chasser du paradis terrestre) est de peu de valeur pour les hommes qui sentent le prix de la liberté. Dieu existe par lui-même, il a voulu créer l'homme semblable à lui. Or, quel attribut nous élève plus haut que ce don de la liberté, qui met notre sort entre nos mains, et qui fait que ne pouvant nous donner nous-mêmes notre existence comme Dieu, *nous nous créons par notre liberté éternellement heureux ou malheureux.*

« La liberté une fois donnée, il a bien fallu que l'homme méritât ou déméritât. De là tout le plan de Dieu : *Son amour a dû s'arrêter devant le décret de la liberté de l'homme.* Et qui croirait en effet à sa liberté s'il ne pouvait en abuser; *et si toutes les créatures étaient éternellement heureuses, qui penserait qu'elles eussent eu jamais la possibilité de faiblir !* La prescience de Dieu ne détermine point les actes de l'homme. Dieu voit l'avenir comme l'homme voit le passé. Ce que nous savons de Brutus n'a pas plus influé sur sa détermination que ce que Dieu en savait de toute éternité. »

(De Genoude.)

Nous comprenons qu'une pareille dialectique fasse la joie des séminaires. Mais, après le plus léger examen, on s'aperçoit que ce raisonnement n'est qu'un grossier trompe-l'œil, et que l'objection de Bayle sort de cette attaque plus irréfutable.

En effet :

Nous ne prétendons point que Dieu ait influé sur la détermination d'Adam ou de Brutus, que sa prescience ait attenté à leur liberté... non ! Nous admettons qu'Adam a été parfaitement libre de manger sa pomme, et que librement Brutus a tué César... mais en quoi cela renverse-t-il l'objection de Bayle ?

M. de Genoude a répondu à sa manière à l'argument tiré de la prescience de Dieu, qui consiste à dire : Dieu connaît d'avance les actions des hommes, donc ces derniers ne sont pas libres de ne les pas commettre.

Mais il n'a pas répondu à la question du philosophe du XVIIIe siècle, qui ne met pas en cause le libre arbitre de l'homme, mais bien la bonté et la justice divine.

— *Pourquoi Dieu, sachant d'avance qu'Adam allait pécher, et précipiter toute sa descendance dans la souffrance et la mort, a-t-il pu persister à le créer ?*

L'argument de Bayle attend encore un contradicteur !

Et voilà où on en arrive quand on veut faire Dieu à son image, que l'on n'a pas le courage de rejeter comme apocryphes et indignes de la raison, les fables nuageuses inventées par le despotisme sacerdotal.

Nous ne comprenons pas la Bible ! L'imprudence de ceux qui nous adressent ce reproche est grande, ils ne comprennent pas que pour soutenir les aberrations de ce livre prétendu sacré, ils sont obligés de descendre à des impossibilités de commentaires et de langage que le plus vulgaire sens commun ne saurait admettre, et que c'est chez eux que nous trouvons les armes les plus terribles contre la loi mosaïque.

Comment M. de Genoude a-t-il pu écrire dans le passage qu'on vient de lire, en parlant de Dieu qui a créé l'homme libre : « *Son amour a dû s'arrêter devant le décret de la liberté de l'homme.* »

Soyez complétement catholique romain, ne discutez pas, terminez tout par un acte de foi ; ne voyez-vous donc point que la lumière vous tue ?

Comment, Dieu a prévu que l'homme allait commettre des fautes, mais son amour a dû s'incliner devant le décret de la liberté de l'homme. Où en arrivez-vous pour soutenir vos inepties, et ne craignez-vous pas de vous faire répondre :

« Dieu alors, quand il a rendu ce décret de la liberté humaine, devant lequel son amour s'incline, ne prévoyait point les fautes qui allaient en découler, autrement comment expliquer l'établissement du libre arbitre?... »

Voilà à quelles minuties de discussion en est arrivé la

théologie moderne pour ne vouloir abandonner aucun des legs du passé, aucun des mystères éclos aux plus tristes époques de l'humanité, à l'ombre des pagodes et des temples.

Nous ne comprenons pas la Bible ! parce que nous prétendons qu'elle ne nous donne sur l'idée de Dieu que les notions les plus fausses et les plus superstitieuses, parce que nous ne voulons point nous incliner devant ces miracles apocryphes, ces chefs de nomades corrompus et pillards, et que ce livre n'est pour nous que le code du sortilége, du mensonge, de l'impureté et des massacres !...

Eh bien ! voyons, comment vous comprenez vous-mêmes ce livre, qui est la base de votre foi religieuse.

Ce n'est pas aux incrédules que nous allons maintenant demander des arguments, c'est à un des plus célèbres d'entre vous que nous nous adressons ; il est vrai que Bossuet ne fût pas son ami, que le Roi-Soleil ne lui trouva pas l'échine assez souple, et que Rome le censura quelque peu... Nous avons nommé Fénelon, on pourrait faire un plus mauvais choix.

Ce prélat voulait que la Bible fut enfermée dans l'intérieur des temples, et que la lecture n'en fût point permise aux fidèles. Que dire d'un livre contre lequel on est obligé de prendre de telles précautions, et qui n'est acceptable que quand on le détourne de son sens véritable pour n'y voir que des fictions et des figures...

Quoi qu'il en soit, voici les motifs que Fénelon invoquait à l'appui de son opinion :

« N'est-il pas à craindre que le commun des hommes, dont l'esprit n'est pas assez subjugué par l'autorité des livres saints, n'abuse de tant de choses mystérieuses et extraordinairement inspirées qu'on y trouve presque partout.

« La plupart d'entre eux ne seraient-ils pas pour le moins fort étonnés de voir Abraham qui veut égorger son fils unique, quoique Dieu le lui avait donné par miracle, en lui promettant que la postérité de cet enfant sera la bénédiction de l'univers ; de voir Jacob inspiré par sa mère faire le personnage d'un imposteur (quand il vola le droit d'ainesse de son frère Esaü, en se couvrant de peau de chevreau pour être pris pour son frère, par Isaac aveugle); de voir le peuple qui se vantait d'être conduit par la main de Dieu, *sortir de l'Égypte après avoir pillé les richesses des Égyptiens*, se révolter contre Moïse, adorer le veau d'or, *n'employer cette mission céleste qu'à massacrer les peuples voisins pour occuper leur place, quoiqu'ils ne fussent pas moins corrompus qu'eux* ; de voir Job, qu'on leur propose comme un modèle de patience et de résignation, maudire le jour de sa naissance, se vanter de n'avoir jamais mérité la peine qu'il souffre, et paraître dans l'excès de sa douleur accuser Dieu lui-même; de voir Samson, après tant de prodiges de force et de faiblesse, finir par être homicide de lui-même pour tuer en même temps ses ennemis; de voir David recommander en mourant à son fils *d'exécuter la vengeance qu'il n'avait pas accomplie durant sa vie;* de voir une ânesse parler au prophète Balaam, et Nabuchodonosor paître l'herbe comme les bêtes ; de voir Osée, par l'ordre de Dieu, choisir pour femme une prostituée, et Judith tenir une conduite si étrange vis-à-vis d'Holopherne (on sait qu'elle se prostitua à lui pour endormir sa vigilance et le tuer pendant son sommeil) ; etc....

« Il faut avouer que si un livre de piété tel que l'*Imitation de Jésus-Christ,* ou le *Combat spirituel,* ou le guide des pécheurs, contenait la centième partie des difficultés qu'on trouve dans l'Écriture sainte, on croirait devoir en interdire la lecture au commun des fidèles. »

Ainsi s'est exprimé Fénelon, et encore a-t-il jugé à propos de passer sous silence de nombreuses scènes de la plus révoltante immoralité.

Le passage relatif au vol des richesses des Égyptiens, mérite d'être cité :

« Le Seigneur dit à Moïse : Et je signalerai ma faveur sur ton peuple, en présence des Égyptiens, et quand vous sortirez, vous n'irez pas les mains vides.

« Et les femmes demanderont, comme si elles voulait les emprunter, à leurs maîtresses et à leurs voisines des vases d'or et d'argent, et des vêtements précieux, et vous les met-

trez sur vos fils et vos filles et vous en dépouillerez les Égyptiens. »   (*Exode.*)

Moïse n'oublie point la recommandation, et plus tard il
l'exécute ponctuellement lorsque Pharaon consent à laisser
les Israélites, ses esclaves, aller offrir un sacrifice dans le
désert.

« Et les enfants d'Israël firent selon la parole de Moïse, ils
demandèrent aux Égyptiens à emprunter des vases d'or et
d'argent et beaucoup de vêtements.

« Et le Seigneur ayant inspiré aux Égyptiens l'idée de
les prêter, ils dépouillèrent les Égyptiens. »

Et c'est devant de pareils exemples qu'il faut courber sa
raison?

Voyez-vous bien le rôle odieux que Moïse fait jouer à Jéovah en cette occasion. — « Allez, insinuez aux Égyptiens
que vous avez besoin de vases d'or et d'argent, et de vêtements précieux, pour offrir le sacrifice que vous allez accomplir au désert, et ces richesses vous les garderez, et vous dépouillerez les Égyptiens. »

Il n'y a pas de figure ni de commentaires qui tiennent,
ce ne sont là simplement que d'odieuses leçons de pillage
que rien ne saurait excuser.

Nous allons emprunter encore à M. de Genoude les opinions théologiques en honneur à Rome, sur la plupart de
ces faits odieux, que Fénelon ne pouvait blâmer ouvertement étant prêtre catholique, mais qui, ainsi qu'on a pu le
voir, ne laissaient pas que d'inquiéter singulièrement sa
conscience.

Cet écrivain passant en revue les objections de l'évêque
de Cambrai, y répond en résumant ainsi les opinions de
l'école orthodoxe.

« Toutes ces objections peuvent arrêter le lecteur et l'é-
tonner; mais avec un peu de réflexion, il trouvera lui-même
les réponses.

« Abraham était une figure de Dieu immolant son fils

pour le salut des hommes, et Isaac une figure de Jésus-Christ acceptant le sacrifice. C'était ensuite un grand exemple de la foi et de la confiance que nous devons à tous les ordres de Dieu, lorsque nous sommes sûrs qu'il a parlé. Quant à la bénédiction reçue (en fraude) par Jacob, le subterfuge de Rachel n'a jamais été approuvé, seulement le droit d'aînesse n'a pas été suivi dans ce cas, pour montrer la constante intervention de Dieu dans la succession des hommes d'où le Rédempteur devait naître. (Écoutons!!!) *Ce qu'on dit des Israélites qui enlèvent les richesses des Égyptiens n'est pas fondé, puisque Dieu est le maître des biens, et qu'il parlait lui-même aux Israélites, voulant punir les Égyptiens* de l'oppression sous laquelle ils avaient fait gémir Israël. Les révoltes d'Israël sont l'image de nos révoltes continuelles contre Dieu, et l'adoration du veau d'or, la figure de nos passions qui, sans cesse, donnent à la créature la préférence sur Dieu.

« Les Chananéens massacrés par les Hébreux étaient des idolâtres, qui immolaient des victimes humaines à leur dieu Moloch, et les Juifs portaient la croyance en l'unité de Dieu, qui était la vérité essentielle au genre humain.

« Job est l'image de l'humanité avant le Christ, il développe une vérité admirable, c'est que l'homme peut être éprouvé quoique innocent, et tout en se plaignant des obscurités répandues sur les destinées de l'homme, il ne se montre pas moins soumis à Dieu et ne se plaint que de ses amis. Samson n'est point homicide de lui-même, il se dévoue comme Codrus et Decius. David, à l'heure de la mort n'ordonne ni vengeances ni supplices. (C'est faux! il les ordonne.) Il avertit seulement Salomon des dangers qu'il pourrait courir de la part d'hommes d'une fidélité suspecte. Salomon ne les frappa que parce qu'ils se rendirent coupables dans la suite. (Quelle argutie!)

« On ne voit pas pourquoi il serait plus indigne de Dieu de faire parler un animal que de faire entendre une voix en l'air ou de se servir d'un autre signe pour intimer ses volontés à un peuple. L'ânesse a été choisie pour humilier l'orgueil de Balaam. Par la seule manière de traduire (en faussant le texte), nous avons répondu à ce qui regarde

Nabuchodonosor. *L'épouse de fornication que Dieu fait prendre à Osée, est une image de l'union de Dieu avec un peuple coupable de la prostitution spirituelle.* Loin de blesser les mœurs, ce conseil mettait un terme au désordre des mauvaises mœurs.

« L'action de Judith doit être jugée d'après les idées anciennes, et non d'après la morale chrétienne. Chez les Romains l'action de Mucius Scevola passait pour héroïque. On doit juger d'après cette règle les actions d'Aad, de Johel, de Judith et Samuel avec Agag...»

Sommes-nous bien en face de gens possédant la plénitude du sens moral? Cette réponse de M. de Genoude, qui est le résumé de tout ce que les théologiens catholiques ont inventé de mieux, nous en ferait douter!

Comment, c'est là tout ce que vous avez à nous offrir comme explications de ces horreurs qui, suivant Fénelon lui-même peuvent troubler la conscience de l'homme, à un point qu'on ne les tolérerait pas si elles se trouvaient écrites dans un livre plus moderne...

Nous avions bien raison de dire que du moment où vous sortiez de l'acte de foi pur et simple, pour entrer dans la discussion, vous étiez vous-mêmes, les plus terribles ennemis du livre et des doctrines que vous prétendiez soutenir.

En quelques lignes Fénelon signale de nombreux faits de la Bible, qui choquent toutes les lois de la conscience! Ce n'est rien, répondent les théologiens, et du premier coup ils achèvent de démolir l'œuvre à laquelle ils touchent.

Pour sanctifier le brigandage, le meurtre, l'impureté, les massacres de peuplades entières, ils en sont arrivés jusqu'à dire que tout cela n'était qu'une figure... que la loi ancienne n'était, dans l'esprit de Dieu, qu'une image de la loi nouvelle...

Et c'est ce que vous appelez du raisonnement, messieurs les casuistes... Et quand tous ces faits, tous ces actes odieux ne seraient, comme vous le dites que des figures... cela les empêcherait-il d'avoir existé? et ne voyez-vous pas que vous blasphémez en prétendant que Dieu a voulu prédire la forme de la religion nouvelle, par les turpitudes, les crimes et les impures actions de l'ancienne.

Ainsi : nous n'inventons pas, nous citons!

Abraham sur le point d'assassiner son fils *est une figure de Dieu immolant son fils pour le salut des hommes.*

Isaac qui va se laisser tuer sans murmure, *est une figure du Christ acceptant le sacrifice...*

Mais voilà qui est plus fort encore :

L'obéissance d'Abraham, *est un grand exemple de la foi et de la confiance que nous devons à tous les ordres de Dieu, lorsque nous sommes sûrs qu'il a parlé...*

Cela est tout bonnement épouvantable, et ce qu'il y a de terrible, c'est la foi avec laquelle ces sectaires prononcent de pareilles paroles.

Avec ces doctrines tout se légitime, les actes les plus odieux deviennent saints : Dieu commande un assassinat, il faut obéir...

Vous figurez-vous, à notre époque, un père, qui après avoir assassiné son fils, viendrait dire au jury : — C'est le Dieu d'Abraham qui m'est apparu et qui m'a ordonné de l'immoler.

Il n'y aurait pas deux manières de le juger : crime ou folie.

L'échafaud ou Charenton.

Existait-il autrefois une autre morale. Non ! mais voilà à quel excès d'aberration on atteint lorsqu'on persiste à mêler Dieu à l'événement particulier... à en faire le directeur de tous les actes de la vie de l'homme.

Poussons le raisonnement jusqu'à l'extrême pour mieux voir l'absurdité de la doctrine.

Le père tuant son fils serait infailliblement condamné de nos jours, quelque raison qu'il invoquât. Et cependant que répondrait un tribunal catholique, un tribunal comme messieurs de Loyola voudraient nous en constituer encore aujourd'hui, au raisonnement suivant :

— « Il est vrai, messieurs, que j'ai tué mon fils ; mais je n'ai fait qu'obéir à l'ordre de Dieu, qui m'étant apparu, m'ordonna de le sacrifier. C'est avec douleur que j'ai subi cette dure nécessité. Mais m'étant souvenu d'Abraham et d'Isaac, je ne me suis point cru en droit de donner l'exemple de la désobéissance, j'ai levé le poignard au-dessus de la gorge de mon fils bien-aimé, et un ange n'étant point venu arrêter mon bras, je l'ai sacrifié. Ainsi l'a voulu le Seigneur, que son nom soit béni !...

Nous le répétons, que répondrait un tribunal catholique? et comment, avec la doctrine enseignée, condamner un homme qui invoquerait l'ordre de Dieu !

Après la sanctification du meurtre, écoutons celle du vol.

On sait que quand les Israélites eurent obtenu de Pharaon la permission d'aller au désert sacrifier pour leur Dieu, ils soustrairent le plus qu'ils purent de vases d'or et d'argent et de vêtements précieux aux Égyptiens, à l'instigation de Moïse, qui en avait reçu le conseil de Jéovah lui-même.

C'est là un bel et bon acte de brigandage.

La réponse des théologiens, et de M. de Genoude, dépasse tout ce qu'on peut rêver.

« Ce qu'on dit des Israélites qui enlèvent les richesses des Égyptiens n'est pas fondé!... puisque Dieu est le maître des biens, et qu'il parlait lui-même aux Israélites, voulant punir les Égyptiens de l'oppression sous laquelle, ils avaient fait gémir Israël! ! !

Ainsi voilà qui est bien entendu, tout appartient à Dieu, il peut donner à un autre le fruit de mon épargne et de mon travail... il peut ordonner à un peuple d'en dépouiller un autre; le vol à main armée n'est plus qu'une question de permission divine, et cette permission, nous le voyons par l'histoire des monstrueuses querelles de l'humanité, le plus fort s'en est toujours targué !

Les révoltes constantes d'Israël pendant lesquelles les lévites massacrent quinze, vingt mille hommes par l'ordre du doux et puissant Jéovah, savez-vous, lecteurs, pourquoi elles avaient lieu ?

« Les révoltes d'Israël sont l'image de nos révoltes contre Dieu.

Toujours la figure! l'image! Est-ce aussi au figuré que tous ces gens-là ont été massacrés !

Le veau d'or qui fit, lui aussi, des milliers de victimes! *c'est la figure de nos passions qui donnent à la créature la préférence sur Dieu.*

Comme tout cela serait comique, si ce n'était pas taché de sang.

Un seul et dernier exemple, car nous sentons le besoin d'en finir avec toutes ces turpitudes.

Une des plus fortes objections de Fénelon, est « *que ce peuple d'Israël qui se vantait d'être conduit par la main de Dieu... paraissait n'employer cette mission céleste qu'à massacrer des peuples voisins pour occuper leur place, quoi qu'ils ne fussent pas moins corrompus qu'eux.* »

M. de Genoude et la théologie répondent sans sourciller :

« Les Chananéens massacrés par les Hébreux, étaient des peuples idolâtres, qui immolaient des victimes humaines à leur dieu Moloch, et les Juifs portaient la croyance en l'unité de Dieu qui était la vérité essentielle au genre humain. »

Voyez-vous ce peuple se constituant juge des autres peuples, et ayant droit de massacre sur eux, parce qu'ils adoraient Moloch, et qu'ils repoussaient *la vérité essentielle* dont les Juifs étaient dépositaires.

Après la lecture de ces misérables arguties, de ces indignes capitulations morales, de ces jongleries théologiques appliquées à la justification de tous les crimes les plus odieux, comme l'on comprend bien, à l'aide de quels subterfuges, par quels honteux moyens la domination sacerdotale s'est établie sur la terre.

L'époque patriarcale indoue, nous l'avons vu, fut le règne d'une croyance simple, pure et sublime. Dieu parlait à l'homme par la conscience, et les leçons d'une moralité sévère et même un peu ascétique que nous avons trouvées dans les prières, les invocations et les règles de piété enregistrées par Manou, étaient suivies de tout le monde.

La famille devient tribu, la tribu peuplade. Le prêtre paraît, et bientôt de tous les côtés de l'Inde râlant sous le brahmanisme, les peuples se soulèvent, mettent des chefs à leur tête et se hâtent d'émigrer pour échapper au despotisme des brahmes.

Ainsi Iodha et ses guerriers, s'échappant par le nord et les plateaux de l'Hymalaya, vont coloniser l'occident.

Ainsi Manès et ses compagnons s'en vont peupler la Perse, l'Asie-Mineure et l'Égypte, et plus tard la Grèce et Rome.

Mais les émigrants ont emporté avec eux une plaie vive qui ne se fermera pas, même aux lieux où ils ont été chercher un refuge. L'organisation sacerdotale les suivra dans leur fuite, elle deviendra la loi des sociétés anciennes; Manès l'imposera à l'Égypte, Minos à la Grèce, Moïse à Israël.

Et ce dernier ne semblera rejeter les dieux que ses devanciers avaient multipliés à plaisir, que pour mettre sur la tête d'un seul, Jéovah, toutes les superstitieuses folies, toutes les cruautés des siècles passés.

Nous ne savons en vérité comment on ose encore parler de la sublime révélation mosaïque.

Qu'a donc prêché Moïse?

La peur plutôt que l'amour de Dieu.

La peine du talion, œil pour œil, dent pour dent.

Le vol et le pillage.

Le massacre de toutes les nations qui ne consentaient point à subir le joug.

Comme morale, il n'épargnait à la guerre que les filles vierges qu'il abandonnait à ses forbans, après avoir prélevé la part des lévites. Il a ordonné de ne prendre ni la femme, ni le bœuf, ni l'âne du voisin, mais il volait les vases d'or des Égyptiens et les femmes des Amalécites...

Aussi, résultat prévu, ne parvint-il à former qu'une nation de pillards, que tous les peuples de l'antiquité traquèrent, poursuivirent et châtièrent comme elle le méritait.

Et c'est ce farouche sectaire, couvrant toutes ses actions, tous ses crimes, sous le voile d'une figure, qu'on veut nous donner comme modèle... et, grâce à cela, le meurtre, le vol, et le massacre des nations infidèles deviennent un symbole de la future Église. Les Hébreux n'ont point volé les Égyptiens *puisque Dieu leur a donné la permission de le faire.* En massacrant les Chananéens, les Hébreux étaient également dans leur droit, *puisque ces peuples étaient idolâtres.*

C'est ainsi qu'on raisonne encore en plein dix-neuvième siècle !

Ce n'est pas assez que de pareilles doctrines aient ensan-

glanté le moyen âge, que l'inquisition ait allumé ses
bûchers aux quatre coins du monde ; que sous le seul règne
de Philipe II d'Espagne, soixante-douze mille Espagnols
aient perdu la vie au milieu des flammes, dans la chambre
de tortures, ou sur la paille humide des cachots de Torquemada; ce n'est pas assez de toutes les guerres de religion, de
tout le sang versé depuis dix-huit siècles...

Il est toujours là, cet homme funeste qui de tout temps
s'est arrogé le droit d'asservir la pensée et de torturer les
corps, il est toujours là attendant le moment favorable pour
ressaisir son autorité, et de nouveau étendre sur le monde ce
vaste deuil de la liberté, qui enraye pour des siècles le
libre arbitre de l'humanité, jette les peuples dans la poussière, et les rois sous le talon de Rome.

Il est toujours là ! Il n'a pas modifié ses doctrines, depuis
le jour où sortant de derrière l'autel où le pieux Indou faisait
ses offrandes à Dieu, il se créa brahme, c'est-à-dire oint du
Seigneur et fils de Dieu. Il est prêt, comme au temps de Moïse,
à massacrer encore les Chananéens, à ouvrir de nouveau
les prisons du saint-ofice... Il n'abandonne rien du passé.

Heureusement que le passé l'abandonne!

On ne croit plus à lui... mais on croit mieux à Dieu !

CHAPITRE VI.

UNE LÉGENDE DE LA BIBLE. — LE LÉVITE D'ÉPHRAÏM.

A l'idée de Dieu au temps des patriarches indous nous avons opposé l'idée de Dieu telle qu'elle se dégage de l'œuvre de Moïse. Opposons maintenant à la légende védique la légende de la Bible; il en est qui ne sauraient être trop vulgarisées.

LE LÉVITE D'ÉPHRAÏM.

(*Livre des Juges.*)

« Un lévite qui habitait sur le penchant de la montagne d'Éprhaïm, avait pris une femme de Bethléem qui, est en Juda.

« Sa femme le quitta, et étant retournée à Bethléem, en la maison de son père, elle demeura chez lui pendant quatre mois.

« Et son mari la suivit, voulant se réconcilier avec elle, et parler à son cœur et la ramener, et il avait avec lui un serviteur et deux ânes. Sa femme le reçut bien, et l'introduisit dans la maison de son père; celui-ci ayant appris sa venue, et l'ayant aperçu vint à sa rencontre avec joie.

« Et ayant embrassé sa femme, il demeura dans la maison de son beau-père durant trois jours, buvant et mangeant à son aise.

« Le quatrième jour, le lévite se levant avant le jour voulut s'en aller, mais son beau-père le retint et lui dit : Mangez un peu auparavant pour vous fortifier, et après vous partirez.

« Ils s'assirent donc et ils mangèrent et burent ensemble, et le père de la jeune fille dit à son gendre : Je vous prie de demeurer ici aujourd'hui, afin que nous nous réjouissions encore.

« Or le lévite, se levant voulut s'en aller, mais son beau-père le conjura avec tant d'instance qu'il le retint chez lui.

« Le lendemain matin le lévite se préparait à s'en aller, mais son beau-père lui dit de nouveau : Je vous prie de manger un peu auparavant, afin qu'ayant pris des forces, vous vous en alliez quand le jour sera plus avancé ; ils mangèrent donc ensemble.

« Et le jeune homme se leva pour s'en aller, avec sa femme et son serviteur, mais son beau-père lui dit encore : Considérez que le jour est fort avancé, et que le soir approche ; demeurez encore chez moi aujourd'hui et réjouissons-nous, vous partirez demain pour retourner en votre maison.

« Son gendre ne voulut point consentir à ses prières ; mais il partit aussitôt et vint près de Jébus, qui s'appelle aussi Jérusalem, conduisant avec lui ses deux ânes chargés et sa femme.

« Et ils étaient déjà près de Jébus, et le jour se changeait en nuit, lorsque le serviteur dit à son maître : Entrons, je vous prie dans la ville des Jébuséens, et passons y la nuit.

« Son maître lui répondit : Je n'entrerai point dans la ville d'un peuple étranger, qui n'est pas des enfants d'Israël, mais je pousserai jusqu'à Gabaa.

« Et quand je serais arrivé là, nous y demeurerons, ou du moins en la ville de Rama.

« Ils traversèrent donc Jébus, et continuant leur chemin, le soleil se coucha près de Gabaa qui est dans la tribu de Benjamin.

« Et ils allèrent à Gabaa, pour y demeurer, et y étant entrés ils s'assirent sur la place de la ville, et personne ne voulut les recevoir, ni leur donner l'hospitalité.

« Et voilà sur le soir, un vieillard qui revenait des champs après son travail, et qui était lui-même de la montagne d'Éphraïm et qui demeurait comme étranger en la ville de Gabaa ; car les hommes de ces contrées étaient enfants de Benjamin.

« Ce vieillard, levant les yeux, vit le lévite assis sur la place de la ville, avec son léger bagage, il lui dit : D'où venez-vous, où allez-vous ?

« Le lévite répondit : Nous sommes partis de Bethléem en Juda, et nous retournons en notre maison qui est sur le penchant de la montagne d'Ephraïm d'où nous étions allés en Bethléem, nous allons maintenant en la maison de Dieu, et personne ne veut nous recevoir sous son toit.

« Nous ne demandons que l'hospitalité, car nous avons de la paille et du foin pour les ânes, avec du pain et du vin pour moi, ma femme et mon serviteur.

« Le vieillard lui répondit : La paix soit avec vous. Je vous donnerai tout ce qui vous sera nécessaire. Je vous prie seulement de ne point rester sur cette place.

« Et il les introduisit dans sa maison, et il donna à manger aux ânes, et après que le lévite et sa femme eurent lavés leurs pieds il les reçut à sa table.

« Pendant qu'ils mangeaient, fatigués du chemin, et qu'ils se rassasiaient et se désaltéraient, des hommes de cette ville qui étaient des enfants de Bélial, c'est-à-dire sans frein, vinrent et environnant la maison du vieillard, commencèrent à frapper à la porte, criant au maître de la maison et lui disant : *Faites sortir cet homme qui est entré chez vous, afin que nous abusions de lui.*

« Le vieillard sortit pour leur parler et leur dit : Gardez-vous de commettre un pareil acte sur un homme à qui j'ai offert l'hospitalité !

« *J'ai une fille vierge, et cet homme a sa femme,* je les amènerai toutes deux vers vous, et vous assouvirez sur elles votre passion ; je vous prie seulement de ne point commettre cet acte à l'égard d'un homme qui est mon hôte.

« Et comme ils ne voulaient rien entendre, le lévite amena lui-même sa femme, et la mettant à la porte, il l'abandonna à leurs outrages. Et après avoir abusé d'elle pendant toute nuit, le matin ils la laissèrent.

« Et la femme, lorsque les ténèbres de la nuit se dissipaient, revint à la porte de la maison où était couché son mari, et y resta étendue.

« Le matin, le lévite se leva et ouvrit la porte pour continuer sa route, et il vit sa femme gisant devant la porte, les mains étendues sur le seuil.

« Croyant qu'elle était endormie il lui dit : Levez-vous et allons nous en ; mais elle ne répondit rien. Il reconnut qu'elle était morte, et il la prit et la mit sur son âne et retourna en sa maison.

« Arrivé chez lui, il prit un couteau et partagea le corps de sa femme avec ses os en douze parts, et envoya une part à chacune des tribus d'Israël.

« Ce que les enfants d'Israël ayant vu, ils s'écrièrent : Jamais rien de semblable n'a été fait en Israël depuis le jour que nos pères sortirent d'Égypte... »

Cet épisode, que nous ne voulons point citer en entier, se termine par la destruction presque totale de la tribu de Benjamin à qui appartenait la ville de Gabaa. Mais après cette exécution en masse, les Hébreux regrettèrent d'avoir exterminé une de leurs tribus, et pour réparer le mal, comme il restait encore cinq à six cents hommes de la descendance de Benjamin, ils envoyèrent dix mille d'entre eux, égorger tous les habitants de la ville de Jabes-Galaad, hommes, femmes, vieillards, petits enfants, dans l'unique but de s'emparer le toutes les vierges qu'ils pourraient rencontrer en cette ville, pour faire des épouses pour les Benjamites échappés au massacre; et c'est ainsi que la tribu de Benjamin fut reconstituée.

Voilà les récrits dont la Bible juge à propos d'émailler de temps en temps l'histoire du peuple de Dieu, et c'est par ces aimables et poétiques épisodes, qu'elle se repose du brigandage et du massacre des peuples voisins qui, suivant M. de Genoude, *ne possédaient pas les vérités essentielles* révélées aux Hébreux, qui permettaient à ces derniers de tuer les idolâtres et d'enlever leurs filles.

La Bible étant définie ainsi par l'école théologique romaine :

La parole de Dieu consacrée par la tradition et fixée par la sainte Écriture !

Il s'ensuit, et c'est l'opinion admise, qu'il n'y a pas une ligne, pas un mot qui ne soient révélés, dans ce livre étrange... bâti de pièces et de morceaux, par Moïse et les prophètes, au profit d'un despotisme théocratique inintelligent et barbare.

Singulière révélation que celle qui ne se complait qu'au milieu des plus révoltantes obscénités, et conçoit un Dieu qui fait connaître sa volonté par de tels moyens.

Vous vous trouvez en face d'un assassinat : Dieu l'a ordonné, donc il est légitime.

Toute une nation est passée au fil de l'épée : figure du châtiment que Dieu réserve aux méchants.

Le lévite d'Ephraïm abandonne sa femme à une troupe d'hommes qui, pendant toute une nuit, abusent d'elle et la violent :

C'est une figure de la parole de Dieu prêchée au milieu de populations idolâtres et corrompues qui la méconnaissent.

Osée reçoit l'ordre de Dieu, de se choisir une femme parmi les filles faisant métier de la prostitution :

Et M. de Genoude s'écrie sans sourciller :

« *L'épouse de fornication que Dieu fait prendre à Osée, est une image de l'union de Dieu avec un peuple coupable de prostitution spirituelle !!!* »

Voyez-vous Jéovah qui d'un côté, fait violer des femmes jusqu'à ce que mort s'ensuive, pour *montrer le sort réservé à sa loi, chez les méchants*, et de l'autre, fait épouser des filles de joie, *comme image de son union avec un peuple coupable de prostitution spirituelle.*

Quel dévergondage d'esprit et de langage !

Quel pervertissement de la conscience !

Faut-il s'attrister ou rire ?

Et dire que ceux qui ne veulent point se mettre à genoux devant de pareilles turpitudes, tout en faisant au vrai Dieu dans leur cœur, un temple d'humilité, de reconnaissance, de foi et d'amour... sont traités d'athées et de brigands par toute une caste, qui n'admet rien d'honnête et de vrai en dehors d'elle.

Quand je vois Dieu avec sa majesté sereine planer au-dessus de nos tristes querelles, sévère dans sa justice pour l'homme parce qu'il l'a créé libre, plus enclin au pardon qu'au châtiment en raison de l'imperfection de notre nature, quand je dégage son image de toutes les turpitudes bibliques qui ne sont que des inventions humaines, c'est en vain que vous me lancez vos foudres et vos anathèmes, ma conscience est tranquille ; car celui qui lui parle n'a besoin, pour se faire entendre d'elle, ni des buissons ardents, ni de l'ânesse de Balaam, ni de Moïse, ni des prophètes ni des rédempteurs !

Continuez à voir dans le mariage d'Osée avec une fille publique, *une image de l'union de Dieu avec un peuple coupable de prostitution spirituelle*... mais ne riez plus du prêtre océa-nien qui fait avaler la lune au dieu Thi. Il n'est que ridicule, et vous, vous êtes des blasphémateurs !

Non ! jamais Dieu n'a légitimé ni le pillage, ni l'assassi-nat, ni les massacres de nations, ni le rapt des vierges, ni l'impureté, et c'est en vain que vous tentez de rattacher à la majesté divine, la cruauté et l'obscénité de vos légendes.

Vous êtes bien les héritiers des lévites d'Israël ! l'inqui-sition, la Saint-Barthélemy, le massacre des Vaudois, les bûchers sacrés de la foi, une longue suite enfin de suppli-ces et de proscriptions, vous relient aux égorgements en masse de la loi mosaïque...

Pourquoi, remontant plus haut dans le passé, n'avez-vous point préféré vous rattacher aux patriarches et aux mora-listes de l'Indoustan, qui avait émis sur la divinité et le rôle de l'homme sur la terre, des idées autrement sublimes que celles du législateur hébraïque ?

Vous les avez connus cependant ces livres sacrés de l'O-rient, dans lesquels vous avez puisé les principes de morale l'idée de la trinité, vos sacrements, et toutes les cérémonies de votre culte. Mais vous n'avez copié que le brahmanisme, c'est-à-dire la révolution sacerdotale. En remontant jusqu'à

la religion naturelle vous rendiez au monde la *vérité*, l'unité
de Dieu et la liberté.

Pouvant émanciper vous avez dominé!

Vous avez préféré rester prêtres!

Reposons-nous du lévite d'Éphraïm par l'hymne d'Yavana et Nourvady.

CHAPITRE VII.

YAVANA ET NOURVADY.

Traduit du samscrit. (Nikâra, *Hymnes*.)

Il est une vérité qui ne saurait être mise en doute aujour-
d'hui, c'est que l'Inde ait été l'initiatrice des peuples anciens.

Tous se rattachent à elle par leur langage, leurs mœurs,
leur littérature, leurs souvenirs religieux. On sait qu'il n'est
pas une expression grecque ou latine, qui ne soit dérivée du
samscrit; qu'Homère n'est qu'un écho du Ramayana; que la
tragédie grecque a copié la tragédie indoue, comme Racine
et Corneille ont à leur tour copié Eschyle et Sophocle (nous
publierons bientôt, dans son entier, la tragédie samscrite de
Phèdre); que le panthéon mythologique de l'antiquité est issu
du panthéon brahmanique; que le livre de la loi de Manou
a engendré celui de Manès en Égypte, de Minos en Grèce, et
que Mosès, lui a emprunté les rares préceptes moraux qui
çà et là émergent de son livre de sang.

Quand les études samcrites auront complétement dégagé le
passé, on verra qu'Hippocrate ne fut qu'un vulgarisateur de la
médecine ancienne des temples de l'Orient, qu'Euclide et Archimède, élèves d'Alexandrie, se formèrent en Égypte, à l'étude
des sciences mathématiques léguées par l'antiquité indoue.

Chose étonnante, en voyant cette antiquité grecque, qui
tout à coup et presque sans passé nous apparaît dans toute
sa splendeur artistique, philosophique, scientifique et littéraire, jusqu'à nos jours le monde moderne, ne se douta jamais qu'il y avait là l'œuvre de cinquante à soixante siècles
au moins, et de plusieurs centaines de générations d'hommes.

N'ayant point encore entrepris les études de linguistique

et d'ethnologie, qui viennent chaque jour nous démontrer
l'impossibilité de l'intuition scientifique, nous apprendre que
chaque découverte n'arrive qu'à son heure, que chaque progrès est péniblement conquis par le temps et le travail, les
siècles derniers, ne pouvant déchirer le rideau des temps fabuleux et héroïques de l'ancienne Grèce, se laissèrent aller à
une admiration sans bornes pour cette pléiade d'hommes de
génie qui, dans toutes les branches, semblaient être arrivés
d'un seul bond à un niveau qui, si l'on excepte les sciences
exactes, sera peu dépassé par l'humanité.

Ils ne se doutaient pas que derrière Homère, Hérodote,
Socrate, Platon, Eschyle, Thucydide, Protagoras, Anaxagore,
Sophocle, Euripide, Aristophane, Cratinus, Sapho, Tyrtée,
Phydias, Appelles, Callicrate, Zeuxis, Pharrasius, Euclide,
Archimède, Hippocrate, et une foule d'autres, se trouvaient
quatorze à quinze mille ans de l'ère indoue et de civilisation
orientale, et que le grec était du samscrit presque pur !...

Les idées religieuses se transmirent plus servilement encore, et si le panthéon vulgaire abandonné par les prêtres au
culte de la foule, avec les temps, les lieux, les mœurs et les
peuples, se modifièrent souvent sans cependant perdre pour
cela leur cachet d'origine, il n'en fut pas de même des
croyances mystérieuses, sur l'unité de Dieu et la création,
réservées aux initiés du sacerdoce, qui passèrent dans toute
leur pureté de la pagode aux temples, arches, tabernacles,
autels ; du brahme à l'hiérophante, au lévite, et au prêtre.
Et de même que la croyance se maintint dans sa simplicité et son intégrité symbolique, de même les poésies religieuses se transmirent d'âge en âge, sans qu'on osa y toucher, dans leur essence qui se rattachait au culte et aux
mystères. Longtemps, les chants sacrés se conservèrent sans
autres transformations que celles que la paraphrase ou la
traduction dans une autre langue leur faisaient subir.

C'est ainsi que nous verrons les poëtes hébraïques se constituer prophètes avec la plus grande facilité, par la paraphrase et l'imitation des chants sacrés de la haute Asie et de
l'Inde, qu'ils étudièrent dans leurs voyages, ou pendant les
nombreuses captivités qu'Israël dut subir.

Les rois quand ils faisaient alliance, juraient mutuellement sur leurs livres de la loi; les livres sur lesquels on
avait juré s'échangeaient, et étaient précieusement conservés dans l'intérieur des temples, et je ne doute point que
David et Salomon qui, les premiers, sortirent de l'orgie mosaïque pour aborder la poésie religieuse, n'aient été engagés
dans cette voie, par les livres sacrés de l'Orient dont ils eurent ainsi connaissance par leurs traités avec les peuples
voisins.

Nous ferons dans un prochain ouvrage cette vérité incontestable, lorsque nous examinerons l'œuvre des prophètes
hébraïques, puisée tout entière dans les traditions de l'Orient,
et que nous opposerons le texte au texte. pour tous les passages où il nous a été donné de retrouver dans l'Inde le
souffle initiateur.

De même que toutes les sectes chrétiennes transmettent
aujourd'hui à leurs adeptes leurs livres sacrés, avec les mêmes préceptes, les mêmes épisodes historiques et religieux,
de même, toutes les religions de l'antiquité ayant puisé aux
mêmes sources, transmirent aux prêtres la même Écriture
sacrée, les mêmes mystères, les mêmes croyances, et à la foule
les mêmes superstitions...

On ne lira pas sans intérêt le chant de Nourvady, dont
nous donnons ici la traduction d'après le Nikâra.

Ce morceau, d'une poésie mi-religieuse, mi-profane, destiné à célébrer l'amour, paraît avoir été l'hymne type de
l'antiquité. Vina-Sana-Iati, le poëte bouddhiste l'a para-
phrasé dans son ode à Srî. Zoroastre l'a imité dans l'hymne
d'Yrany, et certainement Salomon n'a fait que suivre ce mouvement poétique d'imitation, lorsque pour donner à son peuple un chant d'amour, il composa le Cantique des cantiques.

YAVANA ET NOURVADY.

YAVANA.

« Voici l'heure ou Ma monte de la mer dans le ciel, l'herbe
divine du cousa se redresse sur sa tige embaumée, et la brise

des nuits qui souffle du côté des montagnes de l'ouest vient
rafraichir la terre.

« Quelle est cette ombre qui traverse les bosquets en fleurs,
si doucement que la colombe n'en est point troublée dans
son nid? n'est-ce pas ma bien-aimée qui vient apaiser la soif
d'amour qui me dévore?

« Ma bien-aimée est vierge et pure; nul n'a cueilli les premières fleurs de son printemps, aucun homme n'a vu son
visage, et dans tous le pays de Madura, nulle oreille n'a
frémi du murmure de sa voix!

« Là-bas, dans la forêt consacrée, sur les bords du lac couvert de lotus, est la maison de ma bien-aimée; quand elle
délie son pagne pour l'ablution du matin et du soir, les esprits des eaux sont jaloux de sa beauté.

« Ses yeux sont plus doux que ceux de la génisse qui re-
flètent la mer et les cieux, sa bouche est plus suave que le
parfum d'Oupacarma, et le miel d'Imaüs est moins embaumé
que le souffle qui s'échappe de ses lèvres.

« Sa taille est souple comme celle d'un jeune lys qui s'é-
lève au-dessus des buissons incultes, sa démarche a la
grâce de la jeune gazelle qui bondit autour de sa mère, sa
voix ressemble à la musique céleste du ciel d'Indra qu'on
entend dans les rêves.

« Au murmure du ruisseau, au chant du boulboul, à la
plainte du ramier, elle m'a dit : C'est ce soir que je quitterai la maison de mon père, pour venir reposer sur ton sein.

« Où donc est-elle? j'ai couvert ma natte de fleurs pour
recevoir le pagne blanc de la vierge, Ma s'avance rapidement
dans le ciel, l'ombre des éléphants tombe à l'est, et je n'entends pas le bruit de ses pas.

« Vents qui traversez les mers, aquilons qui soufflez sur
les plaines de sable, douces brises de la nuit qui faites parler
les feuilles des bois, dites : n'avez-vous pas vu ma bien-
aimée, qui peut la retenir loin de moi?

« Quelle est cette ombre qui traverse les bosquets en fleurs,
si doucement que la colombe n'en est point troublée dans
son nid? n'est-ce pas ma bien-aimée qui vient apaiser la soif
d'amour qui me dévore?

NOURVADY.

« Voici l'heure où Ma monte de la mer vers le ciel, l'herbe divine du cousa se redresse sur sa tige embaumée, et la brise des nuits qui souffle du côté des montagnes de l'ouest vient rafraîchir la terre.

« Quel est ce bruit qui traverse les bosquets en fleurs, si doucement que la colombe n'en est point troublée dans son nid? Ah ! c'est la voix de mon bien-aimé qui m'appelle auprès de lui.

« J'irai et je m'étendrai à ses côtés sur sa couche couverte de fleurs, car ma bouche a soif de ses baisers, et le premier il déliera le pagne de la virginité, et ma taille ploiera sous l'étreinte de son bras robuste. Je t'aime, ô mon bien-aimé, et j'accours près de toi, comme le fidèle ramier qui revient sur la branche qui porte son amour et ses petits.

« Je dormais, et la voix de mon bien-aimée est venue frapper à ma porte; c'est l'heure propice, et j'ai parfumé ma tunique, mes cheveux et mon corps, et je suis partie malgré les bruits sinistres qui frémissaient dans l'air, et murmuraient dans les eaux, malgré la rosée de la nuit...

« Dites-moi, jeunes vierges du Pindhawar, et vous, femmes du Valdahor, dites-moi si vous connaissez mon bien-aimé? sa taille est plus droite que celle du palmier, ses cheveux plus abondants que les tiges de nelly dans les rizières.

« Son regard est amoureux comme celui de la gazelle, ses lèvres brûlent quand elles s'appuient sur mon sein ; qu'il est beau et que son amour est enivrant. J'irai dans les jardins et je tresserai des couronnes de fleurs pour orner sa chevelure.

« Ses lèvres distillent un baume plus pur que celui de l'amrita, son regard m'a blessé au cœur, sa voix est douce et sonore comme celle du jeune éléphant, et je languis depuis le jour où, le voyant passer, je le distinguai parmi tous les jeunes hommes et l'appelai par son nom.

« Et voilà qu'une voix s'est mise à chanter dans mon cœur, que mes flancs ont tressailli d'aise, que ma poitrine a bondi, et que la jeune vierge a **vu** s'écouler les premières larmes de l'amour et de la fécondité !

« Et j'ai dit à mon bien-aimé : j'irai ce soir près de toi, et le pagne blanc de la vierge s'étendra sur ta natte en fleurs; il doit m'attendre, et sa **vue** réjouira mon âme, et ses baisers calmeront le délire de mon cœur.

« Vous, qui me voyez courir dans la nuit, esprits des eaux qui présidez aux rosées bienfaisantes, ne me demandez point où va ma pensée, où se dirigent mes pas, quel est le but de mes désirs?

« Entendez-vous ce bruit qui traverse les bosquets en fleurs, si doucement que la colombe n'en est point troublée dans son nid? Ah! c'est la voix de mon bien-aimée qui m'appelle auprès de lui !...

YAVANA.

« Est-ce toi, Nourvady, qui, fidèle à ta promesse, viens me visiter ce soir, et sur ma natte couverte de fleurs, te reposer, ta bouche sur ma bouche et ton cœur sur mon cœur?

NOURVADY.

C'est la vierge du lac de Pindhawar, qui, fidèle à sa promesse vient ce soir te visiter, et sur ta natte couverte de fleurs se reposer, sa bouche sur ta bouche et son cœur sur ton cœur.

YAVANA.

« Que tu es belle, ô ma bien-aimée, que tu es belle! que ta taille est souple et flexible; tes seins qui bondissent d'amour sont comme deux blanches colombes qui battent de l'aile dans leur nid.

NOURVADY.

Que tu es beau et que tu es fort, ô mon bien-aimé! tout en toi est souple et robuste, je suis comme la liane qui s'enroule autour du puissant sandal et qui s'imprègne de son parfum.

YAVANA.

« Ta bouche est un nectar dont mes lèvres s'enivrent, comme l'abeille fait d'une fleur. Comme ton beau corps frémit sous mon étreinte, que ton amour est délicieux !

NOURVADY.

« Mes oreilles n'entendent plus les bruits de la terre, l'obscurité de mes yeux est complète; que me fait le jour, que me fait la vie, que me font les fleurs, que me font les fruits !

« Que me fait le soleil, l'oiseau qui chante dans les bois, les grands fleuves qui roulent leurs cours vers la mer, que me fait la nature entière ! J'aime et je meurs d'amour dans les bras de mon bien-aimé !

YAVANA.

« Écoute, Nourvady, ô ma bien-aimée, ma compagne, laisse ta tête reposer sur mon bras, enivre-moi d'amour, ne regrette point ta maison et tes jeunes sœurs, en toi vient d'éclore une nouvelle vie... Que tu es belle, ô ma bien-aimée !

NOURVADY.

« Je n'entendais point et tu as ouvert mes oreilles, je ne voyais point et tu as ouvert mes yeux, mon cœur était muet et tu l'as fait parler. O mon bien-aimé, mon époux, je suis à toi et je te prodiguerai mon amour, tant que bêleront les agneaux, tant que les arbres porteront des fruits !

« Tant que Gangea roulera vers la mer ses flots argentés, tant que Sourya éclairera le monde et que Brahma régnera au séjour céleste. »   *Nikâra* (hymnes).

Nous n'avons pu rendre aussi bien que nous l'eussions désiré cette poésie étrange, figure admirable de l'amour universel qui remonte aux premiers âges du monde, et que les rapsodes indous chantent encore aujourd'hui dans les cérémonies de mariage des hautes castes, en se faisant donner la réplique par une bayadère.

Cet hymne appartient à l'âge patriarcal, et c'est sûrement

un des premiers morceaux rythmés que composa le poëte
inconnu qui découvrit l'art de cadencer sa pensée.

A ce titre, il devait trouver place ici. Qu'on le compare au
Cantique des cantiques de Salomon, et qu'on veuille bien les
lire tous les deux en dehors de tout esprit de secte et de
toute idée religieuse, et l'on reconnaîtra que le chant indou
est de beaucoup supérieur à l'autre, et comme charme poétique, et comme allégorie, et comme netteté d'idées.

C'est la même fiction, l'union de l'homme et de la femme
par l'amour, que tous les peuples anciens, à l'imitation de
l'Inde, ont chantée dans un hymne spécial et conservé avec
un égal respect dans leurs livres sacrés.

Il est une faiblesse qui nous vient de notre genre d'éducation, dernier reste de la tradition du moyen âge, dont nous
nous sommes défaits en matière de sciences exactes, mais qui
résiste encore sur le terrain philosophique religieux et littéraire : c'est l'admiration en masse, l'admiration de convention!...

Combien trouvez-vous d'hommes, je ne dis pas qui aient
lu, — il y en a peut-être un certain nombre, — mais qui
aient étudié le Cantique des cantiques?... Bien peu, je vous
assure.

Et cependant il n'en est pas un qui, interrogé à l'impro-
viste sur le mérite de ce chant poétique, ne réponde par les
exclamations d'usage : splendide ! sublime!...

Eh bien, j'ose affirmer que ce chant biblique, dont on fait
un si rare morceau, n'est qu'un recueil de versets chantés
dans les fêtes publiques par différents groupes, composant et
se renvoyant séance tenante ces stances, ainsi que cela se
pratique encore dans tout l'Orient.

Je n'ai que le temps de dégager l'idée dans le cadre restreint de ce volume; il y a là, pour qui connaît les mœurs
orientales, un magnifique sujet d'études sur les mœurs
poétiques de toute l'Asie.

Il y a dans ces contrées, dont un ardent soleil développe
toutes les imaginations, deux sources poétiques bien différentes d'où émanent, d'un côté, la poésie sacrée et héroïque,
et de l'autre, la poésie vulgaire.

La poésie sacrée et héroïque, éclose à l'ombre des temples, se compose de morceaux religieux et historiques concourant à faire un ensemble, bien que chaque épisode, souvent même chaque page, ait eu un auteur différent. Tels sont les védas, le Ramayana, l'Illiade, la Bible, et chez les Scandinaves, les eddas.

Là le chant est bien rhythmé, et l'idée se développe dans un ordre logique, malgré la longueur apparente de certains récits épisodiques qui étaient dans l'esprit du temps.

C'est une œuvre de poëte, et, ne s'y livraient, dans l'intérieur des pagodes et des temples, que ceux qui avaient reçu le souffle inspiré.

La poésie vulgaire n'a pas la même origine, tout homme est poëte en Orient, si l'on peut appeler poésie l'exagération du sentiment rendu par l'exagération de l'expression.

Le domestique de la plus infime caste que vous renvoyez, s'il a regret de vous quitter, au lieu de vous dire simplement qu'il s'en va avec peine... prendra immédiatement le soleil, la mer, les montagnes à témoin qu'avant huit jours il sera mort de regrets. Il est de bonne foi quand il parle ainsi.

Ajoutez à une pareille organisation l'ignorance la plus complète de toutes choses, dans laquelle les prêtres les ont tenus à toutes les époques, et vous comprendrez que les orientaux ne peuvent être réunis à quinze ou à vingt sans organiser des chœurs poétiques, avec quatre à cinq groupes qui, chacun leur tour, scandent en nazillant un couplet sur un sujet donné, cela leur tient lieu de conversation...

Il arrive dans ce cas, bien que le sujet adopté domine toujours l'ensemble, que les stances n'ont entre elles aucun rapport d'idées, chaque groupe va de son côté et, sans perdre de vue le sujet, semble le développer à sa manière.

Survient-il une comparaison, une idée poétique, qui séduit tout le monde, tous les groupes les reprennent à leur tour et les reproduisent en variant la forme.

Un exemple pour donner à ma pensée une forme plus sensible :

Je me trouvais un jour aux environs de Trichnopoli, dans un village dont le chef venait d'avoir un fils, une nombreuse assistance était réunie sous la vérandah de la maison, et les groupes s'étaient organisés à la veillée ; l'événement du jour fut naturellement le sujet de la composition. Voici le sens de quelques strophes du début :

1er *Groupe.*

« Avez-vous entendu les cris de douleur qui partaient de la maison de Ramsamy-Modely? mais il y a eu aussi des cris de joie, car l'enfant qui fait pleurer la mère réjouit la famille.

2e *Groupe.*

« La douleur et la joie, c'est la vie et la mort, c'est l'enfance et la vieillesse, c'est l'hiver et le printemps : la joie est fille de la douleur !

3e *Groupe.*

« Savez-vous d'où viennent les fleurs, savez-vous qui féconde les grains de mil et de riz, savez-vous d'où viennent les sources où se désaltère le voyageur?

4e *Groupe.*

« Savez-vous le nom de sa mère, n'est-elle point fille de Sina-Tamby? Qu'elle était belle lorsqu'elle reçut à son cou le tali du mariage, elle jouait encore avec ses compagnes, et voilà maintenant qu'elle a produit un fils.

5e *Groupe.*

« Les heures vont devenir mauvaises, les esprits des eaux commencent à s'agiter dans la nuit; femmes, où êtes-vous? avez-vous tracé devant la porte et sur le chemin, les signes qui conjurent les mauvais présages?

1er *Groupe.*

« L'herbe magique du cousa, croît le long des étangs sacrés, c'est sur elle que fût couché le fils de Devanaguy la vierge ;

femmes, avez-vous cueilli de cette herbe, pour entourer la natte du nouveau-né?... etc. »

Nous bornons là notre citation : on peut voir par ce simple aperçu, le chemin que fait en peu de temps ce genre de poésie dans le domaine de la fantaisie.

Ce chant qui se continua fort avant dans la nuit, par une série d'association d'idées vagabondes, effleura les sujets les plus curieux, il y eut même un couplet en l'honneur des assistants étrangers... Le propre de ce genre de poésie est, que l'on peut à son gré, après les avoir écrits, bouleverser tous les couplets, les changer de place, sans rendre le morceau ni plus obscure ni plus clair. Ainsi que nous l'avons dit, une idée générale plane sur l'ensemble, mais rien ne relie les strophes entre elles.

Le Cantique des cantiques, est une improvisation dans ce genre, dont Salomon a pu diriger les chœurs, mais on aura beau lui donner du sublime, on ne lui enlèvera pas son cachet, on ne l'empêchera point d'appartenir à la poésie vulgaire de l'Orient, qui possède des centaines de morceaux, ni meilleurs ni plus mauvais que celui-là.

Vous pouvez prendre toutes les strophes de l'hymne hébraïque, les mélanger ensemble, commencer la lecture par le commencement, par le milieu ou par la fin, vous ne changerez rien au sens : l'idée de l'union des sexes par l'amour, domine le tout, mais il n'est pas deux strophes qui aient un accord logique entre elles.

Quatre à cinq groupes au moins, ont concouru à composer le Cantique des cantiques, et il suffit de lire attentivement ce morceau de poésie pour voir que chaque groupe l'a traité en entier à sa manière, mais sous l'inspiration des mêmes idées, ce qui fait que ce cantique n'est qu'un composé de quatre ou cinq chants différents sur le même sujet.

Il serait facile et curieux en même temps de restituer à chaque groupe ce qui lui appartient, et de reconstituer le chant primitif, en faisant pour l'ensemble, le travail suivant, que nous ne faisons qu'indiquer pour une comparaison

qu'un seul auteur n'eût point répétée quatre fois dans le
même morceau.

1er *Groupe.*

« Je t'ai comparée, ma bien-aimée, à ce jeune coursier du
char de Pharaon.

Tes joues sont belles comme le plumage de la colombe, ton
cou brille comme les pierreries.

2e *Groupe.*

« Que tu es belle, ma bien-aimée, que tu es belle; tes yeux
sont les yeux de la colombe...

« Tes joues sont comme la grenade et brillent à travers
ton voile.

3e *Groupe.*

« Ses yeux sont doux comme les colombes qui reposent
sur les bords des fleuves...

« Ses joues sont comme un vase d'aromates artistement
mélangés.

4e *Groupe.*

« Que tu es belle, ô ma bien-aimée; ma colombe est unique,
elle est parfaite...

« Ses joues sont comme la grenade et brillent à travers son
voile... »

Ceci pourrait se faire pour le morceau tout entier, on en
tirerait quatre chants complets entre-croisant leurs strophes
et leurs réponses, ou se pouvant chanter séparément.

Deux exaltant les charmes et la beauté de la bien-*aimée*, et
deux célébrant les attraits, la force et la grâce du bien-
aimé.

Le peu de netteté et de logique qu'on remarque dans ces
comparaisons, accuse également l'origine vulgaire de cet
hymne :

« Ses joues sont comme un vase d'aromates... moi, je suis

comme une muraille, et mon sein est comme une tour... Tes dents sont comme des brebis qui sortent du lavoir..., etc. »

Presque toutes les images sont de cette force, et il faut être facile à l'hyperbole pour voir dans ce morceau le chef-d'œuvre de la poésie...

Hymne à la divinité, invocations et prières, légendes patriarcales, toutes ces inventions de l'Inde ancienne, que nous venons d'étudier, ne sont pas seulement puissantes par le souffle poétique, elles témoignent à chaque pas d'un amour ardent pour Dieu, d'un respect profond pour la morale, qu'aucune époque n'a depuis jamais éprouvé à un égal degré.

Le chant d'amour d'Yavana et Nourvady, nous montre que les poëtes du temps patriarcal, suivant la recommandation de Manou, savaient être chastes, jusque dans la peinture des passions les plus ardentes, et que ce n'est point l'Inde qui donna le signal de la décadence poétique par la description de scènes licencieuses ou contre nature.

Même après la révolution religieuse accomplie par les brahmes, alors que pour faire oublier au peuple la perte de son indépendance, et les pures traditions de ses ancêtres, ses dominateurs le pousseront aux jouissances matérielles : la poésie érotique, quoiqu'un peu plus accentuée du côté des sens, restera digne et chaste dans l'image et l'expression ; elle quittera les temples et les hymnes d'amour symbolique pour les chants de la nature, et inspirera la poésie grecque.

Elle chantera les fleurs, les parfums, la beauté, les joies et les tristesses de la nature, avec une délicatesse de tons que nul poëte ne dépassera dans l'avenir ; mère à la fois d'Anacréon, de Tibulle et d'Horace, elle imprimera sur le monde un cachet poétique au moins égal à la trace puissante que laisseront, d'un autre côté, les sciences morales, philosophiques et religieuses.

Alors que tout l'effort de la poésie hébraïque n'arrive qu'à chanter l'amour matériel avec de ces expressions qu'on ose à peine citer, détaillant grossièrement les seins, les cuisses et toutes les beautés cachées de la bien-aimée... la poésie indoue, dans ses plus grandes audaces, n'aura pas un mot, pas une comparaison qui puisse blesser la pensée.

Il faut le dire à l'honneur de ces populations de l'Indoustan, qui débutèrent dans la vie par un rigorisme que les stoïciens eurent de la peine à égaler, les vices honteux qui furent les plaies de l'Égypte et d'Israël, que la Grèce poétisa, que Sapho chanta à Lesbos, qui firent de Socrate, suivant l'expression de Boileau, *le très-équivoque ami du jeune Alcibiade*, et qui encore aujourd'hui rongent l'Arabie, l'Afrique et une partie de l'Asie, leur furent et leur sont encore complétement inconnus.

L'Inde conserva le culte de la femme et de la beauté, et ne souilla jamais la nature!...

Aussi ne saurait-on trouver dans l'immense trésor poétique que nous a légué cette admirable contrée, une seule de ces pièces, qu'un homme et une femme ne sauraient lire ensemble, et qui déparent l'œuvre d'Anacréon et de Sapho.

Et si Virgile lui-même, le doux Virgile, a chanté les amours du pasteur Corydon et du jeune Alexis à une époque où il n'existait plus de berger même en Arcadie, on peut être assuré que le cygne de Mantoue n'a point puisé son inspiration dans les traditions poétiques que les itala (en samscrit, hommes de basses castes) avaient apporté de la haute Asie.

De cette honnêteté de mœurs, sortirent une série d'églogues, d'idylles et de poésies amoureuses, qui servirent de modèles à la poésie légère d'Athènes et de Rome qui leur emprunta ce qu'elles eurent de plus tendre et de plus délicat.

La plupart des chants d'Anacréon et de Tibulle, s'étaient conservés par la tradition, et furent simplement recueillis et traités à nouveau par ces poëtes, que Ronsard et les poëtes de la Renaissance imitèrent à leur tour.

En terminant cette revue trop rapide, des premiers temps de l'Inde, qui demanderaient à être étudiés par plusieurs générations d'indianistes pour être révélés dans toute leur splendeur. On nous saura gré de donner la traduction d'une des plus charmantes églogues du poëte Viradj-Snata et d'une fable de Casyappa. Après la poésie religieuse des prières et des légendes, après l'hymne à l'amour éclos dans l'intérieur des pagodes et qui se chantait comme une image de l'amour du créateur pour la nature. On ne nous accusera point de sortir de notre sujet si nous accordons ici une petite place à la poésie profane.

Par ce côté encore, nous prouverons une fois de plus que l'Inde a été l'*Alma parens,* de toutes les nations de l'antiquité.

CHAPITRE VIII.

AVRITA ET AVANY.

PASTORALE DU POÉTE INDOU VIRADJ-SNATA.

Traduit du samscrit.

AVRITA.

Viens avec moi, ma chère Avany, aux rives ombreuses de Gangea, nous ferons ensemble nos ablutions.

AVANY.

Oses-tu bien me parler ainsi, c'est à peine si quatorze printemps ont fleuri sur ma tête...

AVRITA.

C'est l'àge des amours.

AVANY.

Non, je veux me parer encore une fois à la fête prochaine de couronnes tressées avec l'herbe divine, et de fleurs de lotus non écloses, symboles des vierges. Que diraient mes compagnes, si je m'allais baigner seule avec un berger.

AVRITA.

Viens près de moi, dans ces bosquets pleins d'ombre, et je te chanterai un hymne que j'ai composé en l'honneur des génies bienfaisants protecteurs des moissons.

AVANY.

Cesse de me faire entendre ta voix séduisante, je veux rester vierge en la demeure de mon père, et entrer vierge en la demeure de mon époux.

AVRITA.

Tu n'as donc jamais entendu dans le calme des nuits, les vents tièdes des plaines du Channamwar te murmurer des mots d'amour.

AVANY.

Je les ai entendus.

AVRITA.

Tu n'as donc jamais vu dans tes songes la figure de celui que tu dois aimer.

AVANY.

J'ai fait l'invocation consacrée, et je l'ai vue.

AVRITA.

Où est-il celui que ton cœur a choisi? pourquoi ne vient-il pas te parler le langage du bien-aimé?

AVANY.

Qui te dit qu'il ne m'ait point encore parlé ce langage?

AVRITA.

Je surveille tes pas, et moi seul jusqu'à ce jour t'ai dit que tu étais belle; est-ce mon image que ton cœur a entrevu dans tes songes ?

AVANY.

Je ne puis te répondre.

AVRITA.

Il n'est pas une de tes compagnes qui ne fut jalouse de recevoir le tali de mes mains, et de manger le riz grillé sous la vérandah de ma demeure.

AVANY.

Vois, la nuit s'avance, laisse-moi partir, car en nous voyant seuls ensemble, les esprits des bois vont nous envoyer mille propos moqueurs.

AVRITA.

Je t'appelais Avany la belle, mais je ne veux plus te nommer qu'Avany la cruelle?... Pourquoi repousse-tu mon amour? Au bout de ce sentier, est ma maison, construite sur les bords d'un étang, dans les eaux duquel se joue un couple de cygnes noirs, viens, je veux te les donner?...

AVANY.

Quoi! tu portes ta main profane sur mon pagne!... Redoute ma colère!... Mais non! tu me vois à tes pieds, écoute mes supplications,... la nuit trouble mes sens, j'ai peur... accompagne-moi près de ma demeure, et je croirai à ton amour.

AVRITA.

Partons, je le veux bien, mais c'est pour la dernièret fois que tu as entendu mes paroles... Je suis seul en la maison de mon père pour lui fermer les yeux, et accomplir sur sa tombe les cérémonies funéraires. Avant peu on entendra une voix se désoler, et semblable à l'éléphant qui a perdu son nourrisson, mon père se lamentera près du bûcher de son fils...

AVANY.

Eh quoi, tu veux mourir?

AVRITA.

Je presserai sur mes lèvres la fleur du calpa, et pour moi commencera la nuit sans réveil...

AVANY.

Tu ne feras point cela.

AVRITA.

Dès ce soir ; à l'heure ou Ma montera silencieusement daus le milieu du ciel, j'irai cueillir les fleurs.

AVANY.

Je t'aime, j'accepterai le tali de tes mains, et je mangerai le riz grillé sous la vérandah de ta maison. Je ne veux pas que tu meures.

AVRITA.

Tu pleures, Avany, laisse-moi boire dans un baiser, les perles qui s'échappent de tes longs cils...

AVANY.

J'ai peur !...

AVRITA.

Pourquoi trembles-tu dans mes bras ?

AVANY.

Par pitié, laisse-moi !

AVRITA.

Tiens, reçois ces caresses, et ces baisers brûlants sur ton cœur.

AVANY.

Où me cacher !...

AVRITA.

Ne crains rien, tout est silencieux autour de nous.

AVANY.

Songe, songe à mon père... Il ne m'écoute plus !

AVRITA.

Laisse, ma bien-aimée, ton beau corps s'incliner sous mon étreinte...

AVANY.

Il a brisé ma ceinture !

AVRITA.

Libre de ces voiles importuns, reçoit maintenant, ma
chère Avany, le premier baiser de ton époux.

Ne dirait-on pas une idylle de Théocrite? tout dans ce petit morceau, pensées et forme poétique rappelle le génie **grec**
La filiation indoue de la pastorale et de l'églogue **ne peut**
pas plus être mise en doute que celle de la fable que **les**
Athéniens avouaient eux-mèmes avoir empruntés **aux**
Syriens, c'est-à-dire à l'Asie. Ce genre de poésie n'est
logique qu'aux époques patriarcales, quand les mœurs qu'il
décrit sont encore en honneur, mais il n'avait **pas plus**
sa raison d'être au siècle de Périclès, qu'aux siècles d'Auguste ou de Louis XIV. Chants naïfs des premiers âges, où
la vie de l'homme s'écoule au milieu des champs et des **trou-**
peaux, les églogues, pastorales, et autres bucoliques ne **sont**
plus de leur temps dans la bouche de Théocrite, de Virgile,
de Ronsard ou de Chénier. Et c'est avec raison que nous ne
trouvons dans l'Inde, ce genre de poésie, que dans le Prâsada
qui est le recueil de toutes les traditions religieuses et poétiques de l'époque patriarcale. C'est pour cela également que
nous avons placé la pastorale de Viradj-Snata dans cette première partie de notre œuvre.

Ce genre si complétement abandonné aujourd'hui, ne fut
certainement admis par les poëtes grecs et latins **que par**
respect pour la tradition. Et l'histoire nous apprend que
Théocrite, qui le révéla à la Grèce, l'avait apporté de l'Égypte
et de l'Asie où il avait passé la plus grande partie de sa vie.

Il est à peu près certain que l'œuvre de ce poëte, ne fut
que l'imitation d'œuvres plus anciennes, qu'il recueillit dans
ses voyages. — La connaissance plus approfondie du samscrit et la traduction de tous les ouvrages que nous a légué
l'Inde ancienne, prouveront avant peu, que l'antiquité grecque a copié aussi servilement l'antiquité indoue, en philosophie et en littérature, qu'elle-même a été copié par nous.

Il est une filiation pour l'esprit comme il en est une pour
les races. Toutes les nations procèdent les unes des **autres,**

il suffit de retrouver la première empreinte, le point de départ du sillon.

Ainsi pour la fable :

La Fontaine a copié Phèdre, Phèdre a copié Babrias, Babrias à copié Ésope, Esope a copié le fabuliste indou Pilpay de l'époque royale, Pilpay a copié Ramsamyayer de l'époque brahmanique, et Ramsamyayer a copié Casyappa de l'époque patriarcale. Voilà une généalogie indiscutable, car les œuvres de ces différents fabulistes nous sont restées et il suffit de les interroger pour se convaincre qu'aucun d'eux n'a pris la peine de dissimuler son imitation.

La même filiation existe et se peut démontrer pour toutes les autres branches de la littérature, de la philosophie et des arts.

De l'étude de l'Inde ancienne, est sortie pour nous la conviction que la fable fut le drame de l'âge patriarcal; n'osant mettre en scène l'homme et ses vices, les premiers moralistes se servirent des animaux à qui ils prêtèrent nos qualités et nos défauts pour flétrir par un moyen détourné, ce qu'ils ne pouvait attaquer de face, ou donner d'une manière attrayante des leçons de morale usuelle.

Quand la famille et la tribu furent devenue peuplade, et qu'il n'y eut plus à craindre de frapper trop directement tel ou tel membre d'un même clan, la fable fut abandonnée pour la satire des mœurs, et les premiers essais de comédie se produisirent.

La tragédie ne vint que beaucoup plus tard, et seulement, lorsque les hommes eurent appris des prêtres et des rois l'art de s'égorger pour la plus grande satisfaction de leurs maîtres.

Le drame poétique de l'Inde exige une étude particulière, que nous aurons peut-être le loisir de lui consacrer plus tard.

Terminons, par deux fables empruntées à Casyappa, cette course, à travers les premiers âges de la haute Asie, si rapide, que c'est à peine si nous avons eu le temps de tracer les grandes lignes de notre sujet.

Ce que nous ambitionnons par-dessus tout, c'est de bien

faire connaître l'Inde, d'indiquer le plus possible les sources originales, où nos ancêtres ont puisé, de vulgariser le plus de faits, le plus de choses, le plus de preuves destinées à établir notre filiation et la maternité de l'Inde, à démontrer enfin que la civilisation philosophique, morale, littéraire et surtout religieuse des temps modernes, n'est pas un progrès sur le passé, et que l'âme bien interrogée, a de tous temps su développer les vérités immortelles dont Dieu lui a donné la notion.

Ce que nous tenons à prouver c'est que l'homme des premiers âges, fut honnête, vertueux et bon parce qu'il fut libre, que de cette époque datent les idées les plus simples et les plus sublimes sur Dieu et la morale, que toutes les sectes religieuses prétendent aujourd'hui avoir inventées, et que le règne du prêtre et du roi, fût le signal de la dégradation humaine.

Depuis six mille ans et plus nous éteignons les bûchers sacerdotaux avec notre sang. Depuis six mille ans et plus, nous payons aux rois le droit de respirer, d'engraisser leurs valets et de nous agenouiller dans la poussière... Il est temps de suivre le chemin que nous trace la jeune Amérique !...

Le jour où chacun sera convaincu en France, que l'Inde a été tuée par le brahme, l'Egypte par les hiérophantes, Israël par les lévites... et qu'ainsi finira tout peuple qui subira le joug sacerdotal...

Le jour où chacun connaîtra bien l'origine de toutes ces révélations, et de tous ces rédempteurs qui depuis des siècles se copient les uns les autres. Arrachant Dieu aux mains qui l'exploitent, nous saurons, à l'imitation de nos premiers ancêtres, lui rendre le pur hommage qui lui est dû, et les peuples ne se laisseront plus parquer comme des troupeaux sous l'autorité despotique d'un maître, au nom d'un Dieu dont on voile l'image par de grossières superstitions, de la famille dont on viole les droits, de la propriété dont on méconnait les devoirs...

Ecoutez cette fable de Casyappa : ce n'est pas seulement un des plus vieux monuments littéraires de l'histoire de l'humanité, c'est aussi un enseignement, car en voyant comment une simple allégorie successivement imitée par tous les fabulistes jusqu'à La Fontaine est arrivée jusqu'à nous, on comprendra mieux, comment les superstitions religieuses inventées par les brahmes dans l'intérêt de leur puissance ont pu se perpétuer, d'âge en âge, adoptées par les prêtres de tous les cultes.

CHAPITRE IX.

DEUX FABLES DE CASYAPPA.

Suivant la chronique des Indous, Casyappa, le père de la Fable, aurait vécu environ douze mille ans avant notre ère. C'était un vanaprastha ou anachorète du second ordre, ayant quitté la compagnie des autres ermites pour mener la vie solitaire du dévôt ascétique, telle qu'elle est indiquée par la sainte Écriture.

Qu'on ne s'étonne point de cette date, en apparence si reculée pour nous qui ne sommes nés que d'hier, nous prouverons bientôt, suivant l'expression du savant M. Halled, que peu de peuples ont des annales plus authentiques et une chronologie plus sérieuse que celle des Indous.

A certaines époques de l'année le saint personnage se rapprochait des lieux habités, apportant aux hommes, dans des apologues et allégories familières, le fruit de ses méditations. Son procédé, comme fabuliste, est des plus intéressant ; à chaque maxime, principe de morale ou proverbe, il consacre deux fables. Le premier de ces petits drames, concis, sobre de développements, rapide dans son action, est destiné à se graver profondément dans la mémoire des auditeurs, le second élargit le cadre, se complaît dans les descriptions et les détails, et augmente l'intérêt de l'action de tout le charme de la poésie.

LE TIGRE ET LE RAT PALMISTE.

« Un tigre dormait dans le sombre réduit d'un bois. Un rat palmiste qui jouait sur une branche avec sa femelle se laissa par mégarde tomber sur l'animal et le réveilla.

« Le tigre rugit de colère, et le rat palmiste se crut mort. Mais le roi de la jungle était de bonne humeur, il lui fit grâce de la vie.

« Sur le soir, en sortant de sa tanière, le tigre se laissa prendre dans un piége et fit trembler la campagne de ses hurlements. Or le rat palmiste accourut avec sa femelle, et tous deux ayant rongé les cordes du piége, le tigre fut délivré.

*
* *

« O homme, cette fable te montre que la force doit être douce à la faiblesse, puisqu'un tigre a eu besoin d'un rat. »

L'ÉLÉPHANT ET L'ÉCUREUIL.

« Un jour, dans le pays de Kouzou-Mapoor, il avait tant plu que les fleuves avaient quitté leur lit et que les étangs et les lacs avaient débordé. »

« Et de toutes parts les animaux fuyaient vers les montagnes pour échapper à la mort.

« Sachez, vous qui m'écoutez, que par les mers, par le soleil et par la pluie, Brahma a voulu que l'eau si nécessaire aux hommes se dépouillât constamment de ses impuretés.

« Et que l'eau qui tombe du ciel est la seule dont les saints ermites et les mounis doivent se servir pour les ablutions.

« Or un éléphant qui gagnait en toute hâte la montagne, car le péril était grand, même pour les animaux de sa race, aperçut un écureuil qui se cramponnait avec des cris plaintifs à une branche d'arbre emportée par les flots.

« Touché de compassion, il arrêta la branche avec sa longue trompe, dont l'écureuil se servit immédiatement comme d'un pont pour venir s'asseoir sur sa tête, entre ses deux oreilles.

« Ils cheminèrent ainsi toute la journée et arrivèrent sur le soir dans une contrée que l'inondation n'avait pas envahie.

« C'était sur les bords de la mer, et aussi loin que la vue pouvait s'étendre pas un brin d'herbe n'apparaissait sur le terrain sablonneux.

« Comment allons-nous faire pour manger, dit l'éléphant à son petit compagnon, ce n'est rien d'avoir échappé à l'eau, si nous devons mourir de faim ?

« Ne crains rien, répondit l'écureuil, s'il n'y a point d'herbe ici, les cocotiers ne manquent pas et nous donneront une nourriture délicieuse.

« Hélas ! continua l'éléphant, tu sais bien que c'est un arbre qui défie ma force, il plie et ne casse jamais, comment veux-tu que je fasse pour cueillir des fruits et couper des branches qui sont si loin au-dessus de moi?

« Eh bien, fais comme moi, répond l'écureuil, et en deux ou trois bonds le petit animal atteignit la touffe de verdure au sommet du cocotier.

« Voilà que tu m'abandonnes, lui dit tristement le pauvre kapin (en samscrit, éléphant), c'était bien la peine que j'arrête la branche qui t'emportait.

« Comme il disait ces mots, une grosse noix de coco, dont l'écureuil avait rongé la tige, vint tomber à ses pieds, et après celle-ci une autre, puis une autre encore, puis des branches en telle quantité qu'après en avoir mangé à sa faim, il lui en resta encore une forte provision pour le lendemain.

« Et l'éléphant, quand il fut rassasié, dit à son ami : Ne trouves-tu point singulier, toi qui es si petit, d'avoir pu donner à manger à un animal aussi gros que moi.

« Et l'écureuil répondit : Cela prouve que l'on peut avoir besoin d'un plus petit que soi.

*
* *

« O homme, cette fable te montre que les bonnes actions reviennent toujours à celui qui les accomplit, et qu'une bonne action ne reste jamais sans récompense. »

Ne sont-ce point là les fables que de Casyappa à Pilpay

et Ésope, de Phèdre à La Fontaine et Florian, les anciens et modernes, ont copié à l'envie, sans y rien changer ni comme action ni comme moralité.

La force doit être douce à la faiblesse.

On peut avoir besoin d'un plus petit que soi.

Une bonne action ne reste jamais sans récompense.

De pareils exemples peuvent se passer de commentaires, la preuve se fait d'elle-même : ce n'est pas de l'imitation éloignée, c'est de la copie servile...

Il n'est pas d'argument qui puisse démontrer avec plus de force l'influence de l'Inde sur le monde entier ancien ou moderne, car il est clair que toutes les langues descendant du samscrit, toutes les autres branches de littérature, les sciences philosophiques et religieuses, ont au même titre que la fable, suivi les émigrations qui dispersèrent sur le globe, les traditions de la mère patrie.

Nous pourrions multiplier les exemples, et à toutes les fables d'Ésope et de La Fontaine opposer la fable originale de Casyappa et de Pilpay, mais trop de sujets exigent de nous un travail identique, pour que nous puissions nous arrêter plus longtemps sur celui-ci.

Quelle abondante moisson pour l'avenir, lorsque tous les sujets que nous ne faisons qu'effleurer seront traités avec soin, que tous les ouvrages samscrits qui s'y rapportent seront traduits, et qu'avant d'étudier l'antiquité grecque, on étudiera l'antiquité indoue dans dans ses moindres détails.

On verra, nous ne saurions trop le répéter qu'Anacréon, Euclide, Sophocle, Euripide, Hipocrate, Archimède, et toute cette période de grands hommes que l'on avait cru jusqu'ici sans devanciers, sans initiateurs, ne sont, comme Ésope et Babrias, tantôt que des imitateurs, tantôt que des copistes.

Les anciens qui tous, notre histoire même nous l'indique, se rendaient en Asie pour perfectionner leurs études, et puiser au foyer original, aimèrent peu à indiquer les sources de leurs écrits, préférant garder pour eux seuls le tribut d'admiration que leur attiraient leurs œuvres. Cependant ils ne s'y trompaient pas entre eux, et ils savaient parfaite-

ment d'où venaient leurs traditions, et ou se trouvaient
les ouvrages qu'ils imitaient ou copiaient.

N'est-ce pas Virgile qui a dit :

> Jamque domum mirans genitricis et *Indica* regna,
> Omnia sub magna labentia flumina terra
> Spectabat diversa locis : Phasimque Lycumque
> Et caput unde pater Tiberinus et alta fluenta
> Errumpunt *Rheni.* . . . .

CHAPITRE X.

SIMPLE COUP D'ŒIL EN ARRIÈRE.

Nous en avons fini avec cette rapide revue des temps
primitifs de l'Inde. Grâce aux vieux manuscrits des pagodes
du Carnatic et du Malayalam, provinces du sud qui de tout
temps échappèrent aux invasions du nord, il nous a été possible de jeter quelque lumière sur la civilisation antérieure
aux védas et à la grande révolution religieuse accomplie par
les brahmes.

C'est avec peine que nous nous arrachons à l'étude de
cette splendide époque, pour continuer à travers les âges,
l'historique du développement de la domination sacerdotale. Comme il eut été plus conforme à nos goûts, de n'étudier dans ce volume qui n'y eut point encore suffi, que cette
période patriarcale, — premier pas de l'humanité dans les
plaines de l'Indoustan et les vallées de l'Hymalaya, — si
féconde en enseignements de toute nature, si intéressante
pour l'histoire de notre berceau.

Mais il est une tâche que nous nous sommes imposé d'accomplir, et qui ne sera peut-être point sans utilité, c'est de vulgariser l'Inde ancienne, au point de vue philosophique, littéraire et religieux, de bien indiquer les liens qui rattachent à
elle tous les peuples, de prouver que tous les systèmes religieux les plus élevés, comme les superstitions les plus grossières viennent de là, et enfin de bien caractériser ce régime
sacerdotale sous lequel l'Orient tout entier est mort, sous lequel nous tomberions à notre tour, si les ouvriers du libre
examen ne se fussent levés dès la première heure, et au
milieu des proscriptions, des tortures et des bûchers de la

foi, n'eussent proclamé le dogme de la liberté humaine.

Si nous ne voulons ensanglanter l'avenir, il faut anéantir à bref délai, ce despotisme inintelligent, ce monstrueux égoïsme hiératique, qui ne comprend les nations que comme des troupeaux bien disciplinés, léchant la main du pasteur à chaque brebis que l'on tond, à chaque bœuf que l'on égorge...

Et pour l'anéantir, il faut lui enlever son auréole, lui prouver que Dieu n'a été de tous temps dans ses mains qu'un instrument, que sa prétendue révélation n'est qu'une rénovation des mystères de l'Orient, une copie servile des croyances et des cérémonies brahmaniques, et qu'il n'y a d'autres révélations que les saintes lois de la conscience.

Quand nous lui aurons démontré, qu'il n'est pas un de ses mystères, pas un de ses sacrements qui ne dérivent des brahmes, que de l'eau bénite à la bannière, au chapelet et au scapulaire, tous les signes extérieurs de son culte viennent des pagodes;

Quand on sera bien persuadé que depuis des milliers d'années l'hiérophante joue toujours le même rôle, que les prophètes, les rédempteurs, les miracles, les sortiléges ne sont que des moyens de domination qu'il emploie à période fixe pour raffermir son autorité ébranlée;... que partout et dans tous les temps il s'est opposé à l'instruction des masses, pour que la lumière ne se puisse faire dans ses jongleries... Alors l'homme voyant clair sous le masque se débarrassera d'un vigoureux coup d'épaule de ce mendiant sacré, allié naturel de tous les despotismes qui consentent à le protéger.

Si minces que soit nos efforts c'est pour la liberté et la dignité humaine que nous sapons le préjugé religieux, le culte du lévite et du brahme, et pour restituer à Dieu cette grande figure toute de bonté et de pardon, qu'ont entrevue et adorée nos ancêtres.

Inutile de nous traiter d'athée, messieurs de la Salette et de Lourdes, nous avons en Dieu une foi ardente, mais nous refusons d'admettre tous les crimes dont on a souillé son image, nous refusons de nous incliner sous la main qui l'exploite... Et nous ne pouvons nous empêcher de rire en remarquant à vos cous et dans vos mains, les chapelets, les images, les gourdes, les bourdons que nous avons déjà vu trainer dans la poussière des grands chemins de l'Inde, aux processions de Siva...

Allez... vous avez beau faire, cette foi qui transporte les montagnes, qui soulève, comme le vent les épis mûrs, des nations tout entières au profit d'une idée fausse dont elles s'enthousiasment, cette foi est morte dans vos cœurs; vous n'obéissez plus qu'à un mot d'ordre... et ce n'est pas vous qui redorerez la tiare de Rome, ou qui nous ramènerez le *saint Roy* guérisseur d'écrouelles. Vous étiez trente mille, dit-on, dans la vallée de Lavédan, à cette agape cléricale et immaculée qu'on a appelé le réveil de la France! Sur trente-six mille communes, ce n'est pas un sacristain par paroisse!...

Et puis, vrai! vous ne savez pas vous y prendre; vous vous servez des chemins de fer, vous emportez de grosses provisions, vous vous habillez, vous ne manquez de rien, comment voulez-vous qu'on vous distingue d'un **train de** plaisir? ce n'est pas ainsi que procède la vrai piété.

.Venez voir ici les Indous abrutis par les brahmes, c'est eux qui savent faire une procession, et se rendre à un pèlerinage. Égrenant leurs chapelets, marchant sur leurs genoux, tous les dix pas embrassant leur scapulaire, n'ayant d'autre nourriture qu'un peu d'eau et de riz grillé, nus et exposés à toutes les intempéries du climat, ils s'en vont à la queue leu-leu, deux à trois cent mille à la pagode de Djad-gernat, supplier Siva de chasser l'étranger, et de rétablir le pouvoir sacerdotal...

Nous vous recommandons cela pour la prochaine manifestation!

De ridicule cela peut devenir dangereux, c'est pour cela qu'il faut tuer le présent par le passé, et montrer à tous que depuis son apparition dans le monde, le prêtre a toujours fait de Dieu un instrument d'oppression et de bouleversement politique...

Cette première partie de l'histoire de l'Inde, que nous venons d'étudier et qui est aussi celle du monde, peut se résumer dans ces quelques mots : Unité de Dieu, — culte simple, dénué de tout mystère, de toute superstition, — autorité et sacerdoce du père de famille, — croyance enl'immortalité de l'âme, — le fils rédempteur du père après sa mort par les cérémonies funéraires qu'il accomplit sur sa tombe, — culte des ancêtres, — en un mot religion naturelle.

Nous avons vu par les invocations, les hymnes, les prières, les légendes parvenues jusqu'à nous, quelles idées sublimes cette civilisation primitive, sut émettre sur Dieu, la conscience et la vie future! idées dont les sages, les prudents et les philosophes spiritualistes de tous les temps, se sont emparés sans que leurs systèmes et leurs discussions d'école aient pu y ajouter une seule vérité.

Dieu est un, la conscience est responsable et libre, l'âme est immortelle, aimez-vous les uns les autres, rendez le bien pour le mal : tout cela a été dit et écrit dès l'époque patriarcale, et toute la science religieuse et morale de l'humanité est dans ces quelques paroles.

Au Dieu d'Adgigarta, de Soudama le Semeur, du primitif Manou et des védas, nous avons opposé le Dieu de Moïse et de la Bible.

D'un côté la lumière, le pur et le sublime!

De l'autre, l'obscurité, le mensonge, la superstition, l'obscénité, et le règne de la force brutale !

L'ère de Moïse opposé à l'ère patriarcale indoue est un étrange anachronisme, et nous ne l'avons commis que pour montrer que le législateur hébraïque, ne procède point de l'époque primitive, bien qu'il lui ait emprunté l'unité de Dieu, mais bien de l'époque brahmanique, à laquelle il se rattache par ses superstitions et son régime sacerdotal. Qu'y a-t-il de commun entre ce farouche chef de bande, toujours prêt pour le massacre, précurseur de Mahomet, qui s'imposa par les mêmes moyens, et les hommes qui dans leur amour pour la divinité, et comme complément d'une vie paisible, et toute chargée de bonnes actions, se retiraient dans les bois et consacraient à la méditation et à la prière leurs derniers instants?

Que dire d'hommes qui ont trouvé de pareilles maximes, et y ont soumis leurs actions :

« De même que l'eau purifie ce que la terre souille, de même l'amour de Dieu et la pratique de la vertu purifient l'âme. »

Tout concourait en ces temps reculés à donner à chacun, l'amour de Dieu et du prochain, le respect de soi-même, et le désir d'arriver au seuil de la vie future, avec l'espoir de la récompense finale.

La mort était une seconde naissance.

Ouvrez ce vaste recueil du Prâsada, pas un hymne, pas une prière que le philosophe le plus éclairé, ne consentît à adresser à Dieu, même encore aujourd'hui. Et il n'est pas jusqu'à la fable qui, ainsi que nous l'avons vu, est d'origine patriarcale, qui n'ait été conçue dans le but d'allier l'enseignement moral à la recréation de l'esprit.

Nous allons voir comment cette civilisation, si simple, si conforme à nature de l'homme, si digne dans le culte qu'elle rendait à Dieu, fut démolie pièce à pièce, par la vaste conspiration sacerdotale, qui s'est étendue sur le monde depuis dix mille ans et plus, et contre laquelle l'esprit moderne, tendant à revenir aux pures doctrines des premiers âges, a levé l'étendard de la révolte.

Puissions-nous, en ressoudant à travers les siècles les anneaux qui relient les prêtres de Rome aux lévites et aux brahmes, les bûchers catholiques aux hécatombes de l'Asie, en dévoilant l'origine de leurs mystères, de leurs superstitions, de leurs envoyés célestes issus de vierges et fils de Dieu, faire comprendre aux nations modernes, qu'elles n'ont qu'un moyen de salut : l'*instruction* des masses !

Qu'importent les travaux des penseurs, des philosophes, qu'importe le livre, qu'importent les progrès politiques péniblement conquis ! *il n'y aura rien de fait, entendez-vous,* tant qu'on pourra trouver chez un peuple, une masse tellement ignorante du passé, et inconsciente de ses actes, qu'il n'y a souvent pas l'épaisseur d'un cheveu entre l'argument qui la mène au pillage, et celui qui la conduit à Lourdes.

Haine à l'obéissance servile.

De quelque part qu'elle vienne, de la rue ou du temple, c'est un legs sacerdotal du passé.

Le peuple doit penser par lui-même.

Et pour qu'il pense par lui-même, il a droit à l'instruction, comme il a droit à l'air qu'il respire.

Depuis plus d'un siècle, l'Amérique n'a pas eu un homme mis à mort légalement, pas un emprisonné, pas un déporté pour croyances politiques, religieuses ou sociales.

Voilà ce qu'a produit la liberté sur les ruines du despotisme sacerdotal et royal !

Et d'un côté comme de l'autre vous n'arriverez pas à ce résultat, sachez le bien ! soit en fusillant des prêtres, soit en déportant des ouvriers.

Vous éternisez les haines, et ne faites que replâtrer le mur de la maison.

Depuis cinquante ans, les esprits politiques les plus distingués, se sont bornés à tâcher d'édifier un monde nouveau avec les morceaux du vieux : est un homme de génie celui qui trouve une solution d'un jour. Insensés qui ne voient pas que le peuple libre et sans instruction, c'est la foudre sans direction, c'est le fleuve sans digue, et qu'ils n'auront vraiment rompu avec l'esprit hiératique, pansé les blessures du passé, et fait quelque chose de vraiment humanitaire, que le jour ou ils auront inscrit en tête de nos codes, cet article si simple :

L'école communale est obligatoire pour tous sans distinction de fortune ou de position jusqu'à seize ans.

C'est ainsi que l'Amérique a fondé et conserve sa liberté.

CHAPITRE XI.

UN TEXTE DE SOUMATI RITWIDJ.

« A l'époque du crita-youga (premier âge, âge d'or) les hommes vivaient paisiblement entre eux, la terre produisait au delà de leurs besoins, et leur vie exempte de querelles et de soucis, s'écoulait dans la contemplation du divin Para-Pouroucha (Être suprême) et l'attente de la vie future.

« Émanation de l'âme suprême, l'âme humaine se considérait comme en exil sur cette terre, et aspirait ardemment après le bonheur de s'absorber dans le sein de Brahma.

« C'est à cette époque de méditation et de prière, que furent composés les immortels védas, et le livre de Manou-Swayambhouva qui, inspirés par la divinité furent considérés comme la règle de la conduite des hommes.

« Plus tard, quand le travail devint plus pénible, la terre moins fertile, les besoins plus grands, les agglomérations d'hommes plus pressées, quand les fils de Nayarana (un des noms de Dieu) ne se contentant plus de l'autorité du père de famille et des *anciens* se furent donné des chefs qui les conduisirent à la guerre, peu à peu les instincts mauvais se développèrent au point que le mal contrebalança le bien.

« Et pendant ces deux époques du tetra-youga et du dwapara-youga (âge d'argent et âge d'airain) qui suivirent, il est arrivé souvent que des brahmes corrompus, ont dans l'intérêt de la classe sacerdotale et des rajahs, intercalé dans le texte des livres saints, des passages blâmables, destinés à satisfaire leur amour des richesses, et leur passion de domination sur les autres hommes.

« Il est certain que nulle part la sainte Écriture n'a dû éta-

blir cette division des castes, si enracinée aujourd'hui, mais
si injuste, que tous les prêtres reconnaissent qu'elle doit cesser lors de la prochaine incarnation de Christna, qui revien-
dra sur la terre combattre le cheval vampire. (Le cheval de
l'Apocalypse de saint Jean.)

« L'âge patriarcal ou crita-youga fut l'époque des pures
doctrines. Depuis, un voile de sang et d'ombre s'est répandu
sur toute la terre. »

(Soumaty Ritwidj)
Commentaires sur Manou.

DEUXIÈME PARTIE

L'INDE BRAHMANIQUE

ÉPOQUE DE LA TRINITÉ DE DIEU

DEUXIÈME PARTIE

L'INDE BRAHMANIQUE.

ÉPOQUE DE LA TRINITÉ DE DIEU.

AU LECTEUR!

Dans la préface de leur méthode élémentaire de samscrit,
MM. Émile Burnouf et Leupol, à propos des richesses philosophiques, littéraires, historiques, artistiques et religieuses
que renferme l'Inde ancienne, et que nous révélera une
étude approfondie de cette antique contrée, s'expriment
ainsi :

« Puisse notre livre hâter, ne fût-ce que d'un jour, la reconnaissance officielle de la langue samscrite et de la littérature indoue parmi les littératures et les langues classiques!
Puisse-t-il enfin contribuer à la régénération de notre littérature nationale, en donnant moyen au public d'arriver à la
pleine jouissance des hymnes, des épopées, des lois et des
drames de l'Inde ; en commençant à populariser au profit
de la science et de l'art, de la morale peut-être, des livres et
des noms aussi respectables que peu connus : innovation
féconde qui permettrait d'élargir simplement le cadre moderne où l'inspiration gréco-latine de nos pères a déjà su

placer tant de chefs-d'œuvre dans lesquels le monde admire
la vraie gloire de la France...

« Beaucoup de Français aujourd'hui veulent étudier l'O-
rient et surtout l'Inde, le public veut en connaître les idées
religieuses, politiques, sociales, en un mot, la civilisation.
Les professeurs commencent à comprendre qu'à la suite de
tant d'essais chimériques, il faut chercher dans le samscrit
presque seul *les origines de nos langues anciennes et modernes.*
Les historiens entrevoient là un monde à découvrir, à peine
signalé par les anciens et dont les idées ont pourtant exercé
une grande influence sur l'Occident. *Les philosophes sentent déjà
que pour échapper à la routine des vielles écoles, il faut remonter aux
sources fécondes où l'Inde a puisé.* Les artistes, s'ils ont effleuré
le Levant, n'ont rien demandé au véritable Orient, mais le
jour où ils l'auront abordé, ils y verront s'ouvrir une mine
inépuisable de sujets nouveaux pour la peinture et pour la
poésie. Que dirons-nous des hommes politiques? Sinon
qu'ils sont plus que personne intéressés à propager l'é-
tude de l'Orient, puisqu'ils représentent toutes les tendances et tous les besoins de notre époque. L'Église aussi a des
missionnaires qui jusqu'à ce jour n'ont point fait de prosélytes en Orient, faute d'avoir connu l'Orient; il importerait
donc aux évêques d'organiser puissamment l'étude du samscrit dans les maisons où se forment les futurs propagateurs
de la foi! »

On voit que nous sommes en communauté d'idées avec
MM. Burnouf et Leupol : linguistique, philosophie, morale,
littérature, histoire, tout retrouve son origine dans l'Inde, et
c'est aux sources fécondes où cette vieille terre a puisé que
l'esprit moderne doit aller se retremper; il n'est pas jusqu'à
l'art qui n'y puisse découvrir une mine inépuisable de
sujets nouveaux; la politique même y trouvera l'enseignement des tendances et des faits anciens,

Ainsi l'antiquité grecque et latine a donné ce qu'elle pouvait produire : l'inspiration qui nous est venu d'elle est
épuisée, il faut remonter à cette vieille civilisation de l'Inde
qui pendant des milliers d'années illumina l'Orient, et dont
le monde ancien ne fut qu'un pâle reflet.

La Perse, l'Asie-Mineure, l'Égypte, la Grèce, l'Italie, et d'un autre côté les pays scandinaves, germains et gaulois, ne furent peuplés que par des émigrations des basses castes qui, tout en emportant avec elles les traditions du berceau commun qu'elles n'avaient point connues dans leur pureté, leur firent subir encore de nombreuses transformations. Toutes ces traditions se retrouvent au pays d'origine, avec leur sens réel ou symbolique, et l'événement historique ou religieux qui leur a donné naissance.

C'est à cette œuvre de reconstitution de la civilisation la plus belle et la plus ancienne qui se soit produite dans le monde, que nous apportons notre modeste pierre, nous attachant surtout à la tradition religieuse de laquelle est sortie l'olympe païen et le ciel chrétien.

Le paganisme antique est né des superstitions, des fables abandonnées à la poésie et à la plèbe indoues par les brahmes.

Le christianisme est sorti des mystères, et des croyances que les brahmes avaient réservés pour eux et leurs initiés, dans le silence et la profondeur des temples.

Aussi croyons-nous que MM. Burnouf et Leupol, prêchent qui ne veut point entendre, lorsqu'ils parlent aux évêques d'organiser puissamment l'étude du samscrit dans leurs séminaires.

Nous sommes entièrement de leur avis lorsqu'ils disent que jusqu'à ce jour les missionnaires n'ont point fait de prosélytes en Orient, nous n'avons en effet pas vu un seul chrétien sérieux dans l'Inde, mais nous cessons d'être d'accord lorsqu'ils rejettent l'insuccès sur l'ignorance où ces missionnaires étaient de l'Orient.

Il y avait longtemps que les jésuites connaissaient le samscrit, et faisaient le silence autour de cette langue merveilleuse, lorsque le gouverneur Waren Hastings, William Jones et Colebrooke la révélèrent au monde savant. Plusieurs d'entre eux furent même reçus aux académies littéraires de Trichnopoli, où chaque membre devait présenter sa candidature dans un discours en samscrit et en vers.

Des centaines de missionnaires de tous ordres ont passé

dans l'Inde trente à quarante années de leur vie. On ne saurait donc faire aux uns ou aux autres, le reproche de ne pas
connaître l'Orient.

L'insuccès des missionnaires de tous les cultes catholique ou protestant, vient de ce qu'ils n'ont pu apporter à
cette vieille terre de l'Inde, aucune vérité morale, philosophique ou religieuse qui ne fût depuis des siècles enregistrée
dans le livre, gravée sur les pierres de l'autel, ou inscrite
au fronton des pagodes.

Ce que M. Burnouf et son collaborateur admettent pour la
philosophie, la morale, l'histoire et la littérature, est une
vérité plus évidente encore pour l'idée religieuse.

Mystères, incarnations, rédemptions, cérémonies, sacrements, le christianisme a tout tiré du brahmanisme, il s'est
approprié jusqu'au nom et aux aventures de Iezeus Christna.

La première chose que l'Indou répond au missionnaire,
c'est que ce n'est point la peine qu'il perde son temps à
écouter des choses qu'on lui enseigne aussi bien à la pagode.
Seuls les jésuites, par une idée de génie, étaient arrivés à se
faire accepter des Indous. Voyant que les cérémonies étaient
les mêmes, les mystères, les croyances religieuses identiques,
que la vierge Davanaguy était l'ancêtre de Marie, et Iezeus
Christna le prédécesseur de Jésus-Christ, et qu'il suffisait de
quelques concessions pour s'entendre, ils s'étaient fait
passer pour des brahmes venus d'Occident, et étaient en
train de faire un tout du brahmanisme et du catholicisme,
lorsque les congrégations rivales les firent condamner à
Rome...

Il est heureux que les papes aient eu des scrupules, car
l'habileté infernale de ces hommes, qui en étaient arrivés à
s'habiller, à manger, à vivre comme les brahmes, les eut
peu à peu, leur immense fortune aidant, conduit dans l'intérieur des pagodes, dont avec le temps ils eussent fait des
églises, supprimant le livre, l'inscription, le bas-relief, toute
tradition écrite ou gravée, substituant aux ouvrages samscrit des temps anciens, des ouvrages nouveaux entièrement
catholiques, et en samscrit également, faisant enfin la nuit
complète sur le passé.

Et l'on comprendra, comme cela leur eut été facile d'agir ainsi une fois acceptés comme des brahmes, quant on saura que tous les livres sacrés ou profanes de l'antiquité indoue ne se trouvent que dans les pagodes.

Les missions étrangères, qui ont reçu la succession de leurs frères en Loyala n'osent aller aussi loin, et sont beaucoup moins habiles qu'eux. Les prêtres de cet ordre ont débuté du reste, par une maladresse que les jésuites n'eussent jamais commise, ils se sont mis à brûler, dès leur arrivée, tous les ouvrages samscrits qui leur tombaient sous la main; cet acte de vandalisme stupide en leur aliénant les Indous, a été la fin de la comédie. On se défie d'eux aujourd'hui à tel point que quand un brahme de nos amis avec qui nous étudiions le samscrit, nous prêtait un ouvrage de sa pagode, il nous faisait jurer de ne pas le communiquer aux gens de la Mission.

Maintenant que leur tentative première ne se peut plus renouveler, les jésuites font comme les autres, une guerre acharnée au livre.

Donc ce n'est point par défaut de connaissance de l'Orient que pèchent les missionnaires; ils ne font pas de prosélytes parce qu'ils n'en peuvent pas faire à cause de la similitude du brahmanisme et du christianisme.

Et quant au samscrit, nous pouvons affirmer à MM. Burnouf et Leupol que, non-seulement leur appel ne sera pas entendu des évèques, mais encore que cette langue n'a pas d'ennemi plus acharnés qu'eux. Ils pourraient introduire facilement l'étude de la vieille langue mère dans leurs séminaires, en quelques années les missions pourraient former dans l'Inde autant de professeurs qu'il en faudrait. Eh bien, non-seulement ils ne feront jamais cela, mais encore emploieront-ils toute leur influence à empêcher le gouvernement de favoriser ces études.

Une école de samscrit dans l'Inde, comme pépinière de professeurs, doit précéder tout cours dans les Facultés : là seulement est le progrès de l'avenir; car il faut bien que la plupart des indianistes le sachent, on a beau savoir le samscrit grammatical, on n'est capable de lire et de traduire

dans leur véritable sens les ouvrages sacrés de l'Inde ancienne, qu'après avoir vécu dans cette contrée, respiré l'air
des pagodes, et reçu des brahmes initiés, la clef philosophique de tous ces symboles, de toutes ces allégories de la poésie sacrée, qui ne sont que des figures, et appartiennent à la
période de décadence.

Nous ne voyons point très-clair dans notre histoire, nous
ne savons même pas où fut Alésia, défendu par Vercingétorix ;
cela ne nous empêche point d'avoir la prétention d'étudier
de loin une civilisation vieille de quinze à vingt mille ans,
et de placer nos appréciations, et nos commentaires, avant
ceux de plusieurs générations de brahmes savants.

Telles sont les tendances de la science officielle : on imagine
des systèmes, on établit des classifications et des chronolo-
gies, on invente des peuples qui n'ont jamais existé, les
Aryens par exemple, sans se douter qu'il existe dans l'Inde
une science sérieuse et logique de toutes ces choses.

Les études du samscrit s'affaiblissent, et les trois quart de
ceux qui s'en occupent aujourdhui ne seraient pas capable
de traduire dix versets des védas ; je ne suis même point assuré qu'ils pourraient lire simplement une page de texte
sans faute.

Donc à tous égards, cette langue pour laquelle MM. Burnouf
et Leupol plaident avec toute l'autorité du savoir, devrait
être étudiée au centre même des traditions qu'elle représente, et une école de samscrit devrait être établie dans l'Inde,
à Pondichéry ou à Karikal.

Nous ne perdrons jamais une occasion de répéter ceci ; car
nous sommes persuadé que le jour où la France inaugurera
cette école, elle aura fait le premier pas, et le seul sérieux
jusqu'à ce jour, dans la voie de la reconstitution de ce passé
grandiose, qui ne saurait rester plus longtemps inconnu pour
l'honneur de l'humanité.

Nous qui avons soulevé un coin bien mince de ce voile,
nous pouvons dire que la moisson dépassera toute attente,
comme aussi elle sera la ruine de tous les mystères, de toutes
les sectes, de tous les préjugés religieux.

La vraie direction de ces recherches est à donner.

Les Allemands philosophient sur un mot, ergotent sur un texte, et se comprennent entre eux!...

Les Anglais étudient tout au point de vue de la Bible, soumettent tout aux nécessités de leur religion d'État...

Nos professeurs français apporteraient à cette étude, l'investigation dénuée de tout préjugé d'école, de race ou de caste, en un mot le véritable esprit qui doit présider à cette exhumation du passé.

Mais c'est en vain que nous demanderons, nous n'obtiendrons rien! Et le premier ministre de l'instruction publique qui osera prendre sur lui de tenter cette innovation, échouera, nous le lui prédisons, devant la coalition cléricale...

Nous sommes heureux d'avoir rencontré le texte que nous venons de citer, il nous a donné l'occasion de signaler le danger et d'indiquer l'ennemi, en même temps qu'il sert de trait d'union entre les diverses parties de notre œuvre, qu'il résume admirablement en exprimant cette idée :

Que la morale, l'histoire, la linguistique, la philosophie, la littérature et les arts, doivent aller se retremper aux vieilles sources orientales d'où ils sont descendus.

CHAPITRE PREMIER.

UNE PREUVE MATHÉMATIQUE.

Lorsque les études orientales vinrent, au XVIIIe siècle porter, le premier coup à la religion chrétienne, les adeptes de Rome tournèrent la difficulté par une manœuvre qui leur est familière, et qui consiste à poser leurs croyances comme des axiomes, à nier audacieusement tout fait, tout événement historique, toute découverte scientifique contraires à leurs principes, et à laisser constamment à leurs adversaires le lourd fardeau de la preuve.

Nous sommes *la vérité éternelle*, disent-ils tout d'abord, à vous, qui ne partagez pas nos doctrines, de prouver qu'elles sont fausses.

Il serait certainement logique de leur répondre : Vous, qui prétendez les imposer, commencez par nous indiquer sur quelles certitudes elles reposent... Mais la manœuvre a réussi, et au lieu d'être obligés de prouver eux-mêmes qu'ils existent, ils attendent paisiblement dans leur chaise curule qu'on leur démontre qu'ils n'existent pas !

Ainsi lorsque l'on commença à entrevoir que les idées d'unité et de trinité de Dieu, que les mystères, les cérémonies, les croyances judaïques et chrétiennes avaient une origine commune, et se rattachaient aux mythes religieux de la haute Asie, les écrivains catholiques nièrent énergiquement la possibilité de ces faits. Ils traitèrent de fable, l'antiquité de la civilisation de l'Inde qui suivant eux, ne remontait pas au delà de Porus, le vaincu d'Alexandre; les livres sacrés d'ouvrages apocryphes, le samscrit d'idiome informe.

et Volney qui avait entrevu, et William Jones qui prouvait d'imposteurs.

Ce n'est pas que le grand indianiste anglais ait touché aux questions religieuses, mais il apportait des choses si merveilleuses en législation, en morale, en philosophie, en science pure; il faisait allusion à tant d'autres qui se rapprochaient du dogme, et qu'il n'avait pas eu le loisir d'approfondir, que Messieurs de Loyola ne pouvaient le laisser passer sans le couvrir de boue; ils sentaient qu'une arme nouvelle était aux mains des philosophes, qu'ils allaient porter une impitoyable lumière dans les ténèbres du passé, renouer les anneaux brisés de la tradition humaine, et pouvoir dire, le doigt sur l'inscription, et la main sur le livre, *Ceci vient de cela!*

Bientôt la négation pure et simple ne fut plus possible. A William Jones avaient succédé Thomas Strange, Colebrooke, et après eux les Weber, les Lassen, les Burnouf, les Halled, toute une pléiade d'indianistes enfin vinrent démontrer l'existence des vieilles civilisations de l'Orient, et signaler de tels points de contact, de telles infiltrations philosophiques et religieuses, que Messieurs de Rome furent obligés d'abandonner leurs premiers errements. Mais toujours habiles, ils s'écrièrent en chœur : — *Voyez comme Moïse est bien le législateur le plus ancien qui ait paru. Dans le monde entier c'est sa loi qui a succédé à l'âge patriarcal, et les découvertes modernes ne font qu'accuser mieux le souffle mosaïque qui a vivifié toutes les nations anciennes.*

Ainsi les vieilles civilisations de l'Orient niées il y a un siècle sont admises aujourd'hui, seulement on les fait procéder de Moïse. Et se retranchant dans cet anachronisme, les *écrivains de la foi* attendent qu'on les en chasse.

C'est au point de vue de Moïse initiateur de l'Orient, que se sont placés tous ceux qui ont attaqué la *Bible dans l'Inde*, et notamment M. Pavie, indianiste d'Angers, qui m'accuse positivement de commettre l'anachronisme que je reproche aux catholiques. A nous donc de renverser encore cette barricade nouvelle, la moins sérieuses de toutes, mais à laquelle nous comprenons qu'on se cramponne convulsivement, car c'est la dernière. Nous disons la moins sérieuse de toutes, parce que personne en dehors des séminaires, ne s'en inquiète aujourd'hui, et que l'antiquité des védas, de Manou, et des civilisations indo-égyptiennes, par rapport à Moïse n'est plus à démontrer. Cela pouvait se discuter il y a quarante ans : en *science sérieuse*, on n'ose même plus poser la question. Et nous ne perdrions point notre temps ici à lui donner quelque importance, si nous ne savions pertinemment, que c'est à l'aide de cet argument vieilli que l'on séduit encore l'esprit de ceux qui n'ont point fait des des sciences orientales l'étude particulière de leur vie.

L'anachronisme, ce n'est pas nous qui le commettons, et il est singulier de voir qu'il existe des gens qui donnent à la Bible une antiquité à laquelle elle ne prétend pas elle-même. Moïse n'a-t-il pas été élevé à la cour des Pharaons d'Égypte, — d'après son récit, dont je ne me porte point garant, — et la civilisation égyptienne n'existait-elle point déjà de toute pièce, quand le législateur hébraïque entraîna dans le désert, les esclaves révoltés qui l'avaient choisi pour leur chef.

L'argument catholique qu'on nous oppose est à peu près de la valeur de celui-ci : Prouvez-moi que ce n'est pas Virgile qui a inspiré les rapsodes de l'Illiade et de l'Odyssée. Il est certain que si ce livre n'était conçu dans le but de vulgariser, d'initier la masse des lecteurs, aux découvertes orientales, et aux vérités nouvelles exhumées par la science, nous ne répondrions pas!

Démontrons-donc aux écrivains catholiques l'impossibilité de leurs prétentions, en les prévenant toutefois que nous ne sommes point leur dupe, car, comme nous ne faisons que rapprocher des faits chronologiques indiscutables, et que ce n'est point nous qui parlons, mais l'histoire... mais le monument... mais l'inscription... mais le livre, cet anachronisme ne peut être le fruit que de l'ignorance ou de la mauvaise foi.

Procédons par citations; le lecteur comprendra qu'en science pure il y a longtemps que le débat est vidé, et que nous n'apportons pas ici une opinion personnelle.

« Il est évident pour moi, dit le savant professeur Brugsch, que la langue des anciens Égyptiens a sa racine dans le sémitique. On peut prédire que la philologie sera un jour étonnée de l'étroit lien de parenté qui rattache la langue égyptienne à ses sœurs sémitiques, et du fait positif que toutes ont une mère commune dont on doit chercher le siége sur les rives de l'Euphrate et du Tigre. » Le samscrit ! — L'Égypte a été colonisée par l'Inde, preuve par la langue !

Dictionnaire des Hiéroglyphes.

(Introduction.)

« Les premiers rois de l'Inde portèrent le nom de Manou, en souvenir du grand législateur contemporain des védas, ils précédèrent de plusieurs milliers d'années les dynasties Soma-Vansa et de Sourya-Vansa. »

Collouca-Batta.

(Histoire de l'Inde.)

« Sous le règne de Viswamitra, premier roi de la dynastie de Soma-Vansa, à la suite d'une bataille qui dura cinq jours, Manou-Vena, héritier des anciens rois, abandonné par les brahmes, émigra avec tous ses compagnons par l'Arie (Iran) et les pays de Barria (Arabie), jusqu'aux rives de Masra (le Nil.)

Collouca-Batta.

(Histoire de l'Inde.)

« Manès fut le premier roi de l'Égypte. »

Hérodote. — Manethon.

On sait qu'en samscrit Manou, Manès, Minos, sont des noms identiques signifiant *le législateur, le chef !*

Aux preuves tirées de la linguistique viennent s'ajouter les présomptions de l'histoire, en faveur de la filiation indoue de l'Égypte !

« L'Égypte, dit M. Édouard Dor dans son beau livre sur

l'instruction publique de ce pays, elle aussi a subi l'influence universelle de l'Asie centrale. Si les documents nous manquent pour refaire l'histoire de cette invasion première, la langue et les coutumes sont là pour en tenir lieu. A la base du panthéisme égyptien, il n'est pas difficile de reconnaître une ressouvenance très-marquée du monothéisme asiatique primitif, du Dieu invisible et unique, de l'être par excellence duquel tout découle et auquel tout retourne [1]. »

Cette invasion que signale M. Édouard Dor, est celle de Manou-Vena ou Manès qu'indique avec tant de précision l'historien indou Collouca-Batta que nous venons de citer. *Quant au monothéisme asiatique, au Dieu invisible et unique duquel tout découle et auquel tout retourne*, que l'on retrouve en Égypte comme une ressouvenance du berceau, toute la première partie de ce livre est consacrée à l'étudier.

Ainsi à la linguistique, à l'histoire vient s'ajouter l'idée religieuse. Il y a unanimité dans la science pour reconnaître que l'Égypte a été colonisée par une émigration partie des provinces centrales de la haute Asie.

Où donc était le législateur Moïse, à l'époque où Manou-Vena ou Manès apportait sur les rives du Nil la vieille civilisation brahmanique, et à son imitation divisait le peuple en quatre castes : la caste des prêtres, celle des guerriers, celle des artisans, et celle des prolétaires ? Nous pourrions multiplier les citations et les exemples... mais ce serait accorder à l'argument catholique une importance qu'il n'a pas dans l'état actuel de la science. Arrivons rapidement à la réponse plus spéciale que nous désirons lui faire.

Il serait par trop absurde de vouloir rechercher l'influence de la loi mosaïque dans l'Inde, huit ou dix mille ans avant la naissance de Moïse... Voyons du moins, si cette influence a pu chronologiquement s'exercer sur l'Égypte ancienne.

Après Manès, l'Égypte se fractionne en plusieurs États distincts ; il est logique de penser que les principaux guer-

---

1. *L'Instruction publique en Égypte*, par M. Édouard Dor, docteur en philosophie, inspecteur général du ministère de l'instruction publique en Égypte. Paris, Lacroix et C⁰, 1872.

riers qui avaient émigré avec le chef se déclarèrent rois après sa mort. A dater de ce moment, *dix-huit dynasties de rois, ayant régné près de trois mille ans, nous séparent encore de Moïse*. Grâce à l'admirable découverte de Champollion, qui parvint à déchiffrer les hyéroglyphes (écriture des prêtres), ces dynasties ont pu être établies de la manière suivante :

1re et 2e	dynasties.	Thinite-Thébaines.
3e et 4e	—	Memphites.
5e	—	Éléphantite.
6e, 7e et 8e	—	Memphites.
9e et 10e	—	Héliopolites.
11e, 12e et 13e	—	Thébaines.
14e	—	Xoïte.
15e, 16e et 17e	—	Thébaines.

C'est entre la dix-septième et la dix-huitième dynastie que les pasteurs de l'Arabie, sous la conduite de Salatis, envahirent l'Égypte qu'ils occupèrent pendant plus de cinq cents ans; Thoutmas les ayant chassé, commence les dix-huitième, dix-neuvième et vingtième dynasties thébaines. C'est sous le règne de ces princes, que la Bible appelle pharaons, entre la dix-neuvième et vingtième dynastie, que Moïse se mit à la tête de la caste servile d'Égypte.

Il ne saurait donc être question de Moïse, que trois mille ans après Manès, le chef de l'émigration indoue, et après que dix-neuf à vingt dynasties eurent succédé à ce premier roi de l'Égypte.

Citons encore un passage de M. Édouard Dor, à ce sujet :

« Aux dix dynasties de l'ancien empire qui ont duré environ *dix-sept siècles*, succède le moyen empire; le règne d'Ousertasen, d'Aminemha, de Sébekhoteb. Le siége de la monarchie qui avait été jusque-là plutôt dans le nord, à San, à Memphis, à Xoïs, ou à Héracléopolis, remonte vers le sud ; Thèbes devient capitale, et pendant des siècles, sous les onzième, douzième, treizième dynasties, etc.... reste avec le Fayoum la résidence des rois. Puis viennent les Hycsos ou

rois pasteurs (à la fin de la dix-septième dynastie) qui, conquérants étrangers, s'emparent de la Basse-Égypte, et c'est
sous leur règne qu'il faudrait placer l'épisode de Joseph et de
ses frères, dont aucune preuve historique ne peut confirmer
l'authenticité... Après l'expulsion des pasteurs, l'Égypte
retrouve une vie nouvelle, c'est l'époque de Toutmès, de
Ramsès Ier, de Seti, de Ramsès II, de Memphtah ; ces deux
derniers, les pharaons contemporains de Moïse. »

Ainsi aucun doute au point de vue historique, sur l'époque où Moïse a soulevé les parias d'Égypte suivant nous,
les Hébreux suivant la fable biblique. Trois mille ans environ séparent le chef d'Israël du législateur Manès, qui lui-
même était séparé du Manou indou, par une période de
temps de quatre ou cinq mille ans au moins.

On ne saurait donc, que par plaisanterie, ou dans le but
de tromper sciemment le lecteur, parler encore de l'influence
de Moïse sur Manès, Manou, les védas et les anciennes civilisations de l'Orient.

Un dernier mot pour ne rien laisser dans l'ombre : même
après ces indications historiques, qu'il n'est permis à personne de mettre en doute aujourd'hui, nous prévoyons que
les champions de la révélation mosaïque pourraient bien
soulever cette dernière objection : — « Qui nous prouve que
Moïse et les Hébreux n'aient quitté l'Égypte que sous la
dix-neuvième ou vingtième dynastie, et que ce départ au
contraire ne soit pas de beaucoup plus ancien ? »

La réponse se déduit toute seule des faits historiques que
nous venons d'exposer. A moins d'appliquer à l'histoire le
scepticisme philosophique des Pyrrhoniens, et d'en arriver
à nier sa pensée et sa propre existence, il est des faits qu'on
ne peut révoquer en doute. C'est un fait établi par la Bible
elle-même : que c'est de la Basse-Égypte, où régnaient les
pharaons des dix-huitième, dix-neuvième et vingtième dynasties que les Hébreux et Moïse partirent pour chercher un
lieu où ils pourraient planter leurs tentes :

« Et ils partirent d'Élim pour venir au désert de Sin qui
est entre Élim et Sinaï... »   (*Exode.*)

Or, comme ce sont les Hycsos ou rois pasteurs qui ont conquis la Basse-Égypte dont ils furent chassés par les pharaons de la dix-huitième dynastie thébaine, il s'ensuit que les Hébreux, n'ont pu s'établir dans la Basse-Égypte à la suite des Égyptiens, ni la quitter sous la conduite de Moïse, avant que cette contrée n'ait été conquise et soumise aux pharaons.

Il est impossible, croyons-nous, de démontrer d'une manière plus évidente, le peu d'antiquité de la tradition mosaïque, recueillie par Moïse et ses successeurs, et qui n'est qu'un abrégé informe des vieilles traditions égyptiennes et asiatiques.

Mais nous aurons beau écrire, descendre jusqu'à prouver, comme en ce chapitre, des vérités indiscutables; les sectaires romains n'en continueront pas moins à placer Moïse et leur révélation, au berceau du monde, et à nier d'autorité tout ce qui pourrait toucher à leurs fétiches.

Leur règne ne finira qu'avec l'ignorance des masses, qui est leur plus.fidèle alliée; c'est pour cela qu'ils se cramponnent à cette dernière planche de salut, comme un marin sur son esquif renversé, ne songeant, en ces heures de tristesse et de deuil pour la patrie, qu'à la réédification d'un passé odieux et au rétablissement de leur influence.

Mais qu'ils le sachent bien, le temps ne remontera pas le cours des ans; la démolition est commencée, chaque jour tombe une pierre de leurs temples, un lambeau de leurs bannières; il n'est plus de miracles, il n'est plus de sorciers capables de rajeunir leur révélation, de redorer leur blason, c'est en vain qu'ils essayeront de galvaniser le cadavre, ils ne lui rendront point la vie!...

L'homme d'aujourd'hui sait ce qu'il lui en a coûté de parler à Dieu par la voix du prêtre. Tout l'Orient mort sous le brahme et le bonze, et dix-huit siècles de proscriptions, de servages, de bûchers et de ruines, lui ont appris ce que vaut l'alliance *du trône et de l'autel!*

Répétons-le jusqu'à satiété, le seul, le véritable ennemi des sociétés modernes, c'est la révélation!... L'homme qui croit sincèrement que Dieu a pu apparaître dans des buis-

sons ardents, lutter par la magie avec les prêtres de Pharaon, parler par la voix d'un âne (Balaam), faire massacrer
vingt à trente mille hommes pour les motifs les plus absurdes, conseiller à son peuple de tuer à la guerre les vieilles
femmes, mais de réserver les vierges pour son usage, et
mille autres folies, cruautés ou obscénités de ce genre, ne
jouit plus de son libre arbitre: député, magistrat, général, il
n'est plus qu'un instrument sacerdotal, d'autant plus dangereux qu'il est plus convaincu.

Sous de pareilles croyances, l'intelligence s'oblitère, elle
n'est maîtresse d'elle-même qu'aux heures où la foi veut
bien le lui permettre; et on arrive par d'étranges associations d'idées, à excuser les crimes les plus atroces commis
sous le voile de l'intérêt catholique.

J'ai connu des hommes considérables, qui prétendaient
que l'inquisition fût une nécessité de l'époque... et que
pour apprécier le massacre des Vaudois, il faut se reporter
aux mœurs du temps...

Pour nous, qui savons avec quelle facilité certaines gens
nous ramèneraient à ces âges bénis de la domination judaï-
co-romaine, nous poursuivrons courageusement notre œuvre en signalant toutes les origines superstitieuses de la révélation mosaïque, et tous les emprunts faits par le catholicisme aux religions de la haute Asie.

CHAPITRE II.

UN TEXTE DU PRÊTRE ÉGYPTIEN MANETHON.

En face de la preuve historique que nous venons de donner de l'impossibilité de l'influence mosaïque sur les civilisations anciennes de la haute Asie et de l'Egypte, nous sommes heureux de pouvoir placer un texte du prêtre égyptien Manethon, qui vient en aide à l'opinion soutenue dans notre précédent ouvrage et dans celui-ci, que les Juifs ne furent en réalité que les membres de la caste servile, que les parias de l'Égypte.

On sait que ce prêtre eût à sa disposition, sous Ptolémée Philadelphe toutes les anciennes archives sacerdotales, et qu'il avait reconstitué l'histoire des premiers temps de l'Égypte.

De son œuvre, détruite lors de l'incendie de la bibliothèque d'Alexandrie sans doute, il ne nous reste que quelques fragments qu'il faut aller cueillir dans Africanus, Diodore et une foule d'autres écrivains de cette époque.

Un texte aussi clair, aussi précis que celui que nous avons rencontré, est une véritable bonne fortune.

« Les ancêtres du peuple juif furent un mélange d'hommes de diverses castes, même de celle des prêtres Égyptiens qui pour cause d'impuretés, de souillures religieuses ou civiles, et pour la lèpre furent, sur l'ordre d'un oracle, expulsés d'Égypte par le roi Amenoph. »   *Manethon.*

L'origine des parias de l'Inde est identique; toutes les nations de l'antiquité eurent leurs castes inférieures et leurs déclassés.

Et c'est de ce **ramassis de vagabonds**, de condamnés, et de lépreux, que l'on voudrait faire sortir la lumière qui illumina les sociétés antiques ! Une pareille opinion était peut-être possible au moyen âge alors que toute science, et quelle science! était tirée d'un texte de la Bible, et que le saint-office était là pour veiller à sa conservation; elle ne saurait être de mise aujourd'hui, ailleurs que dans les séminaires, dernier asile de l'esclavage intellectuel.

Le grand historien romain, Tacite, exprime également l'opinion que ce fut à la suite de maladies contagieuses (Tabe orta) et sur l'ordre d'un oracle, que fut chassé d'Égypte, cette classe mêlée qui est devenue la nation juive, et qui fut en raison de son origine si fort méprisée de tous les peuples de l'antiquité.

Il n'y a pas lieu d'insister.

CHAPITRE III.

UN TEXTE DE L'ÉVÊQUE CATHOLIQUE EUSÈBE.

Nous lisons dans Le *Chronicon* d'Eusèbe : — « Il est certain
« que des peuplades anciennes de forme éthiopienne, *venues du*
« *fleuve Indus* campèrent et s'établirent en Égypte. »

N'est-il pas curieux de voir un évêque catholique des premiers temps de l'Église, s'incliner devant la vérite historique, qui donne à l'Égypte l'Inde pour berceau, et indiquer
pour ainsi dire le chemin que suivirent les émigrations et
les traditions asiatiques, par l'Iran et l'Arabie.

L'évêque de Césarée, se rencontre ici avec l'historien
indou Collouca-Batta, qui trois mille ans avant lui, donnait la même direction à l'émigration conduite par Manou-
Vena, lorsqu'il dit dans le passage déjà cité par nous, que
ce guerrier émigra avec tous ses compagnons par l'Arie
(Iran) et le pays de Barria (Arabie) jusqu'aux rives de Masra
(en samscrit, le grand fleuve).

N'oublions pas, comme une preuve de plus, que la linguistique vient ajouter à l'histoire *qu'Égypte se dit en hébreu*
Misra! *et en arabe* Masr!

Ce n'est pas aujourd'hui que les successeurs d'Eusèbe
consacreraient par leur autorité un fait historique, destiné
a démontrer l'existence de civilisations antérieures à la loi
mosaïque. Plus les ruines s'amoncèlent autour d'eux, et plus
ils tronquent les textes, forcent les traductions, embrouil-
lent les faits chronologiques, car rien ne leur est profitable
comme le chaos de l'histoire.

Qu'on prenne une traduction catholique de la Bible avec
commentaires, qu'on place en regard le texte hébraïque, les

deux livres ne se ressemblent déjà plus. Il y a tendance bien marquée, par des inflexions de mots, des synonymes plus étendus, des lambeaux de phrases ajoutés à titre d'explications, à accorder la Bible au progrès des idées.

Dans quelques siècles, si tout n'est point fini avec la révélation mosaïque, on peut être certain d'avoir une Bible qui fléchira par le commentaire devant toutes les vérités scientifiques que ses adeptes n'oseront plus nier.

C'est du reste le chemin dans lequel s'engagent, dès aujourd'hui les plus habiles d'entre eux. Mais ils ne reconnaitront jamais un fait historique capable de toucher, même d'une manière détournée, à l'antiquité des temps mosaïques.

Aujourd'hui, Rome excommunierait le savant évêque de Césarée...

Revenons, après ces quelques considérations préliminaires, à la source de toutes les traditions, à l'*Alma parens* de l'humanité, à l'Inde.

Après avoir étudié la simplicité et la grandeur de l'âge patriarcal, ou époque de l'unité de Dieu, nous allons suivre dans sa splendeur et sa décadence l'Inde philosophique, littéraire et surtout religieuse, aux époques brahmaniques et royales; nous allons voir comment le monde entier fut colonisé et civilisé par les fils de cette merveilleuse contrée, qui après avoir roulé sous le pied du prêtre, expire aujourd'hui sous l'étreinte des Anglais...

CHAPITRE IV.

QUELQUES MOTS SUR LA CHRONOLOGIE DES INDOUS.

« De ce que l'Europe ne comprend pas nos mystères, qui
« ne sont la plupart du temps que des symboles mnémo-
« techniques d'astronomie, il ne faudrait pas qu'elle prît
« son ignorance pour un argument de la nôtre. »

Brahme Tamasatchari.

(Discours à l'Institut de Trichnopoli.)

Nous ne pouvions commencer ce chapitre par une citation
mieux appropriée au sujet, que cette phrase d'un discours du
savant brahme Tamasatchari, qui fut notre professeur de
samscrit dans l'Inde...

S'il est un reproche que notre époque mérite qu'on lui
fasse, c'est celui d'étudier l'Inde avec les préjugés de la chronologie biblique, et de faire de la science avec un système
religieux. Il s'établit peu à peu, en matière d'orientalisme,
une science officielle qui si on n'y prend garde sera la ruine
des études ethnologiques, et remplacera la vérité historique
par des inventions d'école.

Rien n'est dangereux en ces matières comme l'esprit de
caste et le parti pris de l'homme dévoué à une secte religieuse, tout est ramené par lui à un point de vue unique, et
cherchant dans ses croyances personnelles son *criterium* de
certitude, il rejette tout événement, tout fait, toute date,
tout ouvrage qui peuvent être en contradiction avec les
dogmes de son Église, quand il ne lui arrive point de les
altérer pour en étayer ses doctrines.

A quel résultat sérieux voulez-vous qu'on arrive lorsqu'on étudie l'Inde des védas et de Manou, l'Inde d'il y a *quinze mille ans* comme M. Pavie, avec l'idée préconçue d'y rencontrer l'influence de Moïse, qui devait naître *douze mille ans plus tard*, ou de soutenir, comme M. Philarète Chasles, que l'Inde est fille de la Grèce?

Cela ne nous étonne pas; l'Inde ne se révèle point ainsi, à qui ne connaissant ni ses mœurs, ni sa langue, a encore la prétention de l'étudier au courant de la plume et du hasard sur les rives de la Seine. Et nous sommes persuadé qu'en Chine, plus d'un critique à boutons bleus, qui fait de *l'occidentalisme* sans avoir dépassé les murailles de Pékin, est exposé tous les jours à faire assassiner Henri III par Charlotte Corday, et à faire épouser la papesse Jeanne au régent.

Ce qui nous irrite, c'est de voir exposer des théories personnelles, écrire des volumes en contradiction flagrante avec l'histoire de l'Inde écrite par elle-même, c'est de voir que c'est presque un parti pris de ne tenir aucun compte des annales les plus authentiques qui soient au monde, de la seule chronologie logique, indiscutable, celle des brahmes, tout entière basée sur les éclipses et les précessions des équinoxes. Nous prouverons bientôt, par un calcul astronomique indiscutable, que l'Inde d'il y a quinze mille ans possédait déjà les védas, Manou, et la plupart de ses monuments philosophiques et littéraires.

Eh! messieurs, qui placez votre petite barricade mosaïque ou grecque autour de l'Inde ancienne, pourquoi vous escrimez-vous contre la certitude des dates brahmaniques, que vous n'avez jamais vérifiées, j'en suis sûr, alors que vous ne pourriez même pas écrire une histoire authentique des rois de la première race franque jusqu'à Clovis?

Quoi, il vous est impossible de remonter dans vos propres annales, à quatorze siècles en arrière, parce que la tradition écrite vous fait défaut, et vous vous prononcez aussi légèrement sur l'antiquité d'une contrée qui a donné, à chacune de ses étapes le double sceau du monument et du livre! Pensez-vous donc qu'il soit logique, pour avoir lu une traduction du Manou abrégé, quelque version douteuse du Ramayana ou des extraits des Pouranas, de dire : — C'est assez, nous connaissons l'Inde. Tout cela n'est que de l'infiltration grecque ou mosaique !...

Nous n'avons pas l'intention de blesser qui que ce soit, mais nous ne pouvons nous empêcher de dire que de pareilles énormités ne s'écriront point, le jour ou le samscrit sera devenu une langue classique...

On comprendra que nous ne puissions, dans un chapitre, établir la chronologie brahmanique, la suivre dans les faits importants, dans les événements astronomiques sur lesquels elle se base d'une manière irréfutable, et qui ont fait dire au savant M. Halled, « que peu de peuples possédaient des annales aussi authentiques que celles des Indous, » encore moins avons-nous la possibilité, dans ces quelques pages, de comparer la chronologie brahmanique à la nôtre, ces matières exigent de longs développements, des calculs arides, et un volume spécial. Peut-être aurons-nous quelque jour les loisirs de le publier.

Nous nous bornerons, pour le moment, à donner une idée générale de ce système chronologique, suffisante pour bien faire comprendre au lecteur à quel point les bases sur lesquelles il repose sont sérieuses et scientifiques.

Avant d'étudier cette chronologie, qui s'appuie sur la science et l'histoire, disons quelques mots d'un autre système éclos dans l'imagination rêveuse d'un poëte philosophe, dans le but de s'accorder avec certains passages de Manou et des écritures sacrées. Cet aperçu ne saurait manquer d'intérêt, quand on saura que c'est à ce second système, que les indianistes européens doivent la plupart des erreurs qu'ils ont accréditées.

On va voir qu'il suffisait d'un peu de bonne volonté seulement, pour faire justice de ces exagérations nées d'un esprit d'orthodoxie religieuse poussé jusqu'à l'absurde. Les brahmes savants ne font nulle difficulté de reconnaître que les théories scientifiques des védas et de Manou sont sans valeur; ceux qui ne veulent point amoindrir l'autorité des livres religieux, prétendent simplement que la clef d'explication de ces passages obscurs est perdue. Aussi doit-on s'étonner à bon droit que certains indianistes aient cru devoir perdre leur temps à combattre des faits, que le premier Indou venu rejette dans le domaine des fables théologiques.

Nous lisons dans Manou, au livre premier :

« Maintenant, apprenez par ordre et succinctement quelle est la durée d'une nuit et un jour de Brahma, et de chacun des quatre âges (yougas).

« Quatre mille années divines composent, au dire des sages, le crita-youga ; le crépuscule qui précède est d'autant de centaines d'années, le crépuscule qui suit est pareil.

« Dans les trois autres âges qui vont suivre, également précédés et suivis d'un crépuscule, les milliers et les centaines d'années sont successivement diminuées d'une unité.

« Ces quatre âges qui viennent d'être énumérés étant supputés ensemble, la somme de leurs années, qui est de douze mille, est dite l'âge des dieux.

« Sachez que la réunion de mille âges divins, compose en somme un jour de Brahma, et que la nuit a une durée égale.

« Ceux qui savent que le saint jour de Brahma ne finit qu'avec mille âges, et que la nuit embrasse un pareil espace de temps, connaissent véritablement le jour et la nuit.

« A l'expiration de cette nuit, Brahma qui était endormi, se réveille, et en se réveillant fait émaner l'Esprit qui par son essence, existe et n'existe pas.

« Poussé par le désir de créer, l'Esprit opère la création et donne naissance à l'éther, que les sages considèrent comme ayant la faculté de transmettre le son.

« De l'éther naît l'air dont la propriété est tangible, et qui est nécessaire à la vie.

« Par une transformation de l'air, la lumière se produit.

« De l'air, de la lumière qui produit la chaleur, naît l'eau, etc... »

Ces paroles de Manou ont donné naissance au système du monde d'où est sortie la chronologie fantaisiste dont nous nous occupons.

Le Zeus ou Dieu irrévélé, habite dans l'éther immense, il l'emplit tout entier, car il est tout. Sa vie est divisée comme celle de l'homme, en jours et en nuits.

Le jour se compose de quatre âges :

Crita-youga ou âge d'or ;

Treta-youga ou âge d'argent ;

Devapara-youga ou âge d'airain ;

Cali-youga ou âge de fer.

Chacun de ces quatre âges dure trois mille années divines, soit un million sept cent vingt-huit mille années humaines.

Les quatre âges équivalent à douze mille années divines, soit six millions deux cent douze mille années humaines.

Le jour et la nuit de Brahma se composent donc chacun de six millions deux cent douze mille années humaines, car le jour et la nuit sont d'égale durée.

Lorsque commence le jour divin, Brahma se réveille, et son esprit se met à créer : l'éther, l'air, l'eau, le feu paraissent d'abord ; la matière se forme, se divise, les mondes commencent à graviter dans l'espace, la lumière, la chaleur, l'air et l'eau développent sur chaque monde l'existence végétale et animale, et pendant tout un jour du dieu, la la nature entière fermente dans l'immense creuset, engendrant partout la force, le mouvement, la vie ; mais au jour va succéder la nuit... Empruntons à Vamadèva-Modely la description de cette seconde période de l'existence divine.

« De toutes parts des bruits étranges se produisent, précurseurs de la nuit de Brahma, le crépuscule se lève, le soleil vient de passer au trentième degré du macara (monstre marin, signe du zodiaque), il n'arrivera point au signe des minas (poissons, signe du zodiaque), et les gourou des pagodes, préposés au rasi-tchacra (zodiaque) peuvent briser leur cercle devenu inutile.

« Peu à peu la lumière pâlit, la chaleur diminue, les lieux inhabitables se multiplient, l'air se raréfie de plus en plus ; les sources tarissent, les grands fleuves voient leur eau s'épuiser peu à peu, l'Océan n'a plus que du sable, les plantes meurent, les hommes et les animaux diminuent tous les jours; le mouvement et la vie perdent leur force, les astres ne gravitent plus qu'avec peine dans l'espace, comme une lampe que la main du chocra n'entretient plus, Sourya (le soleil) vacille et s'éteint. la matière tombe dans le pralaya (dissolution), et Brahma devient Zeus, c'est-à-dire le dieu irrevélé qui se replie sur lui-même, et n'ayant plus rien à faire, puisque son jour s'est accompli, il tombe dans le repos... et s'endort.

« Et il renferme dans l'œuf d'or de sa pensée, le germe de tout ce qui existe, ainsi que le dit le divin Manou. — Pendant son paisible sommeil, les êtres animés pourvus des principes de l'action quittent leurs fonctions et le sentiment (manas) tombe dans l'inertie. Lorqu'ils sont dissous en même temps dans l'*Ame suprême*, cette *âme* de tous les êtres dort tranquillement dans la plus parfaite quiétude.

« Après s'être retiré dans l'obscurité primitive, elle y demeure longtemps sans accomplir ses fonctions, et dépouillée de sa forme qu'elle ne reprend qu'au réveil.

« C'est ainsi, que par un réveil et par un repos alternatif, l'être immuable fait revivre ou mourir éternellement tout cet assemblage de créatures mobiles et immobiles. »

Suivant le mythe poétique que nous étudions, les trois premiers âges et plus, seraient déjà écoulés, nous serions dans la seconde moitié du cali-youga et marcherions à grands pas vers la nuit divine, c'est-à-dire la dissolution de toutes choses. Cependant il ne faudrait pas trop s'en émouvoir car il resterait encore à notre chétive planète quelques centaines de mille ans à vivre.

Une fois cette singulière opinion admise sur la nuit et le jour divins, la création et la durée des mondes, il était tout naturel qu'il se rencontrât quelque fanatique religieux qui, ayant essayé de soumettre les événements historiques à cette arbitraire division du temps, créa une chronologie théologique que les brahmes eux-mêmes laissèrent vulgariser; car tout ce qui contribuait à répandre dans le peuple des idées merveilleuses et inexplicables, concourait à consolider leur puissance.

Moïse, en se rattachant au premier homme par cinq ou six patriarches qu'il fait vivre huit et neuf cents ans, se révèle également comme un chronologiste-escamoteur des plus naïfs, car dès qu'il se rapproche de son temps, il diminue immédiatement la vie humaine des huit neuvièmes et pour échapper sans doute à toute question embarrassante, il met cette besogne sur le dos de cet excellent Jéovah, qu'il avait toujours à son service dans les grandes occasions.

Dans l'Inde, les brahmes rient volontiers de la chronologie que nous venons d'exposer.

En Europe, les prêtres nous menacent du feu éternel si nous refusons de digérer les neuf siècles et fraction de Mathusalem !

Les brahmes d'aujourd'hui ont perdu leur pouvoir politique, ce ne sont plus que des savants qui passent leur vie dans l'étude; ils n'ont plus besoin de soutenir la superstition avec plus de force que la vérité dans l'intérêt de leur despotisme. Tandis que nos brahmes à nous, qui luttent avec un acharnement digne d'une meilleur cause, pour conserver leur influence, leurs priviléges, et restaurer les trônes qui croulent, ne peuvent nous faire grâce d'une année de la vie de Mathusalem, nous abandonner une seule date de la Bible. On ne peut détruire un anneau de la chaîne sans renverser la révélation, et avec elle toute la société cléricale.

Espérons que chronologie et révélation mosaïques, ne seront bientôt plus qu'un souvenir historique des superstitions du passé.

On conçoit qu'en se bornant à étudier la chronologie théologique que nous venons d'exposer ; certains indianistes se soient crus autorisés à traiter de fabuleuse la chronologie indoue en général ; ce que nous ne comprenons plus, c'est qu'on ait pu croire qu'un peuple qui a produit des astronomes, des mathématiciens, des savants de premier ordre dans toutes les branches, qui a inspiré Archimède, Hippocrate, Euclide, Platon, Aristote, et toute la pléiade grecque ait pu, en histoire, se contenter d'une chronologie aussi absurde !...

Ceux qui, comme M. Halled et le savant M. Cicé, de Pondichéry, ont pu étudier et fouiller d'une main intelligente dans

ces vastes dépôts philosophiques, littéraires et historiques
que nous a légué l'Inde ancienne, savent combien est sérieuse
et précise la chronologie historique des brahmes.

En outre qu'elle repose, comme celle d'Europe, sur les faits
importants, les monuments, les temples avec leurs inscriptions, les dynasties et les règnes de chaque rois qui s'y rapportent, le règne spirituel de tous les brahmatma (grande
âme, chef de tous les brahmes) qui se sont succédés sans
interruption pendant une période de plus de douze mille ans
avant notre ère, en outre de tous les ouvrages de science
enregistrant les progrès de chaque siècle, la chronologie
brahmanique a cela de spécial que chaque naissance, avénement ou mort de roi, chaque élection de brahmatma, chaque
construction de temple ou événement important, était con-
signé par les astronomes des pagodes sur un livre spécial,
et en regard de la date, un zodiaque était construit indiquant
exactement l'état du ciel au jour de l'événement dont on
voulait garder le souvenir, et notant spécialement, la seconde, la minute et le degré du signe zodiacal dans lequel
se trouvait le point équinoxial du printemps, de l'automne ou
de toute autre saison, à l'instant de l'observation.

On sait que le mouvement annuel de précession qu'ob-
servent les astres relativement au soleil, est pour ainsi dire
comme un cadran immense sur lequel on peut mesurer
les siècles, comme se mesurent les heures sur un chrono-
mètre.

Pour les temples et les monuments, on ne se contentait
pas d'inscrire la date de leur construction, et leur zodiaque
sur le livre dont nous venons de parler; le même zodiaque
était gravé sur le plafond du péristyle de la pagode ou sur
une des façades du monument.

De cette habitude de fixer l'état du ciel à chaque événement important, à chaque naissance de roi, pour en conserver le souvenir, est venu, on n'en saurait douter, cette
coutume de tirer l'horoscope que les Arabes nous apportèrent au moyen âge. Perdant de vue le but primitif, qui
n'était que de fixer une date, peu à peu la superstition avait
fait dégénérer ce calcul astronomique en une opération ma-

gique, destinée à obtenir des astres la révélation des secrets de l'avenir.

Il y eut les bons et les mauvais signes, les constellations heureuses et maudites, et souvent la présence d'une étoile dans tel ou tel degré du signe, en autorisant les rois à faire la guerre ou la paix, a changé la face des empires.

Les rajahs de l'Inde ne marchaient jamais sans leurs brahmes astronomes, et se conformaient aveuglément à leurs déclarations.

On sait le rôle qu'ont joué les astrologues en Europe pendant plusieurs siècles, et les nombreux adeptes que les sciences occultes firent même parmi les savants. Nous aurons occasion de constater plus tard, que de même, l'astrologie, l'alchimie, et la recherche de la pierre philosophale, et de l'or potable destinés à prolonger la vie pendant des siècles, sont nés dans l'Inde. Les brahmes furent les premiers savants qui ont cherché à ravir à la nature le secret d'une éternelle jeunesse, et même de l'immortalité en ce monde, en trouvant quelque liqueur, composée de tous les principes de la vie végétale et animale et qui, par un usage constant, rendit au corps de l'homme, les forces qu'il perd chaque jour. Et le magnétisme, poussé par les fakirs des pagodes, jusqu'au miracle !...

Mais ne nous laissons point entraîner en dehors de notre sujet... contentons-nous de dire avec M. Langlois, l'éminent indianiste : — *Que de mystères l'Inde recèle, et que de choses merveilleuses nous avons à apprendre aux autres !*

Le rasi-tchacra des brahmes ou zodiaque, destiné à marquer le mouvement annuel de *précession* des astres, et à noter la situation du point équinoxial dans un des degrés d'un signe, est partagé en douze signes, divisés chacun en trente degrés, soit trois cent soixante pour le tout. Voici les noms de ces signes :

Mecha	*Le Bélier.*
Vricha.	*Le Taureau.*
Mithouna	*Le Couple.*
Carcataca	*L'Écrevisse.*

Sinha	*Le Lion.*
Canya	*La Vierge.*
Toula	*La Balance.*
Vristchica	*Le Scorpion.*
Dhanous.	*L'Arc.*
Macara	*Le Monstre marin.*
Coumbha	*L'Urne.*
Minas	*Les Poissons.*

On ne saurait douter que les zodiaques égyptien, chaldéen et grec ne soient la copie servile du zodiaque **brahmanique**, dont les émigrations avaient emporté avec elles le secret astronomique. Ce sont les mêmes noms, les mêmes dimensions, le même esprit scientifique.

Il est un fait qui défie toute controverse, toute discussion ; car il est prouvé par tous les zodiaques gravés dans les vieilles pagodes de l'Inde, par tous les monuments, par tous les calculs scientifiques, par tous les livres d'astronomie, c'est que, depuis les temps les plus reculés, les prêtres brahmes faisaient le mouvement de précession de 50″ 9‴ 3/4 par an, ni plus ni moins que nos observatoires scientifiques, et par conséquent, le connaissaient et le pratiquaient avec une précision que nous n'avons pas dépassée.

Il ressort de là, que la chronologie brahmanique, dont tous les faits et dates importantes sont basés sur de pareils calculs, est d'une certitude, pour ainsi dire mathématique, que ne pourrait revendiquer à un égal degré aucune autre chronologie du monde.

Seulement, hâtons-nous de le dire, il est plus facile de déclarer l'histoire ancienne de l'Inde fabuleuse et indéchiffrable, que de s'imposer le travail long et pénible qui peut nous amener à y porter le flambeau.

Consacrer dix années de sa vie à étudier le samscrit, à s'initier dans le silence des pagodes, sous la direction des brahmes, à tous les mythes à, tous les symboles religieux, à tous les événements de l'histoire, à toutes les abréviations de la langue et des manuscrits, à toutes les difficultés de l'écriture ; faire sur sa vieille langue mère, et sa littérature, le travail de reconstruction de l'École des chartes, est au-dessus du courage de la plupart, et il est plus facile de dire dans une chaire où on épèle le samscrit, ou d'écrire dans une Revue que le passé de l'Inde doit être rejeté dans la fable mythologique...

Il y a, nous ne saurions trop le répéter, deux siècles de travail pour les érudits à faire le jour historique sur ce passé, mais on arrivera à l'écrire avec plus de certitude que notre histoire du moyen âge. Les livres ne manquent pas, il suffit de les traduire et d'avoir la clef pour les commenter.

Nous revenons toujours à notre *delenda Carthago*. Qu'on transporte l'école d'Athènes, inutile aujourd'hui, dans le sud de l'Inde, que l'on donne à ces élèves, qui sont déjà des maîtres, des brahmes pour professeurs, et l'on verra les résultats. On ne refera l'histoire des premiers temps de l'humanité que par ce moyen... Multipliez les chaires de samscrit, vous multiplierez les demi-savants en *.nga* et en *ktrya*, qui passeront leur temps à traduire Manou, Sacountala, déjà trente fois traduits, ou à faire des paraphrases fantaisistes sur le Ramayana.

Laissez de côté la poésie épique, qui ne nous donne que le moyen de faire de l'érudition facile, et d'ériger des systèmes sur des choses qui n'existent pas, ou n'ont été imaginées qu'à titre de symbole.

Venez traduire les ouvrages de science, et quand vous serez initié à leurs formules, vous verrez quelle récompense et quelles moissons...

A côté des manuscrits où les brahmes consignaient leurs formules algébriques et le secret de leurs calculs d'astronomie, il en existait d'autres dans lesquels le fait astronomique qui concourait à donner date certaine à un événement, était symbolisé; de là, d'insurmontables difficultés d'explication pour quiconque n'a pas reçu des brahmes la clef de ces études.

Pour rendre notre pensée plus sensible, nous allons prendre dans la seconde partie de l'Avadhana-Sastra, qui se rapporte aux premiers temps de l'ère brahmanique, un fait d'histoire constaté par une observation astronomique gravée ou manuscrit scientifique, et symbolisé dans le manuscrit qui en fait le récit historique.

D'un côté, en fixant d'une manière certaine, indiscutable, la date de cet événement historique, par le moyen de la situation astronomique que les brahmes lui ont attaché, nous prouverons la certitude de la chronologie brahmanique; et de l'autre, par l'explication de la phrase symbolique qui est en tête du récit, nous démontrerons à quel point l'initiation est nécessaire pour apporter la lumière dans ces études.

Nous lisons dans l'Avadhana-Sastra ou récits historiques... IIe partie.

« Lorsque le saint ermite Yati-Richi fut désigné comme le plus digne de représenter Brahma, Sourya effleurait Mecha de ses rayons bienfaisants, et le riz et le menu grain jaunis, attendaient la faucille. »

Avant de donner l'explication de cette phrase qui indique la date précise de la nomination du sage Yati-Richi aux éminentes fonctions de brahmatma, c'est-à-dire de chef religieux de tous les brahmes, voyons comment s'exprime le Vedanga-Sastra, ou recueil de chronologie historique fixée par l'astronomie.

« Prise de possession de la boule d'ivoire représentant le monde, et du trépied d'or, par le brahmatma Yati-Richi. — Sourya (le soleil) partage d'une manière égale les jours et les nuits; le point équinoxial d'automne, se trouve au premier degré du Bélier. »

Un simple calcul astronomique va nous donner maintenant la date de l'élévation de Yati-Richi aux fonctions de brahmatma.

Il est de principe que la précession annuelle est de 50″ et une fraction d'environ 1/3. Il en résulte qu'un degré se déplace en une période de 71 années 9 mois, et un signe entier en 2153 années environ.

Or, en remontant de signe en signe déplacé, on constate : *que le point équinoxial du printemps se trouvait au premier degré du Bélier, l'an 388 avant Jésus-Christ.*

Et en continuant à se diriger par le déplacement des signes on arrive à trouver : *que le point équinoxial de l'automne était au premier degré du Bélier, en l'an 13300 avant notre ère.*

Donc nous pouvons dire avec la certitude d'un calcul astronomique, que Yati-Richi a été élu brahmatma, en l'an treize mille trois cent avant votre ère, puisqu'au moment de son élection, le zodiaque construit pour fixer l'état du ciel, indique que le point équinoxial de l'automne était au premier degré du Bélier, état que le monde ne reverra que dans onze mille ans d'ici environ.

Il n'est pas dans notre propre histoire de date plus indiscutable que celle-ci.

Les anciens brahmes faisant leurs calculs de précession de la même manière que nos astronomes modernes, il s'ensuit que la science brahmanique et la science moderne, se rencontrent toutes deux, pour donner à cette date de l'élection de Yati-Richi toute la certitude d'un problème de mathématique résolu.

La chronologie des brahmatma ou chefs suprêmes religieux, ainsi que celle des deux grandes dynasties de rois, Soma-Vansa et Sourya-Vansa (dynasties lunaires et solaires), ainsi établies, tous les autres faits historiques viennent d'eux-mêmes se grouper autour de ces points de repère et recevoir la consécration de leur authenticité. Nous allons voir comment est facile maintenant l'explication de la phrase de l'Avadhana-Sastra.

« Lorsque le saint ermite Yati-Richi fut désigné comme le plus digne de représenter Brahma, Sourya effleurait Mecha de ses rayons bienfaisants, et le riz et les menus grains jaunis attendaient la faucille. » — Le soleil marquait le point équinoxial d'automne (puisque le riz et les grains attendaient la moisson), et était au premier degré du Bélier (puisque Sourya effleurait Mecha, le Bélier, de ses rayons).

Un exemple maintenant pris dans l'histoire des rois :

Pratichtâna, une des plus grandes ville de l'Inde ancienne,

dont on voit encore les ruines sur les bords du Gange, vis-à-vis d'Allahâbâd, fut bâtie par Nahoucha, un des rois de la dynastie lunaire. Lorsque Pratichtâna fut bâtie par Nahoucha, dit l'Avadhana-Sastra, « les grandes pluies tombaient dans l'Urne, et les rayons de Sourya éclairaient le tiers de Vricha. »

Interrogeons maintenant le Vedanga-Sastra ou livre des dates astronomiques, et nous lisons à propos de cet événement :

« Construction de la ville de Pratichtâna par Nahoucha. — Le solstice d'hiver est au Verseau (Coumbha), le point équinoxial d'automne est au dixième degré du Taureau (Vricha). »

Le calcul astronomique le plus élémentaire nous apprend que le point équinoxial d'automne était au dixième degré du Taureau environ trois mille deux cent cinquante-huit ans avant Jésus-Christ.

Donc la ville de Pratichtâna a été construite l'an trois mille deux cent cinquante-huit avant notre ère.

Il est facile de comprendre maintenant la phrase de l'Avadhana-Sastra, se rapportant à cette date. « Les grandes pluies tombaient dans l'Urne, — c'est-à-dire le solstice d'hiver était au Verseau. — Les rayons de Sourya éclairaient le tiers de Vricha, (Taureau) — c'est-à-dire le point équinoxial du printemps était au dixième degré du Taureau, — le tiers du signe.

Nous ne savons si nous avons fait cette démonstration suffisamment claire et accessible à tous; le système est cependant des plus logiques, s'il ne peut prétendre à la simplicité; de plus, il fixe d'une manière indiscutable, et pour toujours les dates qu'il consacre par la construction d'un zodiaque, contenant l'état exact du ciel au moment où s'est passé l'événement dont on veut garder la mémoire.

Une fois le zodiaque construit, et la formule astronomique donnée, la formule scientifique est traduite dans une phrase imagée et symbolique, dont l'histoire se sert à son tour pour

indiquer l'époque où s'est passé le fait dont elle rend
compte.

Le point équinoxial de l'automne était au premier degré du Bélier,
dit la formule scientifique au livre des zodiaques.

*Sourya effleurait Mecha de ses rayons, et les grains jaunis atten-
daient la moisson,* dit le manuscrit historique.

Les deux phrases signifient exactement la même chose :
il suffit comme on voit d'en posséder la clef.

Le brahme historien, à chaque grand événement servant
à grouper les faits d'une même époque, recevait sa formule
du brahme astronome.

Sans doute il sera long, il sera pénible de reconstituer
tout ce passé, d'interroger à chaque fait la formule astronomique, pour lui restituer sa date, aujourd'hui surtout que
la chute de la puissance brahmanique a dispersé les manuscrits les plus précieux, dans les différentes pagodes du sud
de l'Inde; mais qu'on ne vienne plus nous dire que la chronologie des Indous ne repose que sur des bases fabuleuses,
et qu'il est impossible de lui accorder la moindre confiance.
Une pareille opinion n'a point pris naissance parmi les
orientalistes vraiment dignes de ce nom, et qui étudient la
merveilleuse civilisation des brahmes, sans esprit de secte ou
d'école. Ceux-là entrevoient et comprennent tout ce que
l'avenir nous révèlera sur ce passé, lorsqu'on ira demander
aux sources mêmes l'initiation et la clef de ces mystères scientifiques et religieux. Il nous est impossible de donner plus de
développement à cet aperçu sur le système chronologique
des Indous, sans nous exposer à dépasser les bornes de la
revue générale que nous avons entreprise; nous avons indiqué les bases, et donné des exemples : aux studieux, à ceux
qui comprennent tout ce qu'il y a à exhumer dans les
quinze ou vingt mille ans qui ont précédé notre ère, à se
dévouer à ces études, à venir ici, à Trichnopoli ou à Chélambrum, étudier sous la direction des brahmes, et ravir de
force les secrets d'une science qui ne viendra point d'elle-
même les révéler aux indianistes de cabinet.

Vous êtes allé étudier la Grèce au pied du Parthénon,
l'Égypte à Esneh, à Denderah, dans l'intérieur des pyramides

et des sarcophages des rois ; venez étudier l'Inde sous le portique des pagodes, dans l'intérieur des temples dédiés à la trinité Brahma, Vischnou, Siva, et près des ruines de Madura, la ville sainte dans laquelle est né le rédempteur Christna.

Et c'est ainsi seulement que nous cesserons de mériter les reproches du brahme Tamasatchari.

CHAPITRE V.

ORIGINES DE LA SOCIÉTÉ BRAHMANIQUE. — ARYAS. — RÉU-
NION DES LIVRES ÉPARS DES VÉDAS. — ABRÉGÉ DE MANOU. —
CULTE NOUVEAU, TRIMOUTI (TRINITÉ) BRAHMA, VISCHNOU,
SIVA.

La société primitive que nous venons d'étudier, portait
sans le savoir, dans son sein, un germe fatal qui devait la
transformer et la conduire peu à peu, par la pente d'une
civilisation brillante et par l'exploitation de l'idée de Dieu, à
l'esclavage le plus honteux, à la démoralisation la plus complète sous le sceptre sacerdotal.

Lorsque la réunion de plusieurs familles ayant une commune origine, eut donné naissance à la tribu, à la peuplade;
de même que la solution de toutes les difficultés, de tous les
différends purement civils, furent confiés à une réunion de
sages et de vieillards appelée conseil des aryas (en samscrit,
prudents, excellents); les cérémonies du culte, les sacrifices,
la garde des traditions sacrées sortirent également des attributions du père de famille; on commença à bâtir des temples
pour la prière en commun, et on créa une caste spéciale,
celle des brachmanaa ou serviteurs de Brahma, qui fut
chargée de régler les cérémonies, d'y officier, et de prier Dieu
pour tous. Le chef de chaque famille, de toutes ses fonctions
sacerdotales, ne conserva que la direction du culte des ancêtres, et des cérémonies funéraires.

Combien de sombres ruines et de luttes fratricides eussent
été évitées à l'humanité, si les sociétés naissantes se fussent
contentées de se réunir par des liens purement civils, garan-

tissant à chacun sa somme de liberté, de droits et de devoirs, et laissant en dehors du pacte social, la liberté religieuse, la liberté de la conscience dont la réglementation ne devait aboutir qu'à créer des oligarchies théocratiques.

Si le père de famille fut resté le prêtre du *Dieu unique* et du culte simple que nous connaissons, que de victimes épargnées, que de guerres sans objet; et nous ne serions point réduits encore aujourd'hui, après quinze ou vingt mille ans de préjugés et de superstitions, à lutter pour l'indépendance de la pensée.

Quelles pacifiques conquêtes n'eut point fait la science, si depuis des siècles, elle eut pu, comme de nos jours, se mouvoir en dehors de l'idée religieuse.

Nous ne suivrons point pas à pas les phases différentes parcourues à son début par la première société sacerdotale qui ait été constituée dans le monde, disons seulement qu'elle parut digne, pendant les premiers siècles de son existence, des fonctions qui lui avaient été dévolues, et de la confiance qu'elle inspirait. Pendant longtemps le culte resta pur de toute superstition, et le dieu servi par les brahmes, resta le dieu d'Adgigarta et de Soudama.

C'est à cette première période qu'il faut rapporter les splendides préceptes de morale et de philosophie, dont abondent les védas et Manou, qui continuaient les doctrines de l'âge patriarcal.

Mais les hommes sont ainsi faits qu'ils ne peuvent se réunir en corporation, sans éprouver immédiatement le désir de tout attirer à eux, et l'égoïsme collectif devient d'autant plus dangereux qu'il paraît une vertu à ceux qui se rangent sous la bannière d'une idée, et sacrifient tout : sentiment de famille, patrie, individualité, au succès de la secte dont ils sont membres.

Les brahmes épars dans les villages formant autant de sociétés indépendantes qu'il y avait de pagodes à desservir, ne tardèrent pas à se réunir, à se discipliner, et grâce à l'empire qu'ils avaient acquis sur le peuple par leurs austérités et leurs vertus, à s'emparer de la direction civile de l'Inde entière, et sous les noms d'aryas brahmes, d'aryas gourou et pundits, ils furent de véritables souverains, dont rien ne vint, pendant plusieurs milliers d'années, contrebalancer le pouvoir.

Les aryas brahmes officiaient dans les pagodes.

Les aryas gourou instruisaient le peuple.

Les aryas pundits rendaient la justice, levaient les impôts, administraient.

Tous les brahmes passaient à tour de rôle dans chacune de ces trois catégories, afin d'être également propres au service de l'autel, des écoles ou de l'administration.

Un conseil supérieur de soixante brahmes pris dans les trois classes, réunissait dans ses mains, toutes les attributions religieuses et civiles. Il était présidé par un chef pris dans son sein, à l'élection, qui était désigné sous le nom de brahmatma (en samscrit, la grande âme), et qui était vénéré par le peuple comme le représentant de Dieu sur la terre.

Nous aurons bientôt occasion de nous occuper de cette autorité, qui offre avec la papauté et d'autres institutions de l'Orient, de singuliers points de ressemblance.

Le qualificatif d'aryas (en samscrit, prudents, excellents. vertueux) appliqué aux brahmes, nous donne l'occasion de relever en passant, une des plus curieuses erreurs de l'orientalisme officiel qui a la prétention de substituer ses idées personnelles aux travaux des Indous sur leur propre histoire.

Suivant les théories d'écoles, les aryas seraient d'anciennes populations qui s'établirent dans l'Inde, après avoir soumis cette contrée par la force des armes. Cette opinion, nous le disons sans hésiter, a la même valeur que celle qui verrait dans les *prudents* (jurisconsultes romains) des conquérants de Rome. Toujours des inventions à la place de la réalité; on se répand en systèmes, en hypothèses, comme si l'on se trouvait en face d'une civilisation qui se fut éteinte sans laisser d'autre traces que des lambeaux d'inscriptions sur des tronçons de colonnes; on cherche à se signaler par d'ingénieux aperçus, on ne recule devant rien, et comme ce personnage de la fable qui prenait le nom du Piré pour celui d'un homme, on prend un adjectif, qualifiant une classe d'individus, pour le nom d'un peuple, et pour ne point s'arrêter en un chemin aussi facile, on va jusqu'à faire l'histoire *imaginaire* de ce peuple *supposé*.

Arya brachmanaa, signifie en samscrit, illustre ou excellent brahme. Arya gourou, illustre maître, etc... Le mot de arya est un simple qualificatif qui s'appliquait dans l'Inde, avant l'introduction des castes, aux hommes distingués par leur science, leur vertu ou leur position. Si on veut se faire une idée exacte de l'acception de ce mot, on n'a qu'à le prendre dans le sens que les Anglais donnent à leur mot d'*honorable* appliqué à un membre du parlement ou de l'aristocratie.

Il n'y a donc pas plus d'Aryas que d'Aryens au début de l'histoire de l'Inde, et nous défions les inventeurs de ce peuple fabuleux de baser leur opinion sur un seul texte sérieux, intelligemment traduit.

Nous ne sommes que juste en reconnaissant que cette première période de la puissance brahmanique a brillé dans l'Inde d'un éclat sans pareil, et a légué au monde entier d'impérissables souvenirs.

Gouvernant des peuples peu nombreux encore dans ces immenses contrées de l'Indoustan, qui donnaient presque sans travail l'aisance à tous, se souvenant de l'origine de leur élévation qui provenait du choix libre des tribus, les prêtres ne pouvaient songer de sitôt à abuser de leur puissance.

Les fragments littéraires que nous possédons sur cette époque, nous les montrent uniquement occupés de hautes sciences, d'astronomie, de mathématiques, de philosophie religieuse et de poésie; et l'on peut dire que dans ces deux dernières branches, ils arrivèrent en quelques siècles à une hauteur que ni les Grecs ni les modernes n'ont pu dépasser.

Voici un passage d'un discours adressé par le brahmatma Yati-Richi aux brahmatchari ou élèves en théologie. Qu'on nous dise s'il serait possible aujourd'hui de formuler une morale plus pure dans un langage plus élevé.

« Un homme n'est pas vieux parce que sa tête grisonne, ce ne sont point les années, ni les cheveux blancs, ni les richesses

qui constituent une vie bien remplie devant le Seigneur : la
connaissance de la sainte Écriture, la pratique des vertus
enseignées par la conscience, qui est la voix de Brahma parlant à sa créature, doivent être le seul souci de l'homme sur
la terre. O vous, qui prétendez enseigner la sainte loi de Dieu
à vos semblables, conformez votre vie aux règles suivantes,
si vous voulez être respectés et entendre dire autour de vous :
— Celui-là est véritablement un serviteur de Brahma.

« Ayez toujours l'esprit pur, et le langage aussi pur que
l'esprit !

« Fuyez, quand vous vous adressez aux femmes, toute
façon de parler qui pourrait blesser leur pudeur. Le prêtre
qui fait naître des images voluptueuses dans l'imagination
des femmes auxquelles il s'adresse, doit être chassé du temple, comme un empoisonneur de l'âme!!! » (Il paraît que
cela arrivait déjà!)

« Le cœur de la femme est aussi délicat que les corolles
du lys ou de la fleur du lotus, une fois souillé par d'indécents
propos il ne retrouve plus sa fraîcheur. » — Lire à titre de
comparaison dans le Compendium théologique du révérend
père Moullet, en usage dans tous les séminaires, les conseils
donnés aux prêtres pour confesser les jeunes filles et les
femmes mariées. Nous n'oserions pas citer, même en latin.
— Continuons notre citation.

« Fuyez tout honneur mondain comme du poison, soyez
humbles de cœur ; vous ne pouvez être dignes d'enseigner
aux autres que si vous les dépassez en sagesse et en austérité de mœurs.

« Maîtrisez tous vos penchants, de façon à les pouvoir diriger vers le bien ; il ne vous est point loisible de ne pratiquer la vertu que comme le commun de vos frères , *et sachez
que le brahme prêtre qui n'est pas un exemple, est un scandale.* »

Le brahmatma Yati-Richi, qui s'exprimait ainsi, est celui-
là même dont nous avons déjà parlé, et dont la nomination
fut consacrée par une observation astronomique, l'an 13300
avant notre ère.

Plus la vie des brahmes se rapprocha de ces sublimes

principes et plus, on le conçoit, leur influence dut grandir et s'imposer facilement. C'est dans l'austérité des exemples qu'ils donnaient à la foule, qu'il faut aller chercher, n'en doutons point, le secret du respect qu'ils inspirèrent aux Indous, qui supportèrent pendant tant de siècles leur domination.

Il serait impossible de nombrer les monuments, les temples, les pagodes, que cette époque de foi ardente éleva à la divinité, comme aussi d'indiquer tous les livres, tous les poëmes qui furent écrits en son honneur.

Dieu fut étudié, chanté, célébré par toutes les forces vives de l'intelligence brahmanique : philosophie, sciences, poésie, tout débutait et se terminait par une invocation à son saint nom, ainsi que nous l'avons déjà dit, l'hymne patriarcal se continuait...

Sans doute, au milieu de cette société nouvelle, il devait se développer des ferments de discorde ; heureux du pouvoir qu'on leur avait donné, les chefs, parmi les brahmes, devaient s'inquiéter de le conserver, de l'assurer contre tout espèce de retour de la part du peuple; mais il nous est impossible de caractériser, à cette distance, le travail souterrain qui se fit dans les esprits pendant une période de près de deux mille années, c'est-à-dire du jour où les prêtres se réunirent peu à peu en corporation, jusqu'au moment où, jouissant d'une incontestable autorité, ils publièrent les védas, recueil de toutes les prières et cérémonies anciennes, en y intercalant les textes nécessaires à leur domination, édictèrent, sous le nom de Manou (en samscrit, le sage législateur), un code de lois nouvelles, rejetant toutes les coutumes anciennes d'égalité, divisant le peuple en castes, instituant les brahmes maîtres du monde; et établirent ce dogme de la trimourti ou trinité de Dieu, duquel devait naître le polythéisme et les superstitions les plus monstrueuses.

Ce fut sous le brahmatma Vasichta-Richi, environ douze mille ans avant notre ère, que s'accomplit cette révolution religieuse.

Les védas et Manou, recueillis et codifiés dans l'esprit

brahmanique, furent donnés comme révélés par Brahma lui-même, et la peine de mort fut édictée contre quiconque oserait douter de cette vérité.

Le culte au dieu unique ou Zeus irrévélé, réservé aux prêtres, fut défendu aux basses classes, et trois temples dédiés aux trois personnes de la trimourti Brahma, Vischnou, Siva, ouvrirent leurs portes à l'adoration du peuple, et il fut permis de choisir celle des trois personnes de la trinité à laquelle chacun préférait rendre ses hommages.

Ajoutons, pour terminer l'ensemble de ces réformes, que chaque Indou dut porter, tatouée sur le front, la marque de sa caste et celle du dieu auquel il s'était voué. Voici ces ces marques, dont nous allons donner le sens symbolique :

Signes indiquant la caste.

Caste brahme ou des prêtres. . . . .

Caste des aryas ou xchatrias, c'est-à-dire des chefs. .
Caste des vaysias, c'est-à-dire des marchands et cultivateurs. . . . .
Caste des soudras, c'est-à-dire des bas artisans et des serviteurs. . . . .

Signes indiquant la divinité adorée par l'Indou.

Adorateurs de Zeus, le Dieu irrévélé ; les brahmes seuls, même signe que celui de leur caste. . . . .
Sectateurs de Brahma. . . . .
Sectateurs de Vischnou. . . . .
Sectateurs de Siva. . . . .

Le soleil inscrit dans un triangle est la figure de Zeus, ou Dieu irrévélé, et les trois côtés du triangle, les trois personnes de la trimourti ou trinité ; ce signe indique que les brahmes sont issus de Dieu ; les deux côtés du triangle des aryas indiquent qu'ils se rapprochent des brahmes et tiennent d'eux leur autorité.

La barre transversale des vaysias indique qu'ils sont

soumis aux brahmes et aux aryas, et la perpendiculaire trois fois barrée des soudras témoigne de leur soumission aux trois autres castes supérieures.

Les signes religieux, à part celui des brahmes, qui est le même que celui de la caste, et qui indique l'unité de Dieu dans la trinité, n'ont pas de sens figuré, ils font simplement connaître quelle est la personne de la trimourti qu'adore l'Indou porteur d'un de ses signes.

Chaque Indou était obligé de porter les deux marques de la caste et du culte, afin qu'à première vue on pût savoir quel était son rang dans la société.

Ainsi le double signe ⟨♦⟩ se lisait : aryas ou xchatrias, adorateurs de Brahma, et de même pour les autres...

De nos jours le signe de caste a disparu, mais telle a été la force de ce lien religieux que tous les Indous, à quelque classe qu'ils appartiennent, portent encore au front la marque du dieu qu'ils adorent.

Ainsi, ordre, sous peine de mort, de regarder les védas et Manou, tels qu'ils venaient d'être codifiés et abrégés dans l'intérêt des brahmes, comme la parole de Dieu révélée.

Le prêtre issu de Dieu!

Le peuple divisé en castes, et chaque homme marqué comme un animal, afin qu'il ne pût prendre, dans le troupeau, une autre place que celle qui lui avait été assignée!

Tout cela fut promulgué sous le pontificat du chef religieux Vasichta-Richi.

C'est avec raison que nous disions, il n'y a qu'un instant, que nous ne pouvions apprécier la marche des esprits pendant les deux mille années environ qui précédèrent cette révolution brahmanique, mais que nous constatons en même temps que les brahmes avaient dû mettre ce temps à profit pour consolider leur influence. Il est évident, par ce fait, qu'aucun soulèvement n'eut lieu sous Vasichta contre l'autorité des prêtres, que les nouvelles mesures décrétées avaient déjà été habilement imposées par les brahmes au peuple, et qu'elles avaient passé depuis longtemps dans les mœurs lorsqu'elles reçurent la consécration de la loi et une sanction pénale.

Il est également rationél, au point de vue historique, de croire que de pareils bouleversements sociaux ne se peuvent accomplir qu'avec l'appui des siècles.

Sous la haute et suprême direction du brahmatma, les brahmes furent divisés : en prêtres uniquement consacrés au culte, théologiens, en philosophes, historiens, mathématiciens, grammairiens, astronomes, naturalistes et poëtes. La science fut renfermée dans les pagodes, et il fut défendu, sous peine du rejet de la caste, et dans certains cas de la mort, d'initier aux sciences réservées aux brahmes les membres des autres castes.

Le prêtre commençait à jouer son véritable rôle sur la terre, qui est de régner par l'ignorance, la compression et le mystère.

Les aryas ou xchatrias, sous la suprême direction des brahmes, fournirent des guerriers pour la défense du nouvel ordre de choses et des fonctionnaires pour l'administration et la perception des impôts.

Un des premiers actes civils des brahmes fut de changer en un droit fixe et de prélèvement forcé, les cadeaux et offrandes que le peuple leur faisait primitivement de plein gré. Ils établirent la taxe suivante :

« Sur les bestiaux, l'or et l'argent, la cinquantième partie est prélevée.

« Sur le riz, la huitième partie ; sur tous les autres grains la sixième.

« Sur la viande, le miel, le beurre, l'huile, la cinquième partie.

« Sur les arbres, les parfums, les plantes médicinales, les sucs végétaux, les fleurs, les racines, les fruits, le sel, les épices, les feuilles, les plantes potagères, l'herbe, le sirop de canne, les peaux, les toisons, les étoffes tissées, les vases de terre et de pierre, les métaux, la sixième partie.

« Les membres de la caste des soudras doivent deux jours de travail sur sept.

« Aucun impôt ne peut, en aucun cas, être prélevé sur ce
qui appartient à un brahme. »   (*Manava.*)

On ne dira pas que les gouvernements sacerdotaux ne
s'entendent point aux lois de finance sans se donner la peine
de faire de longues énumérations, en quatre ou cinq articles
au plus, ils attirent à eux la sixième et la cinquième partie
de toutes les richesses de la nation. Et pour assurer à tout
jamais leur domination sur les bases solides de la propriété,
les brahmes se l'attribuent par cet article unique, connu sous
le nom de loi de Vasichta.

« Les membres des basses castes ne sont qu'usufruitiers
du sol, qui appartient aux brahmes seuls, et les xchatrias
ne sont propriétaires que de la portion qu'ils détiennent et
que les brahmes leur ont concédée. »

Cette loi, qui a peut-être contribué le plus à étouffer
l'Inde, fut un véritable coup de maître des brahmes et eut,
sans aucun doute, éternisé leur despotisme sans les invasions étrangères qui se sont emparées de cette contrée, puisqu'elle existe encore au profit du gouvernement dans la plus
grande partie du territoire soumis aux Anglais, *et qu'elle n'a
été rapportée, dans les possessions françaises, que par un décret
de 1856.*

Les Indous ne sont donc propriétaires du sol qu'ils culti-
vent, dans nos possessions de l'Inde, que depuis quinze ou
seize ans!!

Ainsi, dans la constitution de la société nouvelle, tout
appartint au prêtre, tout releva de son autorité, ce n'est que
par licence que les autres hommes usent de la terre et vivent
autour d'eux.

Écoutons le complaisant abrégé de Manou, rédigé par les
brahmes, et indiquant sommairement la situation et les
devoirs des quatre castes.

« Pour la propagation de la race humaine, Dieu produisit
de sa bouche le brahme, de son bras l'aryas, de sa cuisse le
vaysia, et de son pied le soudra...

« Instruit ou ignorant, un brahme est une divinité puissante, de même que le feu, qu'il soit consacré ou non, est un puissant élément.

« Doué d'un éclat pur, le feu n'est pas souillé même quand il brûle les morts, et cela ne l'empêche point de briller ensuite dans les sacrifices, quand on répand sur lui l'huile sainte ou le beurre clarifié.

« Ainsi, lors même que les brahmes se livreraient aux actes les plus vils, ils doivent constamment être respectés, car ils ont en eux quelque chose de divin. »

(N'est-ce pas la théorie romaine dans toute sa pureté.)

« Si un arya se porte à des excès d'insolence envers les brahmes, qu'un brahme le châtie immédiatement, car le xchatria tire tout son pouvoir du brahme.

« Des eaux procède le feu ; de la classe sacerdotale procède la classe militaire, et de même que le fer s'émousse sur la pierre, le xchatria ne peut prévaloir contre le brahme.

« Le brahme peut prospérer sans l'arya, mais le xchatria ne peut s'élever sans le brahme. En s'unissant toutes deux, la classe sacerdotale et la classe militaire s'élèvent dans ce monde et dans l'autre.

« Les xchatrias doivent remettre fidèlement aux brahmes toutes les richesses qui sont le produit des impôts et des amendes légales. »

(Au moyen âge, nos brahmes n'entendaient pas plaisanterie non plus sur la rentrée de la dîme.)

« Se soumettre en tout aux volontés des brahmes, telle est la règle de conduite que les xchatrias doivent s'imposer. »

Voici maintenant les recommandations qui regardent les commerçants et les hommes de la classe servile.

« Le vaysia, après avoir reçu les sacrements prescrits, —

baptême, — purification par la nourriture divine, — confirmation, — doit se marier et s'occuper avec soin de sa profession de marchand, et de l'entretien des bestiaux.

« En effet, le seigneur des créatures, après avoir produit
les animaux utiles, en confia le soin au vaysia et plaça toute
la race humaine sous la tutelle des prêtres, qui transmettent, quand bon leur semble, une partie de leur pouvoir aux
xchatrias.

« Qu'il ne prenne jamais à un vaisya la fantaisie de dire :
« — Je ne veux plus avoir soin des bestiaux. » — Il doit
toujours être disposé à s'en occuper, et aucun autre homme
d'une autre caste ne doit en prendre soin.

« Qu'il soit bien informé de la hausse et de la baisse du
prix des pierres précieuses, des perles, du corail, du fer, des
tissus, des parfums et des assaisonnements.

« Qu'il soit bien instruit de la manière dont il faut semer
les graines, et des bonnes ou mauvaises qualités des terrains;
qu'il connaisse aussi parfaitement le système complet des
mesures et des poids.

« La bonté ou les défauts des marchandises, les avantages
et les désavantages des différentes contrées, le bénéfice ou la
perte probable sur la vente des objets, et les moyens d'augmenter le nombre des bestiaux.

« Il doit connaître les gages qu'il faut donner aux domestiques et les idiomes vulgaires des basses classes, les meil-
leures précautions à prendre pour conserver les marchandises et tout ce qui concerne l'achat et la vente.

« Qu'il fasse les plus grands efforts pour augmenter sa
fortune d'une manière loyale, et qu'il ait bien soin de donner
de la nourriture à toutes les créatures animées.

« Une obéissance aveugle aux ordres des brahmes versés
dans la connaissance de la sainte Écriture révélée et de toutes
les sciences, et qui sont renommés entre toutes les créatures pour leur vertu, est le principal devoir de la caste
des soudras, et procurera à ses membres la récompense en
l'autre vie.

« Un soudra pur de corps et d'esprit, humble, soumis aux
volontés des classes supérieures, doux en son langage,

exempt d'arrogance, et s'attachant principalement aux brah.
mes, obtient une naissance plus relevée.

« Telles sont les règles prescrites concernant la conduite
des quatre classes... »

Il était impossible d'établir un gouvernement sacerdotal
plus admirable. Au sommet, les prêtres, maîtres de tout,
puisque tout appartient à Dieu; puis les chefs ou aryas gouvernant d'après leurs ordres, recevant d'eux l'onction et la
puissance; puis les vaysias, marchands, négociants, cultivateurs, travaillant à enrichir l'État, à engraisser leurs sain-
tetés brahmaniques; et enfin le soudra, esclave ou domestique de tout le monde.

Voilà quels furent les débuts de la société sacerdotale, les
premiers pas du prêtre dans cette voie audacieuse d'absorp-
tion et de domination qu'il n'a plus quitté depuis.

Combien nous sommes loin de la société patriarcale que
nous avons étudiée; deux mille ans ont suffi pour amener à
leur apogée les plus mauvaises passions humaines, et créer
une terrible plaie qui n'abandonnera plus les sociétés qui
vont naître, qui les rongera malgré leur apparente splendeur
et que nous nommerons :

La plaie des parasites.

Nous allons voir se développer, dans toute son infernale
habileté, l'art de réduire l'homme par la superstition et le
préjugé religieux à l'état de machine à travail et à production !

CHAPITRE VI.

BRAHMES ET LÉVITES.

Avec les brahmes, commençaient quinze mille ans d'oppressions basés sur l'esclavage, la corruption, l'ignorance, la superstition et le mensonge.

Volney, l'immortel auteur des *Ruines*, dans un chapitre qu'on devrait imprimer en tête de tous les livres d'histoire et de philosophie, fait comparaître devant lui, par une ingénieuse fiction, tous les successeurs des brahmes, mages, lévites, bonzes, rabbins, imans et derviches, et, les mettant aux prises les uns les autres, tire de leurs discussions et de leurs aveux, la conclusion suivante :

« Il se trouva que chez tous les peuples, l'esprit des prêtres, leur système de conduite, leurs actions, leurs mœurs, étaient absolument les mêmes.

« Que partout ils avaient composé des associations secrètes, des corporations ennemies du reste de la société.

« Que partout ils s'étaient attribué des prérogatives, des immunités, au moyen desquelles ils vivaient à l'abri de tous les fardeaux des autres classes.

« Que partout ils n'essuyaient ni les fatigues du laboureur, ni les dangers du militaire, ni les revers du commerçant.

« Que partout, ils vivaient célibataires afin de s'épargner jusqu'aux embarras domestiques.

« Que partout, sous le manteau de la pauvreté, ils trouvaient le secret d'être riches et de se procurer toutes les jouissances.

« Que sous le nom de mendicité, ils percevaient des impôts plus forts que les princes.

« Que sous celui de dons et d'offrandes, ils se procuraient des revenus certains et exempts de frais.

« Que sous celui de recueillement et de dévotion, ils vivaient dans l'oisiveté, et dans la licence.

« Qu'ils avaient fait de l'aumône une vertu, afin de vivre tranquillement du travail d'autrui.

« Qu'ils avaient inventé les cérémonies du culte, afin d'attirer sur eux le respect du peuple en jouant le rôle des dieux, dont ils se disaient les interprètes et les médiateurs pour s'en attribuer toute la puissance; que dans ce dessein, suivant les lumières ou l'ignorance des peuples, ils s'étaient faits tour à tour, astrologues, tireurs d'horoscopes, devins, magiciens, nécromanciens, charlatans, médecins, courtisans, confesseurs de princes, toujours tendant au but de gouverner pour leur propre avantage.

« Que tantôt ils avaient élevé le pouvoir des rois, et consacré leurs personnes pour s'attirer leurs faveurs, ou participer à leur puissance.

« Et que tantôt ils avaient prêché le meurtre des tyrans — se réservant de spécifier la tyrannie — afin de se venger de leurs mépris ou de leur désobéissance.

« Que toujours ils avaient appelé impiété ce qui nuisait à leurs intérêts, qu'ils résistaient à toute instruction publique pour exercer le monopole de la science; qu'enfin en tout temps, en tout lieu, ils avaient trouvé le secret de vivre en paix au milieu de l'anarchie qu'ils causaient, en sûreté sous le despotisme qu'ils favorisaient, en repos au mileu du travail qu'ils prêchaient, dans l'abondance au sein de la disette, et cela en exerçant le commerce singulier de *vendre des paroles et des gestes*, à des gens crédules qui les payent comme des denrées du plus grand prix. »   (*Volney.*)

Jamais coup plus direct, plus incisif, ne fut porté au lévitisme, et nous ne pouvions caractériser ce sombre despotisme sacerdotal dont nous étudions les débuts, par une citation qui eut plus d'à-propos et plus d'autorité.

Le jour ou l'histoire de l'humanité sera refaite dans l'esprit qui a dicté ces lignes, déchirant tous les voiles, enlevant
tous les masques, indiquant l'origine de tous les préjugés...
mais ce jour-là seulement, nous pourrons dire que nous
sommes en progrès.

Ce n'est pas en nourrissant les générations qui s'élèvent,
dans les traditions mensongères du passé que l'on fera
l'avenir...

Assez longtemps le manteau est resté sur Noé, cachant ses
vices et sa décrépitude; il faut regarder en face le vieil
homme, et quand nous serons bien persuadé qu'il est mort
étouffé par le prêtre et l'autel, nous reviendrons à la pure et
simple religion naturelle, retour que le grand philosophe du
XVIIIe siècle que nous venons de citer, prévoyait sans doute
lorsqu'il s'écriait :

« Il faut tracer une ligne de démarcation entre les objets
vérifiables et ceux qui ne peuvent être *vérifiés*, et séparer
d'une barrière inviolable le monde des êtres fantastiques du
monde des réalités, c'est-à-dire qu'il faut ôter tout effet
civil, aux opinions théologiques et religieuses...

« O rois et prêtres, vous pouvez suspendre encore quelque temps la publication solennelle des *lois de la nature*,
mais il n'est plus en votre pouvoir de les anéantir ou de les
renverser. »   (*Volney.*)

Plus nous creuserons les origines de toutes les supersti-
titions, de toutes les jongleries qui, pendant des milliers
d'années ont courbé les peuples sous la main d'une poignée
d'ambitieux, et plus nous avancerons le moment où l'humanité rejetera ce sinistre héritage.

Poursuivons donc nos études sur le foyer antique, d'où
est sorti sous le nom de révélation divine, tout l'arsenal de
fables et de mystères dont la métaphysique religieuse a
orné tous les temples, tous les panthéons et toutes les
églises.

CHAPITRE VII.

ARYAS. — ARIOI. — ARII. — ARIA. — ARIMAN.

Avant d'aborder l'histoire des cérémonies, des mystères, des incarnations indous, de présenter dans son ensemble ce symbole religieux que les différentes émigrations parties des plateaux de la haute Asie ont emporté, en le transformant, sur les terres nouvelles qu'elles venaient coloniser, que l'Égypte conserva dans le sanctuaire de ses temples, que les compagnons d'Iodha abritèrent dans les sombres forêts du nord, que la Grèce honora dans les mystères d'Éphèse et de Delphes, et dont le christianisme ne fut qu'une rénovation aussi complète que possible :

Qu'on nous permette d'emprunter à la philologie une des plus extraordinaires preuves qu'elle puisse fournir, que tous les peuples du globe, hors ceux appartenant à la race noire, ont eu pour berceau les plateaux de l'Hymalaya et les plaines de l'Inde; et que les émigrations successives qui se sont répandues jusque dans les contrées les plus éloignées, n'ont commencé qu'à une époque où la langue était déjà fixée, la domination brahmanique bien établie, et par conséquent ont dû emporter avec elles, tous les préjugés, idées, mœurs et coutumes d'une civilisation déjà vieille.

Les preuves générales abondent, et nous ne reviendrons pas sur celles que nous avons données dans nos premières études sur l'Inde, et aussi dans le présent ouvrage. On sait que le samscrit a formé toutes les langues, que l'on rencontre sur toute la surface du globe des identités de mœurs, explicables seulement par la communauté d'origine, et que le mythe religieux, objet spécial de ce livre est le même sous toutes les latitudes.

La preuve philologique dont nous voulons parler est toute particulière, toute spéciale à un fait, à une idée, à une qualification, que nous allons retrouver et exactement semblable, et comme sens, et comme appellation sur tous les points du globe, et même dans les îles les plus éloignées de l'Océanie. Elle démontrera également, à cette science officielle si habile à construire des romans sur un passé qu'elle pourrait étudier dans le livre, *le jour ou elle se décidera sérieusement à en apprendre la langue...* que les Aryas n'ont jamais existé comme peuple, et qu'elle a pris un qualificatif de caste pour le nom d'une nation.

Les brahmes donnèrent à ceux d'entre eux qu'ils chargèrent d'administrer et de gouverner l'Inde, le nom d'*aryas* qui, ainsi que nous l'avons déjà dit, signifie en samscrit, *excellents*. Plus tard, lorsque leur domination acceptée depuis des siècles leur permit, dans un but que nous avons signalé, de diviser le peuple en castes, la classe particulière qu'ils déclarèrent la plus noble parce quelle était issue de celle des prêtres, et à qui ils remirent comme par le passé toutes les fonctions de leur gouvernement se nomma la caste des *aryas* (d'où sont sortis les rois appelés xchatrias).

Lorsque Zoroastre (en samscrit, Souryastara, qui répand le culte du soleil), ce transfuge des pagodes de l'Inde, fonda le magisme en Perse, une des trois personnes de la trinité qu'il plaça en tête de la religion nouvelle reçut le nom d'*Ari-man*, de ces deux mots samscrits *arya* (excellent, noble), et *man* (Dieu créateur), ce qui signifie *le dieu de la caste noble*. La première ville fondée dans la Perse ancienne, reçut le nom d'*Arya* (aujourd'hui Hérat), ce qui signifie la *ville de la classe royale*.

Plus tard la Perse, et toutes les contrées environnantes, prirent ce nom général d'*Arya*, d'où sont venus les noms d'*Asia* et d'*Asie*.

Il existe, au centre de l'Afrique, une population que l'on trouve parsemée en villages, de la haute Égypte aux rives du Niger et du Sénégal, dont le type régulier, le teint clair, les cheveux longs et soyeux, décèlent une origine asiatique ; peut-être est-ce un des rameaux de l'émigration de Manou-Vena, qui continua sa route à travers le continent ; peut-être encore est-ce une émigration plus ancienne qui poussa à l'aventure droit devant elle, pour voir si elle ne rencontrerait pas un pays plus habitable que les terres basses du Delta, qui devait être à cette époque à peine débarrassé des eaux, et que les autres provinces inondées par le Nil. Quoi qu'il en soit, l'origine asiatique de ces populations appelées en Abyssinie, en Nubie, et dans l'ouest du pays d'Assouan, les Poulhs ; dans le haut Niger, les Poulahs ; et sur les rives du Sénégal, les Peuls, ne saurait être mise en doute ; leur culte basé sur la trinité, ainsi que leurs cérémonies religieuses qui sont un écho de celles de l'Inde, démontrent surabondamment que le pays de leurs ancêtres n'est point cette grossière terre d'Afrique, dont toutes les races autochtones sont d'une notoire infériorité.

Eh bien ! ces Poulhs, Poulahs ou Peuls, tirent leurs rois, leurs chefs, leurs grands prêtres d'une classe dominante qu'ils nomment la *famille des arioi*.

Dans tous les groupes d'îles de l'Océanie, habités par la race jaune, les mœurs et les coutumes intimes principalement, rappellent à s'y méprendre celles des Indous, et chose extraordinaire, aux Sandwich, aux îles Marquises, dans le groupe des îles de la Société, à Taïti, à Borabora, Raiatea, Huahin, dans l'archipel des Pomoutou, la classe royale s'appelle la *classe des arii* : sur la grande terre de la nouvelle Irlande, la caste des chefs se nomme également la famille *des arii*.

Nous devons dire au lecteur que nous ne lui donnons point par ouï dire ces étranges renseignements, qui jettent un jour si curieux sur l'histoire de l'humanité, *nous les avons recueillis et contrôlés nous-même* avec la plus scrupuleuse exactitude, tant dans l'Inde, qu'en Afrique et en Océanie, ce que nous avons pu faire avec d'autant plus de facilité que plusieurs idiomes de ces différentes contrées nous sont familiers.

Si des noms de peuples, de castes, de famille et de pays,
nous passons aux simples substantifs qualifiant des hommes
et des idées, nous assistons à des rapprochements plus ins-
tructifs encore. Car ils démontrent, que si les castes qui se
trouvaient à la tête des émigrations, ont tenu à conserver
pour eux et leurs familles ces titres *d'arya* et *d'arii*, les simples particuliers s'en ornaient avec orgueil comme d'un
titre de noblesse, et faisaient entrer dans leur nom propre,
ce radical *ari*, qui signifie *noble, excellent*, non-seulement en
samscrit, mais encore dans toutes les langues de l'antiquité
et la plus grande partie des idiomes modernes.

Arya en samscrit, Ἀρ-στς en grec, *ari-stocratie* en français, et
ainsi de même en anglais, en allemand, en italien, en espa-
gnol, avec une simple variation dans la terminaison.

Tous les noms suivants de l'antiquité ont la même origine,
et indiquaient, soit la noblesse de la naissance, de la caste,
soit la réputation acquise par la poésie ou la science :

Ari-arathe, dynastie du royaume de Cappadoce.

Ari-cie, princesse athénienne de la famille des Pollan-
tides.

Ari, capitale des Moabites.

Ari-stogaras, qui souleva l'Ionie sous Darius.

Ari-starque, mathématicien grec, disciple de Strabon.

Ari-stie, figure de la mythologie grecque, successivement
berger, roi et divinité.

Ari-stenète, écrivain grec.

Ari-stide, le juste, banni d'Athènes. Ce nom fut porté par
un grand nombre de philosophes, orateurs, et écrivains.

Ari-stion, sophiste athénien, ami de Mithridate.

Ari-stippe, philosophe cyrénoïque.

Ari-stobule, le prince ami des grecs.

Ari-stoclès, philosophe péripathéticien.

Ari-stocrate, nom d'une dynastie de roi d'Arcadie.

Ari-stodème, un des Héraclides qui vint d'Asie à la tête
des Doriens, conquérir le Péloponèse. Plusieurs rois de Mes-
sénie portèrent ce nom.

Ari-stogiton, complice d'Harmodius dans le meurtre du
tyran Hipparque.

Ari-stomène, général messénien.

Ari-stophane, le plus grand poëte comique de l'antiquité.

Ari-stote, le grand philosophe, disciple de Platon.

Ari-stoxène, musicien grec de Tarente.

Tenons-nous à ces exemples plus que suffisants, pour démontrer à quel point castes, peuples, rois, héros, philosophes, grands écrivains, et personnages célèbres de l'antiquité, tinrent à honneur de signaler la noblesse de leur origine, par l'emploi dans leur nom de ce radical samscrit *arya, ari,* qui désigna dans l'Inde d'abord, cette partie de la caste brahmanique dont les prêtres se servirent pour gouverner; puis la classe des rois et des guerriers, après l'introduction des castes.

Ainsi, dans quatre parties du monde sur cinq, en Asie, en Afrique, en Europe et en Océanie, la plupart des peuples se souvenant de leur origine, ont conservé l'expression nobiliaire de l'Inde, pour désigner leurs familles royales, aryas, arioi, arii, et leur ari-stocratie!

De pareilles similitudes philologiques, qui ne se peuvent attribuer au hasard, puisqu'il y a identité de mot et de signification, en venant démontrer d'une manière irrécusable la commune origine de tous les peuples, et la maternité de l'Inde, n'indiquent-elles pas également que les croyances religieuses, si chères aux émigrants, durent être conservées par eux avec autant de fidélité que leurs distinctions de familles et de castes, et qu'il est possible de les retrouver au milieu des transformations que les siècles leur ont fait subir.

Nous ne nous étendrons point davantage sur ce sujet qui porte avec lui, sans qu'il soit besoin de commentaire, de bien précieux enseignements.

Que pourrait-on trouver, pour l'histoire de la filiation des peuples et des langues, de plus curieusement révélateur, que ce mot qui apparaît aux premiers âges de la civilisation indoue, et qui depuis vingt mille ans et plus, se retrouve chez tous les peuples et dans toutes les langues, avec la même forme grammaticale, et la même signification!!!...

Il y a quelques années, une date de vingt mille ans nous

eut fait jeler les hauts cris... Qu'est-ce aujourd'hui, en présence des découvertes qui nous ont fait retrouver l'homme
dans les terrains tertiaires, c'est-à-dire l'homme qui nous a
précédé de quelques centaines de mille années... Messieurs
de Rome auront beau s'agitter, la chronologie biblique a
vécu, et c'en est fait sans retour de la révélation.

CHAPITRE VIII.

BRAHMATMA. — BOUDDHI. — ZERDUST. — MIKADO. —
LAMA. — PAPE.

Le brahmatma (en samscrit, la grande âme), dont nous avons déjà eu occasion de parler, fut le chef religieux placé par les brahmes à leur tête, comme une manifestation visible et permanente de Dieu sur la terre.

Selon la légende, le brahmatma sortit du cerveau de Brahma, et reçut de lui le pouvoir de créer les prêtres.

Suivant des annales authentiques, basées sur la chronologie astronomique, on pourrait remonter de brahmatma en brahmatma jusqu'à vingt-cinq mille ans environ, au delà de notre ère.

Sans qu'il nous soit possible de rien affirmer à cet égard, — on conçoit que nous ne puissions à nous seul, traduire tout l'histoire brahmanique, — nous pouvons dire qu'une pareille antiquité nous paraît d'autant moins invraisemblable, que nous avons pu nous-même fixer, et cela d'une manière certaine l'élection de Yati-Richi à ce poste suprême, à l'année *treize mille trois cent* avant Jésus-Christ. Autorité sans bornes, sans contrôle au spirituel comme au temporel pendant toute la période qui nous occupe, ce souverain religieux, ne perdit plus tard, à l'avénement des rois, son pouvoir temporel, que pour voir croître encore, si cela eut été possible, son prestige spirituel.

On peut dire que, s'il n'exerça plus la souveraineté directement, il n'en fut pas moins le maître le plus absolu en toutes matières, puisque les rois ne furent que des esclaves, qu'il avait le droit de déposséder suivant son bon plaisir.

Il était impossible de résister aux manifestations même les plus insensées de son autorité, du moment où il ne pouvait faire un geste ou prononcer une parole qui ne fussent immédiatement attribués à Dieu lui-même.

L'histoire des temps primitifs de l'Inde, est pleine de récits curieux sur les mortifications, austérités et punitions, imposées par les brahmatmas aux rois qui avaient eu quelques velléités de reconquérir leur indépendance.

Et cependant, comme nous le verrons par la suite, ce fut par des révoltes d'aryas contre l'autorité brahmanique, que la royauté s'établit dans l'Inde... Mais, comme il arrive toujours en ces circonstances, prêtres et rois ne se tinrent pas rancune longtemps, et le peuple paya la réconciliation par un surcroît de corvées et d'impôts somptuaires... et le prestige religieux aidant, les rois ne tardèrent pas à retomber sous le joug qu'ils avaient secoué... les prêtres n'en furent que plus puissants, n'ayant plus à prendre aux yeux du peuple, la responsabilité des mesures arbitraires qu'ils faisaient endosser par leurs esclaves couronnés.

Le brahmatma vivait invisible, au milieu de ses femmes et de ses favoris dans son immense palais, ses ordres aux prêtres, aux gouverneurs de province, aux brahmes et aux aryas de tous ordres, étaient portés par des messagers qui avaient aux bras des bracelets d'argent ciselés à ses armes, et qui lui rendaient compte de l'exécution.

Lorsque ces officiers du brahmatma passaient dans les villes, dans les aldées, et dans les campagnes, montés sur leurs monstrueux éléphants blancs, couverts de tentures de soie et caparaçonnés d'or, précédés de nombreux coureurs qui annonçaient leur présence par le cri sacré : ahovata! ahovata!... les populations s'agenouillaient sur le bord des routes et des rizières, ne relevant la tête que quand le cortège avait disparu.

Les brahmes avaient le droit de rester debout, ils devaient seulement, lorsque passait devant eux l'éléphant consacré, qui portait au front les armes du brahmatma sculptées en or, porter la main sur leur tête et sur les lèvres en signe de respect.

Lorsque le brahmatma lui-même sortait, il ne pouvait le faire que dans un haoudah fermé à tous les regards par des rideaux tissés de cachemire, de soie et d'or, porté par l'éléphant blanc consacré à sa personne, que nul autre que lui n'avait monté, et qui ployait littéralement sous l'or massif, les tapis du Nepaul, les pierreries et les perles fines. La trompe de l'animal était ornée de plusieurs bracelets, merveille de patience et d'orfévrerie, à ses grosses oreilles pendaient d'énormes diamants d'une valeur inappréciable, et quant au haoudah, il était en bois de sandal inscruté d'or.

Le service du palais de ce représentant de Dieu sur la terre dépassait tout ce qu'il serait possible à l'imagination la plus féconde de rêver, et les descriptions que les brahmes ont laissées du palais d'Asgartha laissent bien loin derrière eux les merveilles de Thèbes, de Memphis, de Ninive et de Babylone, qui n'étaient du reste qu'un écho affaibli de celles de leurs ancêtres Indous.

Une fois par an le brahmatma se laissait voir au peuple, il faisait à pied le tour de la pagode de la ville d'Asgartha où il résidait, suivant l'arche colossale sur laquelle étaient gravés les principaux signes mystérieux du culte, accompagné par les danses des devadassi, vierges chargées de la garde du feu sacré dans le temple.

A sa mort, son corps était brûlé sur un trépied d'or, ses cendres jetées dans le fleuve sacré, c'est-à-dire dans le Gange, et les prêtres accréditaient dans le menu peuple le bruit qu'il avait disparu au milieu de la fumée des sacrifices pour aller s'absorber dans le sein de Brahma.

Avant de mourir, le brahmatma désignait aux prêtres celui d'entre eux qui lui paraissait le plus digne de lui succéder.

Telle est, à grands traits, la figure de ce chef religieux, sur la tête duquel les brahmes avaient fait reposer tout leur système, et que, dans notre désir de donner un ensemble de cette société sacerdotale, que toutes les autres ont copié à l'envi, nous prenons à peine le temps d'esquisser.

Chacun de nos chapitres donnerait aisément plusieurs volumes de recherches et d'études, le lecteur nous saura gré des efforts que nous faisons pour condenser la matière et lui donner en un seul, une idée générale, une vue rapide, mais juste, de cette vieille société et des emprunts qui lui ont été faits.

Ainsi le brahmatma, dans la religion brahmanique, était la clef de voûte religieuse et civile de l'édifice. Représentant de Dieu sur la terre, chef visible et infaillible de l'Église, tout droit émanait de lui, toute solution de sa part était sans appel, chaque brahme était son délégué, et les princes du temporel ses serviteurs...

N'est-ce point cette situation que l'Église romaine a tentée au moyen âge de conquérir pour son pape?

Lorsque Bouddah tenta de ravir aux brahmes leur puissance, et que, chassé de l'Inde, il se refugia à Ceylan, en Tartarie, au Thibet et en Chine, chacune de ces contrées où s'établit son culte, qui ne fut qu'une copie de celui des brahmes qu'il avait voulu renverser, admit un chef religieux, — representant de Dieu à l'imitation du brahmatma, comme lui émanation céleste, pouvoir absolu et irresponsable, gardien de toute vérité civile et religieuse; ce chef se nomma à Ceylan le bouddhi, en Tartarie et au Thibet le lama.

Zoroastre (Souryastara), ce brahme poursuivi par ses frères jusqu'à la cour de Perse, où il dévoilait aux yeux d'Isfendiar les mystères réservés dans l'Inde aux initiés, donna aussi au magisme un chef suprême du culte appelé le zerdust, mais son pouvoir resta toujours circonscrit dans le cercle des choses religieuses; malgré tous les efforts qu'il fit pour étendre sa domination, les rois de Perse ne se laissèrent point mettre en tutelle...

Le Japon, dont la religion est un mélange de bouddhisme et de brahmanisme, — de même que sa langue n'est aussi qu'un dérivé du samscrit, — eut également son chef religieux sous le nom de daïri-sama, c'est-à-dire émanation du Seigneur, — sama et sami sont deux mots qui signifient Dieu en samscrit.

Ce souverain religieux, qui a résisté à toutes les révolutions, se nomme aujourd'hui le mikado.

Voici dans quels termes en parle M. de Jancigny, l'ancien aide de camp du roi d'Aoude :

« Ce souverain règne par droit divin, comme descendant des dieux,... il déifie et canonise les grands hommes après leur mort sur la proposition du taïcoun (chef civil); il a seul le droit de déterminer le jour où doivent être célébrées les fêtes mobiles, nomme ou confirme les supérieurs des différents ordres monastiques, et règle sans appel toutes les questions thélogiques. »

Enfin les fondateurs du christianisme, après avoir emprunté au brahmanisme sa trinité, ses mystères, le nom et les aventures de ses incarnations, la vierge mère, et, ainsi que nous le verrons, jusqu'à l'huile sainte, jusqu'au feu de l'autel, à l'eau bénite et aux cérémonies, tinrent sans doute à marquer encore mieux leur filiation en poussant la servilité de la copie jusqu'au bout.

Après avoir fait de Iezeus Christna, Jésus-Christ ; de la vierge Devanaguy, Marie ; du brahmatma, ils firent le pape.

CHAPITRE IX.

LES INITIÉS ET LES FANATIQUES. — DWIDJAS ET SANNYASSIS.

Comme hommes, les brahmes étaient tous égaux, et le brahmatma lui-même, ne passait point pour être d'une origine plus noble que le dernier des mendiants de la caste des prêtres. Mais, pour l'harmonie hiérarchique de la société sacerdotale, et dans l'intérêt de son influence, ils furent divisés en trois grandes classes, dans lesquelles chacun d'eux put être placé, selon ses aptitudes et le degré de son intelligence :

1o Les brahmes proprement dit, c'est-à-dire les prêtres ;

2o Les brahmes gourou, c'est-à-dire maîtres enseignants, théologiens, grammairiens, mathématiciens, astronomes, poëtes, etc. ;

3o Les brahmes sannyassis, ou mendiants cénobites.

Grâce à ces trois divisions, dont les membres les plus répandus étaient les mendiants, — les autres brahmes vivant dans la splendeur, derrière les murailles de leurs palais, et de leurs immenses pagodes, — les prêtres, ces éternels hypocrites pouvaient dire à la foule agenouillée, qui travaillait pour la plus grande gloire de leur luxe et de leur oisiveté : « Voyez si nous ne vous donnons point l'exemple de toutes les vertus. Nous passons notre vie *à prier Dieu, à étudier, à enseigner, et à vivre d'aumône.* »

Jamais trame ne fut ourdie avec plus d'habileté, jamais chaîne ne fut rivée au cou des peuples plus adroitement.

Les deux premières classes seules étaient admises à l'initiation, c'est-à-dire à la connaissance graduelle des vérités scientifiques et religieuses qui assuraient la prédominance de la caste sacerdotale. Quant à la classe des mendiants, elle était laissée dans une ignorance relative, avait pour mission de se mêler au peuple, d'écouter ses plaintes, et sous prétexte de quêter un peu de riz, d'espionner tous ses actes, et de signaler quiconque, dans la foule du troupeau, était capable de velléités indépendantes, et de complot contre l'autorité brahmanique.

Les habiles, les initiés savaient à quoi s'en tenir sur leur prétendue origine divine, ils avaient trouvé le moyen, en exploitant le nom de Dieu, de se créer une situation à part de paresse et d'abondance, qu'ils ne pouvaient soutenir qu'en frappant la foule par le mystère et les craintes superstitieuses, mais le triomphe de l'art avait été justement de créer cette classe de prêtres mendiants, ignorants et fanatiques, qui dans la conviction où ils étaient que les mortifications seules leur ouvriraient le séjour de Brahma, étonnaient le peuple par leurs austérités, et les supplices mêmes qu'ils s'imposaient.

Il serait difficile d'imaginer mieux, et toutes les sectes religieuses qui se sont succédées depuis, se sont modelées sur ce type-là.

La plus habile, la plus complète peut-être, qui se soit produite depuis celle que nous étudions, est sans contredit la société romaine; elle ne s'est pas borné à l'imitation, elle s'est calqué sur la société brahmanique...

Qu'on nous permette une parenthèse.

Les catholiques romains ont leurs initiés et leurs fanatiques, exactement comme la vieille société sacerdotale de l'Inde, et sur ce point, il faut que nous fassions connaître une des choses qui ont le plus blessé notre conscience, pendant nos voyages dans l'extrême Orient.

On se souvient de la faillite scandaleuse du père jésuite Lavalette! Eh bien, parcourez l'Inde, la Chine, le Japon, l'Océanie; chaque maison de missionnaire, est un comptoir tripotant sur les riz, l'indigo, la soie ou le coton : depuis vingt ans, vous voyez les mêmes hommes commerçant, thésaurisant au profit de quelque coffre-fort inconnu... et menant une vie agréable et tranquille au sein de l'abondance *de toutes choses; ce sont des initiés!*

Au-dessous d'eux, est un certain nombre de fanatiques arrachés à la charrue, que l'on a préparés selon la formule, et qu'on adresse par fournée, et selon les besoins, à chaque succursale... De temps en temps, lorsque les fidèles tournent l'oreille du côté de l'Orient, se demandant où en est la catéchisation du Japon, et autres lieux; à point nommé, on envoie cinq ou six de ces pauvres diables soulever au nom du Christ, quelque village de l'intérieur de la Chine ou de la côte de Corée, — on connaît les bons endroits, — le coup ne manque jamais, et au bout de quelques jours, la foi compte cinq ou six martyrs de plus... Et voilà toute la catholicité en liesse, et Rome en a pour plusieurs années à sanctifier et à béatifier. Nous engageons quiconque serait tenté de nous accuser de calomnie en lisant ces lignes, à s'adresser à quelqu'un qui ait vécu en Chine, au Japon et en Corée, et il en apprendra plus que nous n'oserions jamais en écrire.

Quant au commerce, ces messieurs le font notoirement et au grand jour, ce qui produit le plus triste effet moral qui se puisse imaginer. Quant aux sommes habilement prélevées sur la crédulité, pour le rachat de petits Chinois qui n'ont jamais été à vendre, peu de peuple ayant autant de tendresse pour leurs enfants, nous pouvons affirmer, en fermant cette trop courte parenthèse, qu'il n'y a là qu'une escroquerie jésuitique. . . . .

Voici comment s'opéraient les choix que les brahmes faisaient entre eux, pour les différentes fonctions dont nous avons parlé.

Tous les enfants de la caste brahme, sans exception, étaient réunis dans l'intérieur des temples, et recevaient par les soins des brahmes enseignants, les premiers éléments d'une instruction destinée surtout, à renseigner le professeur sur la valeur intellectuelle de ses élèves.

Les moins intelligents étaient rejetés dans la classe des mendiants ou sannyassis, ceux qui venaient après dans une moyenne ordinaire, étaient affectés au service journalier de la pagode, à l'entretien des ornements sacerdotaux, des vases et instruments du sacrifice, et de tous les objets destinés au service du culte; pour ceux-ci, l'initiation ne dépassait pas la lecture et le commentaire général de l'Écriture sainte, dans le sens fixé par les prêtres de l'ordre supérieur qui entouraient le brahmatma.

Après eux, venaient les brahmes desservants et officiants, constamment occupés aux cérémonies et aux sacrements, dont nous indiquerons bientôt la forme et l'esprit. *C'étaient les initiés du second degré*, ceux qui étaient chargés de raconter aux peuples, les mystères, les sortiléges, les miracles, les superstitions inventées pour le terroriser, et le conserver dans une utile et respectueuse dépendance.

Lorsque le brahme prêtre était arrivé à l'âge de cinquante ans, sans avoir commis aucune faute grave, soit contre la hiérarchie, soit en matière de dogme et de croyances religieuses, il était admis parmi les *initiés du troisième degré*, et il n'existait plus de secrets pour lui. Il s'adonnait alors, au milieu d'un luxe asiatique qui n'a pas eu son pareil au monde, aux études élevées que les brahmes de cette classe s'étaient réservées, et il devenait selon ses goûts, professeur, historien, philosophe, poëte, astronome, mathématicien, et capable à son tour d'être nommé brahmatma, s'il pouvait réunir les suffrages des autres initiés.

Dans l'Inde entière l'initié du troisième degré était révéré à l'égal d'un dieu; partout où il se trouvait, il représentait le brahmatma, avait le droit de parler en son nom et de se faire obéir des princes aryas, auxquels était confiée l'administration temporelle.

C'était lui également qui ordonnait et consacrait les prêtres et les initiés du second degré.

Une fois par an, il faisait partie d'un conseil secret tenu et présidé par le brahmatma, dans lequel toutes les grandes questions qui avaient pu se soulever dans l'année étaient décidées, en matière religieuse et civile; nul parmi les brahmes, les aryas, et plus tard les rois, ne pouvait se soustraire à l'autorité de ce tribunal mystérieux et inquisitorial.

Quiconque, parmi les initiés du troisième degré, révélait à un profane une seule des vérités, un seul des secrets confiés à sa garde, était mis à mort. Celui qui avait reçu la confidence subissait le même sort.

Enfin, pour couronner cet habile système, il existait un mot consacré qui, en lui seul, suivant les brahmes, renfermait toute la science divine et humaine, un mot qui rendait celui qui le possédait presque égal à Brahma, et dont le brahmatma seul avait la connaissance.

Ce mot inconnu, dont aucun pouvoir humain ne pourrait encore aujourd'hui, que l'autorité brahmanique est tombée sous l'invasion mogole et la conquête européenne, aujourd'hui que chaque pagode à son brahmatma, obtenir la révélation, était gravé dans un triangle d'or et conservé dans un sanctuaire du temple d'Asgartha dont le brahmatma seul avait les clefs. Aussi ce dernier portait-il sur sa tiare deux clefs croisées supportées par deux prêtres agenouillés, signe du précieux dépôt dont il avait la garde. Ce mot et ce triangle étaient gravés sur le chaton de la bague que portait ce chef religieux comme un des signes de sa dignité ; il était également encadré dans un soleil d'or sur l'autel, où chaque matin était offert le sacrifice du sarvameda.

Voici ce signe dont, malgré toutes nos sollicitations, aucun brahme n'a jamais voulu nous indiquer le sens, se retranchant derrière cette affirmation, que le brahmatma de la pagode en possédait seul la signification.

Les lettres et combinaisons de syllabes de ce signe appartiennent bien à l'alphabet samscrit, seul reconnu comme alphabet devanaguerri, c'est-à-dire donné par Dieu, par les brahmes savants du sud de l'Inde ; mais il est impossible de leur donner aucune signification, d'après la manière dont elles sont assemblées dans ce triangle.

On peut supposer cependant, avec une apparence de raison, que le triangle était une figure de la trinité, le signe

inscrit au centre doit représenter la première syllabe mystérieuse du nom de chacun des dieux qui la composent. Mais
nous n'osons rien affirmer sur ce point.

Ainsi trois classes de brahmes : mendiants, prêtres et professeurs, et hommes de science, et trois classes d'initiés con-
couraient à former cette redoutable armée sacerdotale admirablement disciplinée, qui, sous les ordres suprêmes du
brahmatma, asservit l'Inde à tous ses caprices pendant des
milliers d'années.

Le monde ancien tout entier se modela sur cette forme
théocratique; il était impossible que quiconque fît profession de vivre d'habileté, de jongleries et de mensonges, ne se
ralliât pas à ce moyen énergique d'attirer à soi le travail des
autres, et de mettre son exploitation et son oisiveté sous le
patronage et la garde de Dieu.

Le monde moderne a porté le joug pendant plus de dix-sept
siècles. La liberté religieuse, l'indépendance de la raison ne
sont nées que d'hier ; mais que de luttes encore pour que
ces vérités si simples, sans lesquelles la responsabilité humaine ne se peut concevoir, puissent devenir la règle de conduite de certaines nations, héritières plus directes de l'into-
lérance sacerdotale...

Nous ne voulons y mettre ni circonlocution, ni réticences,
c'est de notre pays, c'est de la France que nous parlons, et
notre cœur saigne quand nous voyons l'étranger signaler la
patrie de Voltaire et du bon sens, comme le foyer le plus ardent de tous les égoïsmes de caste et de toutes les intoléran-
ces cléricales...

« Depuis quelque temps vous parlez beaucoup de passer
l'Atlantique,... me disait un Américain, membre du Congrès,
et vous permettez à un fonctionnaire ignare, uni à un marchand de goupillons, de faire rayer de la liste du jury, sous
prétexte de matérialisme, un savant qui est une des gloires
de votre Faculté de médecine... Allons, agenouillez-vous
sous la férule de Rome, mais ne parlez plus de Washing-
ton !... »

CHAPITRE X.

CROYANCES. — CÉRÉMONIES QUOTIDIENNES. — LE SACRIFICE
DU SARVAMEDA.

Les brahmes initiés conservèrent pour eux seuls les simples et sublimes croyances de l'âge patriarcal. Ils continuèrent, dans les sanctuaires mystérieux de leurs pagodes et de
leurs palais, à rendre leurs hommages au Zeus irrévélé, intelligence suprême, loi éternelle de tous les êtres dont
l'homme, au début de la vie, avait trouvé dans sa conscience
l'image exempte de superstitions et de mystères ; à ce Dieu
enfin dont saint Paul rencontrait l'autel à Athènes, et qu'un
signe symbolique désignait aux initiés, à Éphèse, à Thèbes,
à Denderah, à Esneh, à Memphis, tantôt sous la forme d'une
colonne tronquée, c'est-à-dire sans fin, tantôt sous celle du
linguam générateur, d'un triangle, ou d'un œil inscrit dans
un cercle lumineux.

Mais ils comprirent bien vite que ce n'était pas avec un
culte si simple qu'ils tiendraient les peuples dans leur dépendance, et alors multipliant les aides célestes, ils divinisè-
rent à l'infini tous les attributs de dieu en les personnifiant.
Du Zeus unique, ils avaient fait naître la trinité, représentant trois principes : création, — conservation, — destruction. — Brahma, — Vischnou, — Siva. Chacun de ces principes devint un dieu pour le vulgaire, et de chacune de ces
personnes de la trinité, activement mêlée à la vie des hommes, ils firent procéder des milliers d'anges, de chérubins,
d'archanges, de demi-dieux et de génies bienfaisants, auxquels ils opposèrent une foule aussi considérable de démons,
rakchasas, pisatchas, diables, vampires, souparnas, sarpas

et lutins de toute nature, constamment en lutte pour attirer l'homme vers le mal, lui faire perdre la récompense promise, et l'entraîner dans leur infernale demeure, séjour de tous les maux, de tous les supplices les plus épouvantables. Feu, serpents, dragons, animaux aux formes les plus effrayantes, sont constamment occupés, dans le sombre royaume de Vasouki, à torturer les âmes et les corps des malheureux damnés. De là naquit ce mythe mythologique qui a fourni tous les panthéons du monde entier.

Tromper et terroriser, tel fut le levier sacerdotal employé par les brahmes ; et leurs successeurs, quelle que fût la contrée, l'époque et la secte, ne régnèrent pas par d'autres moyens...

L'esprit général des prêtres envers les autres hommes, a été et sera toujours le même. L'évêque catholique de Ptolémaïs, Synesius, prend soin lui-même de nous l'apprendre (*In calvit*, page 515). « *Le peuple veut absolument qu'on le trompe; on ne peut en agir autrement avec lui... Les anciens prêtres d'Égypte en ont toujours usé ainsi, c'est pour cela qu'ils s'enfermaient dans leurs temples, et y composaient à son insu leurs mystères ; si le peuple eût été du secret, il se serait fâché qu'on le trompa. Cependant, comment faire autrement avec le peuple, puisqu'il est peuple ! Pour moi je serai toujours philosophe avec moi, mais je serai PRÊTRE avec le peuple !...* »

Ainsi, il faut tromper le peuple, et on ne peut agir autrement *puisqu'il est peuple !* Le père Escobar avait bien tort d'user de ménagement et de restriction mentale, le docte évêque Synesius ne prend point tant de détour, il va droit au but, et si avec lui-même *il restera philosophe*, c'est-à-dire, sérieux, rationnel, logique, laissant de côté les mystères, les miracles, et tout l'arsenal de la sorcellerie, avec ce vil troupeau qu'on appelle le peuple, *il sera prêtre*, c'est-à-dire devin, magicien, thaumaturge, astrologue sorcier, etc.... *puisque le peuple veut absolument qu'on le trompe !*

Ces messieurs des premiers temps de l'Église romaine étaient parfois d'une singulière franchise.

Écoutons encore, sur la même matière, saint Grégoire de Nazianze, écrivant à saint Jérôme (Hieron. ad Nep.).

« *Il ne faut que du babil pour en imposer au peuple. Moins il comprend, plus il admire... Nos pères et docteurs ont souvent dit, non ce qu'ils pensaient, mais ce que leur faisait dire les circonstances et le besoin.* »

On ne viendra pas nous taxer de calomnie, et ce n'est certes pas nous qui faisons dire à ces lévites modernes, que le peuple n'est bon qu'à être trompé *parce qu'il est peuple!* et que les pères de l'Église, et les docteurs, ont souvent parlé suivant les temps et les lieux, *et non suivant ce qu'ils pensaient.*

L'évêque Synesius avait peur que le peuple ne se fâcha, s'il eut été du secret...

Simple question! Voyons, mes bons pères, soyez complaisants jusqu'au bout, et dites-nous pourquoi, vous tenez tant à tromper le peuple?...

Revenons aux brahmes indous. Le culte de ce dieu unique, auquel s'était adressé tous les vœux, tous les hymnes de l'époque patriarcale, fut défendu à la plèbe sous peine de mort, et ce nom de *Zeus* fut environné de tant d'images mystérieuses et terribles, que les vaysias et les soudras n'osaient jamais le prononcer en public.

Zeus fut le dieu des prêtres de tous ordres. Les brahmes mendiants mêmes, étaient admis à l'adorer, au milieu d'un appareil propre à frapper l'imagination, et à la fanatiser, leur initiation n'allait pas plus loin que cette adoration dans le sanctuaire, on eut craint que dans leurs fréquentations journalières avec toutes les classes, ils ne divulguâssent les secrets qu'on leur eût confiés.

Brahma, le principe agissant créateur, fut le dieu des aryas ou xchatrias.

Vischnou, le principe conservateur, fut le dieu des vaisyas.

Et Siva, le dieu destructeur, le dieu terrible, fut celui imposé à l'adoration des soudras.

Et voyez, disent les brahmes même encore aujourd'hui quand ils prêchent dans les pagodes, comme ce système de division du peuple en castes est logique, il a été formé à l'image de la divinité : Zeus, souverain maître de toutes choses, mais n'agissant pas par lui-même, c'est le brahme prêtre; Brahma, le dieu qui crée, qui agit, qui dirige, c'est l'arya ou le prince; Vischnou, le dieu qui conserve, c'est le vaisya, c'est-à-dire l'artisan, le commerçant qui produit l'impôt, conserve et assure la prospérité de l'État, par son travail et son industrie.

Quant à Siva, le dieu terrible, il contient le soudra dans l'obéissance et dans l'humilité de sa situation.

Comme on le voit, le soudra fut le vrai peuple, la bête de somme du système!

Le culte rendu par les brahmes à Zeus, ne fut autre que le culte simple des premiers âges, des invocations, des hymnes, des prières pour le matin et le soir, pour les repas, et pour les purifications et ablutions, et c'est à peu près tout ce que nous voyons, qui fut recommandé aux prêtres initiés dans le bréviaire que nous possédons d'eux, sous le nom de Brahmana-Sastra.

Quant aux brahmes mendiants, nous nous occuperons spécialement d'eux dans le chapitre consacré aux fakirs.

Les aryas ou princes, d'où sortirent plus tard les rois, ne furent point non plus soumis aux règles capricieuses imposées aux autres castes, chacun eut dans son palais son autel dédié à Brahma, et son chapelain pour diriger les cérémonies. En quelques lignes, Manou leur trace leurs devoirs.

« Les princes n'offrent pas de sacrifices; qu'ils choisissent un conseiller spirituel (pourohita), et un chapelain (ritwidj), chargés de célébrer pour eux les cérémonies domestiques, et celles qui s'accomplissent avec les trois feux consacrés. Et, pour remplir entièrement leurs devoirs, qu'ils fassent de nombreux présents aux prêtres, et leur procure jouissances et richesses. »

Nous n'avons point de détails particuliers des cérémonies et sacrifices accomplis par les brahmes, dans les palais des aryas et plus tard des rajahs; les quelques documents que nous avons pu consulter nous portent à croire que le culte réservé aux princes, quoi que parlant aux yeux, avec plus de pompe que celui rendu à Zeus par les brahmes, fût

exempt de la plupart des superstitions inventées pour la
plèbe.

Tout cela appartient encore, dans un certain sens, à l'initiation dont les brahmes avaient fait part aux aryas dans
une mesure modérée, et sans dépasser quelques vérités élé-
mentaires sur l'unité de Dieu; mais les princes, pas plus
que les brahmes, n'étaient dispensés d'assister aux grandes
cérémonies, aux fêtes imposantes du culte public, et même
d'y prendre une part active, pour agir avec plus d'autorité
sur l'esprit de la foule.

L'Inde entière s'était peu à peu couverte dé pagodes et de
temples gigantesques, dédiés à Vischnou et à Siva, les seuls
dieux qui reçurent un culte extérieur.

Lorsqu'on contemple aujourd'hui quelques-uns de ces
monuments encore debout dans le sud de l'Inde, on reste
stupéfié en face de ces blocs de granit sculptés, dont les proportions sont complétement en dehors de toutes les mesures
auxquelles l'œil humain s'habitue.

Nous avons vu des éléphants sculptés dans un seul bloc de
granit, s'élevant à vingt mètres du sol, et supportant comme
des cariatides, le couronnement d'une porte- d'entrée du
temple. Que l'on calcule la hauteur que cela donne au monument?

Nous avons vu une population de plus de quinze mille
brahmes parlant encore samscrit, vivre dans une seule
pagode, celle de Chélambrum ou de Trichnopoli...

D'autres temples ne parlent plus qu'au souvenir, mais par
des ruines tellement gigantesques, qu'au lieu de les attribuer à une pagode seule, on les prendrait pour les vestiges
à demi enfouis, de grandes cités ancêtres de Babylone et de
Ninive... Il serait impossible de se faire une idée de leur
masse, si d'autres n'étaient restés debout pour servir de point
de comparaison.

Du matin au soir, dans ces monuments grandioses, les
autels laissaient échapper les parfums et la fumée des sacrifices, et les chants et les hymnes en l'honneur de la divinité
se faisaient entendre, interrompus seulement aux heures
nécessaires au repos.

Chaque jour était employé de la manière suivante par les brahmes officiants.

Au lever du soleil, ablution dans l'étang sacré, prière à la divinité à laquelle le temple était consacré, Vischnou ou Siva ; sacrifice du sarvameda offert ensuite par chaque brahme prêtre sur un des autels du sanctuaire, et pour terminer les exercices du matin, bénédiction de tous les fidèles, et aspersion générale d'eau lustrale, destinée à purifier l'âme des souillures légères.

Les Indous des deux castes inférieures, ne pouvaient vaquer à leurs occupations qu'après avoir assisté à ces différentes cérémonies.

Dans le courant du jour, les prêtres étaient tenus de lire un certain nombre de prières, au Brahmana-Sastra, ou bréviaire.

Les sannyassis, mendiants, fakirs, et en général tout Indou des quatre classes, récitaient l'invocation à Siva ou à Vischnou, autant de fois dans le jour qu'il y avait de grains à leur chapelet.

Le soir au coucher du soleil, nouvelle ablution générale dans l'étang sacré, puis réunion dans le temple pour la prière en commun, terminée par le timiram, ou chant des morts.

Après ces cérémonies, la journée religieuse était terminée pour le menu peuple, chacun rentrait dans sa demeure prendre le repas du soir, et se reposer des fatigues du jour, en écoutant sous la vérandah, les interminables récits des exploits des dieux, des géants, des bons et des mauvais génies que les rapsodes chantaient dans les villages, en s'accompagnant sur la lyre à trois cordes en bois de citronnier, que la fable grecque, écho des poésies asiatiques, nous montre entre les mains d'Orphée, que nous retrouvons gravée sur les murailles d'Esneh et dans les sarcophages de l'Égypte, et sur laquelle les prêtres scandinaves d'Iodah et de Thor, et les druides entonnaient leurs hymnes mystérieux dans les sombres forêts du nord.

Le sacrifice du sarvameda, dont nous venons de parler, exige quelques explications spéciales :

Sacrifice du Sarvameda.

Le sacrifice du sarvameda que chaque prêtre ordonné, tonsuré et sacré dwidja (régénéré), devait offrir et offre encore aujourd'hui dans l'Inde tous les matins à Dieu, est l'image de la création.

Les védas considèrent Brahma comme se sacrifiant perpétuellement pour la création. Tout ce qui naît vient de lui, est une portion de son âme; tout ce qui meurt retourne à lui et se régénère en lui; c'est de cette croyance figurée, autant que du désir de frapper l'imagination des peuples pour la consolidation de l'autorité sacerdotale, que vont naître bientôt les différentes incarnations qui viendront, à période fixe, rajeunir le vieux système brahmanique chaque fois qu'il sera près de s'écrouler.

L'office du sarvameda représente donc le sacrifice de Dieu s'immolant pour ses créatures et venant les rappeler à la foi primitive, et les régénérer par des incarnations successives.

« J'ai trouvé cette sublime idée, dit M. de Humboldt, dans tous les livres sacrés de l'antiquité. »

Suivant les livres saints :

« Brahma, dans ce sacrifice, est tout à la fois sacrificateur et victime. »

N'est-ce pas là le symbole catholique de la messe?

Ajoutons, pour compléter la similitude et accuser mieux l'emprunt, que le prêtre brahme mange à l'autel le pain azyme et les offrandes sur lesquelles il a appelé la bénédiction de Dieu.

Cette nourriture céleste, qu'il partage avec les assistants aux jours des grandes fêtes, maintient celui qui l'a reçu dans un état de pureté parfaite pendant un certain temps, car, ainsi que le dit le verset du véda que le prêtre prononce en donnant cette communion :

« Celui qui mange la nourriture de Dieu, devient semblable à Dieu. »

Les catholiques auront beau dire, ils ne prouveront à personne que leurs croyances, qui ne datent que de dix-huit siècles, ne sont pas des copies serviles des anciens mystères de l'Orient. A chaque pas, comme on a pu le voir, nous rencontrons les plus étranges rapprochements, et si nous ne les faisons point plus amplement ressortir, c'est que, pour ne pas entraver la marche de cette revue du passé brahmanique, nous en réservons l'examen et la comparaison plus approfondis à une étude spéciale sur Christna et le Christ.

CHAPITRE XI.

SANSCARAS.

(Les Sacrements.)

Après avoir donné à chaque caste son dieu, le Zeus i rré
vélé pour les brahmes et les trois personnes de la trimourti
(trinité) pour les trois autres classes, et réglé l'emploi de la
journée religieuse, les brahmes admirent certaines purifications, certaines consécrations, qui sous le nom de sanscaras ou sacrements, servirent à relier entre elles, par un trait
d'union religieux, les trois premières castes si profondément
divisées de situation et d'intérêt.

La pensée qui les guida en cette circonstance fut des plus
habiles; il importait, en effet, les castes étant séparées par
une infranchissable barrière, dans tous les actes qui constituaient la vie civile, de les réunir sur le terrain des intérêts
religieux, pour ne point créer plusieurs nations dans la nation, qui, avec le temps, fussent devenues indépendantes de
l'autorité sacerdotale.

Telle fut l'origine des sacrements communs aux trois ordres. Nous ne nous étendrons point sur ce sujet déjà traité
par nous dans nos premiers essais [1], nous n'en eussions
même point parlé ici, s'il ne nous eût paru difficile de les
passer sous silence dans cette étude d'ensemble sur le système brahmanique.

Nous nous bornons à les indiquer.

Les sacrements brahmaniques, ou liens communs des castes, sont au nombre de cinq :

_____
1. *Bible dans l'Inde.*

1º *L'ablution* ou *baptême* du nouveau-né dans les eaux du Gange ou par l'eau lustrale;

2º *La confirmation* de cette purification du nouveau-né, à l'âge de seize ans pour les brahmes, de vingt-deux pour les xchatrias et de vingt-quatre pour les vaysias, par l'huile consacrée;

3º *L'absolution* des fautes par la confession publique d'abord, secrète ensuite, sous les successeurs de Christna;

4º *Le mariage*;

5º *L'onction* du prêtre ou *ordination*, qui sacre le brahme, serviteur de Dieu, par l'huile sainte.

Voici les textes sacrés qui établissent ces sanscaras :

« Quiconque n'a point été purifié dès sa naissance par l'eau du Gange, ou par l'eau sur laquelle ont été prononcées les *mentrams* sacrées (invocations), sera soumis à autant de migrations qu'il aura compté d'années d'impureté. »

(Atharva-Véda (Préceptes.)

« Jusqu'à la seizième année pour un brahme, jusqu'à la vingt-deuxième pour un xchatria, jusqu'à la vingt-quatrième pour un vaisya, le temps de recevoir l'investiture sanctifiée n'est point encore passé.

« Mais au delà de ce terme, les jeunes hommes de ces trois classes qui n'ont pas reçu ce sacrement en temps convenable seront déclarés indignes de l'initiation, excommuniés (vratryas) et livrés au mépris des honnêtes gens. »

(Manou, livre II.)

« Les eaux sacrées du Gange, l'eau lustrale de purification, les invocations à la divinité, ont reçu le don d'effacer les souillures légères. Mais les saints brahmes, gardiens de la divine srouti (révélation), ont seuls le pouvoir d'imposer les mortifications, prières et abstinences, qui effacent les fautes graves.

« Qu'à l'issue de l'office du sarvameda, la tête dans la poussière, les hommes justes confessent leurs fautes à haute voix devant les membres de leur caste, afin que le saint brahme, qui vient de sacrifier, lui indique la réparation. »

(Atharva-Véda (Préceptes.)

« Que celui qui a reçu la confirmation et l'investiture sanctifiée, dans le temps voulu, prenne une femme de sa caste, et point d'une autre, jeune, bien faite, de visage agréable, et que tous deux soient unis dans le temple par les trois oblations sacrées de l'eau, du feu et du riz grillé... »

(Atharva-Véda.)

« Par la tonsure, l'investiture du cordon sacré, l'initiation à la sainte Écriture et l'onction par l'huile sainte, le brahme est sacré serviteur de Dieu. »

(Manou. — Atharva-Véda.)

CHAPITRE XII.

DE L'EAU LUSTRALE.

Deux textes vont nous dire ce qu'était cette eau consacrée, que les brahmes employaient dans toutes les cérémonies, et quelle est l'origine de cette coutume.

« Nos pères baptisaient dans l'eau pure du Gange et sur les bords des lacs de l'Hymavat (Himalaya), où leur fut révélée la parole divine; c'est également dans ces eaux saintes qu'ils faisaient leurs ablutions et purifiaient les instruments de leur culte.

« Plus tard, quand les enfants de Brahma eurent rempli le vaste pays indoustanique, et débordé sur le monde entier comme les flots du vaste océan, pour remplacer l'eau du Gange, et l'eau sainte du lac Outtarah, les brahmes reçurent du divin Vamana les prières de consécration qui changent l'eau des étangs et des sources en eau sacrée de purification.

« Les sages sont d'avis que le nouveau-né est purifié par cette eau, comme s'il était ondoyé dans le Gange, et que quand les fidèles en sont aspergés le matin à l'office du sarvameda, chaque goutte, échappée de la main du prêtre et reçue sur le front, vaut dix ablutions prescrites.

« De même, le xchatria ou le vaysia qui font sur leur front, avec cette eau, le signe du dieu auquel ils sont consacrés, purifient leurs pensées. »

(Ramatsariar, Commentaires sur le véda.)

« Que le brahme officiant, à l'heure ou sourya voit la chaleur de ses rayons s'apaiser, quand l'ombre de l'éléphant sa-

cré tombe à l'est, remplisse d'eau pure l'aiguière de granit
de la pagode et après y avoir mélangé les sept parfums (encens, myrrhe, girofle, musc, cannelle, sandal, iris) avec le sel
consacré, prononce les paroles suivantes : « Au nom de
« Brahma, Vischnou et Siva, que cette eau devienne l'eau de
« purification. »

« Telle est la formule du divin Vamana. »

(Brahmana-Sastra.)

Cela peut se passer de commentaires. Il n'y a rien de nouveau, pas même l'eau bénite.

CHAPITRE XIII.

DE L'HUILE SAINTE.

L'enfant était purifié par l'eau lustrale. L'adolescent éta t confirmé dans cette purification par l'huile consacrée. C'est par l'huile sainte également que les prêtres brahmes recevaient le sacrement de l'ordination, et que plus tard les rois reçurent l'investiture de leur couronne par la main du brahmatma.

Laissons aux livres sacrés eux-mêmes le soin d'exposer l'esprit de cette coutume.

« Par l'huile épurée du cocotier dans laquelle ont été mélangés les sept parfums, et que le brahme officiant a consacrée par l'invocation prescrite, l'adolescent des trois classes, en quittant la robe de l'enfance pour prendre rang parmi les hommes, est purifié de toutes ses souillures passées.

« Par l'huile sainte, il reçoit la consécration, et devient apte à accomplir les cérémonies funéraires sur la tombe de ses ancêtres.

« C'est le sacrement le plus agréable au divin créateur de toutes choses, car il est le premier qui soit donné à l'homme en l'âge de raison, et le divin Paraçourama lui-même ne dédaigna pas de recevoir l'onction de l'huile consacrée, des mains du brahmatma Soudasa-Richi. »

(Brahmana-Sastra.)

Les formules de confirmation et de consécration étaient les suivantes :

Pour la confirmation des adolescents des trois classes, le brahme officiant disait :

« Au nom du Dieu créateur et de la divine trimourti (trinité), je te purifie dans ton corps et dans ton âme. Que l'Esprit saint (Nara) soit avec toi. »

(Brahmana-Sastra.)

Pour l'ordination des prêtres, le brahmatma ou le brahme initié du troisième degré, disait :

« Au nom du Dieu créateur et de la divine trimourti, par cette huile du sacrifice, je te consacre prêtre. Tes paroles seront assimilées aux préceptes de la divine srouti (révélation), tes prières à l'office du sarvameda, feront descendre la bénédiction de Zeus sur le pain azyme, et les péchés seront remis à ceux à qui tu diras : « Illuminé par « l'Esprit saint, j'ai apprécié, et voici la pénitence que tu dois « faire. Tu es serviteur entre tous les serviteurs de Dieu. »

(Brahmana-Sastra.)

Pour le sacre des rois, le brahmatma, après avoir oint le front de l'arya d'huile consacrée, lui plaçait la couronne sur la tête en prononçant ces mots :

« Au nom de Zeus, de la divine trimourti, et des saints brahmes qui te délèguent leurs pouvoirs :
« O Ikwachou, je te consacre xchatria de l'Antarvedi. »
(Province du nord.)

Si un rajah était établi roi de plusieurs provinces, ayant d'autres rajahs sous ses ordres, la formule ne se modifiait que dans l'appellation et devenait la suivante :

« O Prithou, je te consacre artaxchatria de Cosala, Couroudèsa et Protéchtana. »

Les mages issus de Souryastara (Zoroastre), se servirent plus tard de la même formule : O Arii, je te sacre artaxercès, c'est-à-dire : O Darii (Darius), je te sacre grand roi! Arii, darii, darius; artaxchatria, artaxercès : comme la Perse est bien la fille de l'Inde, et quelles étonnantes exhumations nous avons à faire...

Combien de temps faudrat-il crier aux oreilles de l'Europe savante: il y a là, aux pieds de l'Hymalaya, vingt mille ans de civilisation éteinte à reconstituer par le monument, par l'inscription sculpturale, par le livre? N'étudiez plus l'extrême Orient au point de vue de vos idées, de vos préjugés, de vos systèmes; laissez là votre chronologie enfantine; est-ce que vos naturalistes, en retrouvant l'homme dans les terrains tertiaires, ne lui donnent pas des centaines de mille ans d'existence?... Bath! la science officielle suivra son cours, et le Chinois, mandarin à bouton bleu, continuera longtemps encore à faire des mémoires, dans sa maison de porcelaine, sur la manière de pêcher des goujons dans la Seine...

Quand cela nous tombe dans les mains, nous en rions beaucoup!

Mais quelle revanche quand les œuvres de nos orientalistes en chambre arrivent par hasard à la connaissance des brahmes ou des bonzes chinois!...

Cela est donc si difficile à comprendre qu'on ne peut étudier un pays que dans ce pays lui-même, surtout quand il s'agit de civilisations antipodes de la nôtre et de quelques milliers d'années plus anciennes?...

Ainsi l'huile consacrée *confirmait* l'adolescent dans la purification de son baptême, *ordonnait* les prêtres et *sacrait* les rois.

Messieurs les Romains nous persuaderont-ils qu'ils ne se sont pas approprié cette coutume?

Non! Les gnostiques de l'école d'Alexandrie leur disaient, il y a dix-sept à dix-huit siècles : « Vous ne pouvez tromper que le menu peuple; votre Dieu, vos doctrines, vos cérémonies, votre culte tout entier enfin, ne sont que des copies des mystères de l'Orient. »

Aujourd'hui, grâce au samscrit et à l'Inde, à chaque coutume nous pouvons opposer un texte.

CHAPITRE XIV.

CHAPELET ET SCAPULAIRE.

Un beau jour un évêque, illuminé par l'Esprit-Saint, *invente le chapelet!* Un autre reçoit le scapulaire des mains de la vierge Marie...

Tout cela est très-bien, et nous n'y contredisons point. Il est reçu que nous, qui ne voulons point nous enrégimenter sous la bannière sacerdotale, qui voulons séparer Dieu de l'homme, et ne point lui prêter d'indignes faiblesses, qui refusons de voir le doigt de Dieu dans les bûchers de l'inquisition et les massacres des guerres de religion, qui cherchons enfin à faire au créateur, dans notre conscience, un temple digne de sa grandeur, et qui voulons lui rendre un culte exempt de superstitions, de sortiléges, de miracles et de jongleries; il est reçu, disons-nous, que nous qui adorons Dieu en dehors du prêtre, nous ne sommes que des athées, et des imposteurs...

Mais, nous nous garderions bien d'adresser de semblables injures à nos insulteurs... aussi nous empressons-nous de déclarer que nous ne contestons pas la bonne foi des deux inventeurs du chapelet et du scapulaire catholiques... Qu'ils nous permettent seulement de leur dire et de leur prouver avec le plus profond respect, que l'Inde et l'extrême Orient faisaient usage de ces deux objets, dix à douze mille ans avant eux.

Donnons la parole aux textes :

« Tout homme qui n'accomplit pas les actes prescrits, ou qui se livre à des actes défendus, ou qui s'abandonne aux plaisirs des sens, est tenu de faire une pénitence expiatoire.

« Une faute involontaire est effacé en roulant entre ses doigts, un certain nombre de versets de l'Écriture sainte; mais la faute commise à dessein, n'est expié que par des pénitences austères. »   (*Manou*, de la Purification.)

« Le sage doit, aux heures oisives du jour. effacer ses souillures involontaires, et prononcer l'invocation à Brahma autant de fois que son chapelet contient de grains de sandal. »

(*Brahmana-Sastra.*)

Voici cette invocation que nous traduisons du Rich-Véda :

« Brahma, seigneur des créatures, je m'isole dans ta pensée, pour que mon âme soit jugée digne de s'absorber en toi. »

Le port du chapelet était ordonné impérieusement à tout individu des trois premières classes, et le nombre de grains fixés pour chacun de la manière suivante :

« Que le paryata (chapelet), qui compte trois cents grains en l'honneur de la divine trimourti, soit porté par le brahme à sa ceinture; que celui du xchatria qui ne possède que cent grains soit porté au bras; qu'il n'ait pas plus de quatre-vingt-dix grains pour le vaysia, qui devra le porter dans la main. »

On doit remarquer que, ni prières, ni ablutions, ni aucune forme extérieure du culte, ne sont ordonnées au soudra.

Ce malheureux ne compte pas dans la société, c'est la bête de somme... c'est le peuple.

Quant au scapulaire, voici l'origine de cette coutume :

« Une des lois les plus rigoureuses des anciens brahmes, fut celle qui ordonna à chaque homme, de porter sur son front le signe de sa caste, et celui du Dieu au culte duquel

il était consacré. Mais l'usage s'introduisit bientôt de ne
conserver au front que le signe de caste, et de porter au
cou, en guise de collier, le signe du dieu incrusté sur une
planchette, ou appliqué sur une pièce d'étoffe. En recherchant, à travers les âges, l'esprit qui a présidé à cet arran-
gement, nous sommes amené à en trouver la raison, en ce
que le culte des trois classes peut s'adresser indifféremment
à n'importe quelle personne de la divine trimourti. Il fut
donc logique de ne point tatouer au front un signe qui pouvait changer, selon que l'on adressait ses vœux à Vischnou
ou à Siva. »

(Ramatsariar, Commentaires sur le véda.)

Dans tout l'Orient, il est difficile aujourd'hui encore, de
rencontrer un prêtre, ou un mendiant, sans son chapelet et
son scapulaire.

En vérité, les pasteurs des peuples ne font guère de frais
d'imagination... et si vieux et si usé qu'il soit, c'est toujours
le même licol qui conduit le troupeau...

CHAPITRE XV.

FAKIRS ET BRAHMES MENDIANTS.

« Heureux ceux qui vivent dans le complet renoncement d'eux-mêmes.

« La joie, la douleur, aucune sensation humaine n'existe plus pour eux.

« Ils ne voient plus, ils n'entendent plus, ils ne vivent plus, ils attendent la mort.

« Mais déjà par la pensée, ils sont absorbés dans le sein de Brahma. »   (*Rich-Véda.*)

Ainsi s'exprimait le véda, dépeignant au figuré la situation de l'homme juste, qui ayant renoncé à tout, attend sans crainte la mort *qui doit être sa naissance en Dieu*, suivant la belle expression de l'Hyranyagarba!

« Qu'il n'ait ni feu, ni domicile, qu'il aille, quand la faim le tourmente, mendier sa nourriture dans les villages, qu'il soit résigné, qu'il médite en silence, et fixe son esprit sur l'Être divin.

« Qu'il ne désire point la mort, qu'il ne désire point la vie, qu'il attende le moment fixé pour lui, comme le moissonneur qui attend son salaire. »

Ajouta Manou : et de ces deux textes, naquit une classe de dévots fanatiques, qui fut dans les mains des brahmes, un admirable instrument de despotisme.

Par les divisions de castes, la trinité, les mystères, les cérémonies, et toutes les obligations religieuses et civiles, auxquelles ils avaient astreint les membres de chaque classe, ils avaient façonné le peuple à la croyance *irraisonnée* à l'obéissance passive; par les fakirs, ils frappèrent à tel point de terreur, et d'admiration en même temps, l'imagination populaire, qu'ils n'eurent bientôt plus autour d'eux que des esclaves...

On vit tout à coup, dans ces gigantesques fêtes du culte, qui réunissaient autour du brahmatma, dans la province d'Asgartha, des millions de fidèles agenouillés sous sa bénédiction, se produire des hommes amaigris par le jeûne, les macérations et les privations de toute nature, couverts de chapelets, de scapulaires et de saints amulettes, les yeux hagards, sombres et fanatisés...

Ils vinrent en public défier les tortures, défier la mort, les uns se précipitaient sous le char colossal qui portait la statue de la divine trimourti, traîné par vingt mille soudras, leurs os étaient broyés en un instant, leur sang inondait la terre, ils mouraient souriant, et la roue qui les écrasait, étouffait en même temps les dernières notes du cantique sacré qu'ils chantaient en l'honneur de Brahma... Et la foule se précipitait dans la poussière, pour recueillir une goutte de sang sur un morceau d'étoffe, une parcelle d'ossement, qui étaient précieusement conservés comme les bahagas sacrés (restes, reliques) de saints personnages, à qui leur mort ouvrait sans expiation, le séjour des bienheureux.

Les pagodes étaient encombrées de ces reliques, et une fois l'an elles étaient tirées de leurs châsses, et offertes à l'adoration des fidèles.

D'autres fakirs, qui n'étaient point destinés à mourir dans les cérémonies présentes, s'imposaient en attendant, le sourire sur les lèvres devant la foule émerveillée, les supplices les plus incroyables... l'un s'arrachait avec une tenaille les ongles des pieds et des mains, un autre se coupait la première phalange de chaque doigt, ou employait sa main droite à se couper la main gauche, qu'il jetait au milieu des assistants... Un autre s'arrachait les deux yeux, lentement, posément, et comme s'il eut pris un plaisir extrême à se livrer à pareille besogne... D'autres encore se coupaient la langue ou les paupières, les lèvres, le nez, les attributs de la virilité, ou bien se mettaient les deux pieds dans un brasier ardent, et ils laissaient leurs membres se carboniser, les yeux levés au ciel comme en extase, et sans donner l'apparence de la moindre douleur...

Nous en avons vus, car ces coutumes existent encore dans l'intérieur de l'Inde, qui n'étaient plus que des troncs humains sans membres, et auxquels les Indous venaient rendre leurs devoirs, de plusieurs centaines de lieues à la ronde... Arrêtons-nous dans ces horreurs, explicables sans doute au point de vue physiologique, mais qui démontrent à quel point les brahmes s'étaient emparés de l'esprit de ces misérables, qui semblaient faire leur joie des plus affreuses tortures...

Il faudrait des volumes pour narrer convenablement, par quelle éducation première, par quels moyens, par quelle excitation des sens, les brahmes parviennent peu à peu à amener les fakirs dans cet état d'exaltation physique, qui les rend insensible à tout, et les fait se jouer ce la douleur. Tel n'est point le but de cet ouvrage... nous devons nous contenter de constater rapidement ce moyen d'influence brahmanique, dont on doit comprendre l'effet sur les imaginations ardentes des populations de ces brûlantes contrées.

Les excitations et les folies nerveuses des religieuses de Louvain, et des disciples du diacre Paris, ne sont rien auprès des phénomènes extraordinaires que les fakirs opèrent à volonté sur leur corps...

En répandant cette croyance, que, quiconque consentait à s'engager parmi les illuminés de la pagode, et à mourir pour la foi, était transporté dans le séjour de Brahma sans accomplir aucune autre migration sur la terre, et sans passer par l'enfer, les brahmes ont rendu leur mine inépuisable, et ils ont à toutes les époques d'autant moins manqué de fakirs, que toutes les castes sont admises dans cette congrégation, et que le dernier des soudras en y entrant devient égal aux brahmes...

Avant de passer dans la catégorie des fakirs, destinés à

illustrer les cérémonies du culte par leurs supplices et leur mort, les nouveaux engagés pratiquent dans la profondeur des pagodes, sous la direction des brahmes initiés, *les sciences occultes.*

Qu'on ne s'étonne point de ce mot, qui paraît ouvrir la porte au surnaturel; bien qu'il y ait dans les sciences appelées *occultes* par les brahmes, des phénomènes extraordinaires faits pour dérouter toute observation, il n'en est pas un qui ne se puisse expliquer, et qui ne soit soumis aux lois naturelles...

Nous ne pouvons, on le conçoit, nous égarer à rendre compte ici, des faits extraordinaires dont nous avons nous-même été témoin... Qu'il nous suffise de dire qu'en matière de magnétisme et de spiritisme, l'Europe en est encore à balbutier les premières lettres de l'alphabet, et que les brahmes sont arrivés, dans ces deux ordres d'idées, à des phénomènes vraiment stupéfiants... Quand on assiste à ces étranges manifestations dont on ne peut nier la puissance, sans en saisir la loi que les brahmes se gardent bien de dévoiler, l'esprit s'égare, on a besoin de fuir et de se soustraire au charme...

La seule explication que nous ayons pu obtenir sur ce sujet, d'un brahme savant avec qui nous étions fort lié d'amitié cependant, est celle-ci : « — Vous avez étudié la nature physique, et vous avez obtenu par les lois et les forces de la nature des résultats merveilleux, la vapeur, l'électricité, etc.... Nous, depuis vingt mille ans et plus, nous étudions les forces intellectuelles, nous avons trouvé leurs lois, et nous obtenons, en les faisant agir seules ou de concert avec la matière, des phénomènes encore plus étonnants que les vôtres. »

Et de fait nous avons vu des choses qu'on ne raconte point, pour ne pas faire douter de son intelligence à ses lecteurs ;... mais enfin nous les avons vues... Et vraiment, on comprend comment en présence de pareils faits, le monde ancien, qui ne se doutait pas qu'il n'y avait là que des phénomènes d'exaltation nerveuse poussée jusqu'au délire, ou des états d'insensibilité et de catalepsie produits

à volonté, ait cru aux possédés du diable et aux exor-
cismes...

Lorsque les fakirs étaient d'une force suffisante, et pouvaient produire au gré de leur volonté les choses étranges
qu'on leur avait enseignées; on les faisait voyager par petits
groupes sous les ordres de quelques brahmes mendiants,
sectaires ignorants, mais aussi fanatisés qu'eux; et ils s'en
allaient le long des chemins, par les aldées et les villes, opé-
rant leurs sortiléges, que la foule prenait pour des miracles
de bon aloi, produisant leurs phénomènes d'exaltation sur
les natures nerveuses et prédisposées, chassant ensuite le
démon en grande pompe, et leurs tours achevés, ils men-
diaient avec les brahmes qui les conduisaient, au profit de la
pagode... Ce n'était pas assez de l'impôt : il fallait appau-
vrir le peuple par tous les moyens, et on lui enlevait, par
le prestige religieux, ce que la perception civile lui avait
laissé...

Il ne fallait pas que le vaysia devînt trop riche, que le
soudra pût amasser; l'influence sociale est toujours à la caste
qui possède, et les prêtres voulaient être seuls à posséder,
pour être seuls à gouverner...

Cependant ces fakirs, ces brahmes mendiants avaient encore quelque chose de grand : quand ils se flagellaient, la
chair s'en allait par morceau, le sang ruisselait sur la terre...
Mais vous, que faites-vous donc aujourd'hui, cordeliers, ca-
pucins, franciscains, qui jouez au fakir, avec vos cordes à
nœuds, vos silices, vos haires et vos flagellations à l'eau de
rose, vos pieds nus et vos mortifications pour rire,... fanatiques sans foi, martyrs sans supplices? N'a-t-on pas le droit
de vous demander si c'est pour obéir à la loi de Dieu que vous
vous enfermez derrière d'épaisses murailles, et que vous
échappez à la loi du travail qui pèse si durement sur le
reste des hommes?... Allez, vous n'êtes plus que des mendiants !

Rome a beau canoniser le bienheureux Joseph Labre, qui
partagea sa vie entre la vermine et l'aumône sous les portiques des pagodes de la cité éternelle. Les héritiers des brahmes indous n'arrêteront point la marche des sociétés mo-

dernes qui tendent à revenir à la simplicité des croyances primitives, et qui bientòt n'admettront plus de sanctification en dehors du travail.

Les peuples qui ne veulent pas en arriver là, sont absorbés par l'oisiveté, ils meurent de leurs parasites...

L'Inde ràle sous le joug étranger pour n'avoir pas eu la force de secouer ses prêtres, ses fakirs, ses reliques, ses sorciers, ses thaumaturges et ses moines mendiants...

Nous n'avons qu'à nous agenouiller sous la main de Rome et de Loyala, si nous voulons finir de même...

CHAPITRE XVI.

CÉRÉMONIES FUNÉRAIRES. — EMBAUMEMENT. — CRÉMATIONS.
ENTERREMENTS.

Une étude sur les cérémonies funéraires de la période brahmanique, me conduirait nécessairement à une comparaison de ces cérémonies avec celles de tous les peuples anciens. Il y aurait à faire sur ce sujet un ouvrage des plus intéressants au point de vue de l'histoire des races humaines. Je veux me borner, pour le moment, à rattacher à l'Inde, par une preuve de plus, les traditions des différentes tribus qui ont colonisé le monde.

Les brahmes, dans le gouvernement théocratique que nous venons d'étudier, n'admirent même pas l'égalité des classes au delà de la vie, ils soumirent les morts aux divisions de castes qu'ils avaient créées.

Voici, d'après le *Maranam*, ou rituel funéraire, le sort réservé aux morts d'après leurs castes :

Maranam, livre Ier, sloca 1 et suivants.

« Écoutez les trois modes prescrits par le divin Swayambhouva, qui les avait reçus de Brahma lui-même, pour le traitement des morts dans les quatre classes. »

« Que le brahme et l'arya (xchatria), après avoir été proclamés justes par le conseil des *staviraha* (vieillards), soient, après leur mort, plongés pendant trois jours dans le bain des parfums, et qu'après les avoir enduits des matières qui conservent, ils soient déposés dans les caveaux où le sage

Yama doit venir les chercher à l'heure où, sur la fin du jour de Brahma, le prâlaya (dissolution de toutes choses) doit commencer.

« Mais que le cadavre du brahme ou de l'arya dont le conseil des *staviraha* aura dit : *Celui-là n'a pas aimé les hommes, n'a point fait l'aumône, et a vécu dans le mépris du véda,* soit livré aux chacals et aux oiseaux immondes, afin qu'il soit forcé, par une suite de migrations nouvelles, de conquérir, par une vie conforme à la sainte Écriture, la sépulture réservée aux justes des deux premières classes.

« Que le corps du vaysia, soit après sa mort, aspergé d'eau lustrale, couché sur un lit de bois et d'herbes consacrées, et brûlé.

« Le cadavre du soudra doit être rendu à la terre.

« Voici maintenant les différentes cérémonies qui doivent accompagner ces trois modes de sépultures, etc.... »

Toute l'histoire des émigrants indous, des motifs de leurs émigrations, des castes auxquelles ils appartenaient, pourrait être faite à propos de ce texte.

Vaincus dans leurs premières luttes avec les brahmes, les aryas ou xchatrias s'échappent de l'Inde par l'Iran oriental, conduit par Manou-Vena, ils vont coloniser l'Égypte, et conservent le mode de sépulture des hautes classes, par l'embaumement et la momification, qui va donner naissance aux pyramides et aux vastes nécropoles du pays des pharaons; ils conservent également le *staviraha, ou cénacle des anciens,* pour juger les cadavres des prêtres et des rois.

Et ainsi se trouve logiquement expliquée, par la loi indoue, cette étrange coutume de l'Égypte, dont aucune inscription n'avait pu donner la clef. A la suite d'Hara-Kala et de Souryastara, les classes moyennes, surchargées d'impôts, émigrent en Perse, en Asie-Mineure, jusqu'en Grèce et à Rome, et pendant des siècles ces différentes contrées brûlent les cadavres de leurs morts, respectant la tradition de leurs premiers habitants, les vaysias de l'Inde.

Enfin, si nous jetons nos regards vers le nord, nous voyons Iodah (Odin) et les deux millions de soudras qu'il aurait soulevés, d'après les annales brahmaniques, traverser les plateaux de l'Asie centrale, se jeter sur le nord de l'Europe, et coloniser peu à peu toutes ces contrées, dont les langues ont conservé comme un signe d'origine de si étroits rapports avec le samscrit. Ces diverses parties du globe, Russie, pays slaves, scandinaves, germaniques et celtiques envahies par les soudras indous, ont conservé la coutume d'enfouir les morts, suivant la parole du Maranam :

« Le cadavre du soudra doit être rendu à la terre. »

Le brahmanisme, tout en indiquant, pour chaque classe, un mode particulier de sépulture, ne touche pas à l'esprit des cérémonies de l'époque pastorale; et le père de famille, ou le fils aîné à son défaut, continuèrent à présider aux funérailles de leurs parents, et à accomplir la purification.

Ils restèrent et sont encore les gardiens du culte des ancêtres.

Deux flambeaux n'égareront jamais la science, quand elle voudra s'en servir sérieusement pour éclairer la nuit du passé, ce sont la philologie et l'étude de la coutume. L'étude des formes physiologiques en matière d'anthropologie, ouvre la porte à tous les systèmes, sans qu'on puisse d'une manière exacte prouver la vérité ou l'erreur. En changeant de climat ou de nourriture, les races se modifient à bref délai; quelques siècles en arrière seulement, tout point sérieux de comparaison manque. Deux crânes peuvent se ressembler et provenir de la Polynésie et de la Bretagne; deux autres, au contraire, peuvent n'offrir aucuns points de contact, et sortir de la même chaumière; aussi, sur ce sujet, au lieu de posséder une science, n'avons-nous que ce qu'on appelle des théories.

Au contraire, les langues, les coutumes, les usages civils et religieux, dans leurs rapports d'identité, dans la commune signification de leurs symboles, accusent tellement leur origine, que, malgré l'éloignement des contrées qu'ils habitent, et une nuit historique de dix à douze mille ans qui peuvent les séparer, deux peuples peuvent être ramenés à un ancêtre commun, non par la théorie de Darwin, par exemple, mais par la certitude mathématique que donnent ces identités de langage et de coutume.

Un exemple entre mille :

Le lecteur doit se souvenir des étonnants rapports que j'ai signalés entre le mahori, langue d'une partie des indigènes de l'Océanie, et le samscrit, dans la première partie de cet ouvrage.

Lorsque j'arrivai en Océanie, groupe des îles de la Société, après quelques mois d'études, rencontrant à chaque pas des mots entièrement semblables de forme et de signification, dans les deux langues, voyant également que la plupart des radicaux mahori pouvaient se ramener au samscrit, je n'hésitai pas à assigner une origine indoue aux habitants de cette partie de l'Océanie.

J'interrogeai alors la coutume, qui vint donner plus de force encore à l'opinion que je m'étais formée. Dans l'Inde, les chefs s'appelaient les aryas ; en Océanie les chefs s'appellent les arii ; mêmes formes de mariage, mêmes motifs d'adoption, mêmes lois sur la propriété, mêmes funérailles : embaumement pour les chefs, enfouissement pour le menu peuple et les esclaves ; même genèse, et frappantes similitudes religieuses... tout se réunit pour donner une certitude historique à l'origine que de prime abord j'avais assigné à ces peuples.

CHAPITRE XVII.

LE JUGEMENT DE DIEU.

Le législateur Manou a été l'inspirateur de toutes les législations civiles du monde; tout ce qui touche à l'organisation de la famille, de la propriété, des contrats, lui a été emprunté par le droit de Justinien, et a passé tel quel dans nos codes, qui, à quinze ou vingt mille ans de date, n'ont trouvé rien de mieux à nous offrir.

J'ai donné, dans mon précédent ouvrage, des rapprochements entre les trois législations indoue, romaine et française, à ce point singuliers, qu'on dirait des traductions d'un même texte; je ne veux pas revenir sur ce sujet, mais on me saura gré de ne point quitter l'époque brahmanique, sans donner un aperçu du droit criminel qu'elle avait adopté.

Autant le droit civil qui ne réglait que les rapports des hautes castes qui seules pouvaient posséder, hériter et transmettre, fut élevé et philosophique, autant le droit criminel, qui n'atteignait que les basses castes, les vaysias et les soudras, fut grossier, superstitieux et cruel.

La mort, les supplices, les tortures, les privations, formèrent la base de ce droit, adopté par toute l'antiquité, et que le monde moderne n'a pas encore exclu de ses codes.

Je laisse de côté la nomenclature des crimes et des délits, ainsi que celle des divers supplices que les coupables avaient à subir, suivant le cas, me bornant à constater les principes anti-humanitaires sur lesquels reposa, dans l'Inde brahmanique, la répression pénale. Mais il est un point que je veux retenir, c'est celui de *la preuve*, car il domine, en matière de culpabilité ou d'innocence, le droit du moyen âge tout entier.

C'est au jugement de Dieu qu'était confié, dans l'Inde, le soin d'indiquer le coupable ou l'innocent, lorsque le flagrant délit n'avait pu être constaté, ou que les témoignages étaient insuffisants. Ce mode de procéder se nommait ordalyha ou jugement par épreuves.

Tout accusé avait le droit d'en appeler à ce jugement par épreuves, et même d'y défier ses accusateurs.

Les principales épreuves étaient celles : 1º du combat, 2º de la balance, 3º du feu, 4º de l'eau, 5º du poison, 6º celle de l'huile bouillante, 7º celle du serpent.

Dès qu'un accusé avait déclaré en appeler au jugement de Dieu, les choses se passaient de la manière suivante :

Au jour convenu, il était amené devant l'assemblée des brahmes ou tribunal de l'ordalyha, et là, s'inclinant devant les saints personnages, il leur adressait les paroles suivantes :

« Sages pundits, issus du cerveau des brahmes, dites
« que ce jour sera pour moi un jour heureux, un jour de
« vertu, un jour où je serai reconnu innocent du crime
« dont on m'accuse, un jour où je serai comblé de biens. »

Les brahmes répondaient :

« Que ce jour soit pour toi un jour heureux, un jour de vertu, un jour où ton innocence sera reconnue, un jour où tu seras comblé de biens. »

Ceci dit : un prêtre brahme était donné à l'accusé pour l'assister.

Avant qu'on ne commença l'épreuve, le prêtre prenait un vase plein d'eau avec du riz et des fleurs, et faisait le sacrifice de l'oblation, en prononçant les paroles suivantes.

« Adoration aux trois mondes :
« Déesse Vertu, venez dans ce lieu, venez-y accompagnée
« des huit dieux gardiens des huit coins du monde, des dieux
« des richesses et des vents. »

Puis se tournant vers les huits points principaux de la sphère, il disait :

A l'orient. — « Adoration à Indra, gardien des sphères célestes .

Au sud. — « Adoration à Yama-Ahaka le juge des enfers.

A l'ouest. — « Adoration à Varouna, le dieu des eaux.

Au nord. — « Adoration à Couvera, le dieu des richesses.

Au sud-est. — « Adoration à Agny, le feu.

Au sud-ouest. — « Adoration à Neihirita, le dieu des mauvais génies.

Au nord-ouest. — « Adoration à Vahiavou, le vent.

Au nord-est. — « Adoration à Isannia, le dieu des combats. »

Toutes les divinités ayant été ainsi rendues propices à l'accusé par le sacrifice de l'adoration, le brahme prêtre dépouillait son client de ses vêtements, lui mettait dans la main une feuille de palmier, sur laquelle étaient écrites la qualification de son crime, et l'invocation suivante.

« Soleil, lune, vent, feu, ciel, terre, eau, vertu, Yama-Ahaka, jour, nuit, crépuscule du soir et du matin, vous connaissez les actions de cet homme, et si le fait dont on l'accuse est vrai ou faux. »

Le brahme qui présidait au jugement de Dieu, livrait alors l'accusé à l'épreuve à laquelle il s'était soumis, en prononçant les paroles suivantes, selon le genre d'épreuve.

Pour le combat entre l'accusateur et l'accusé :

« Que la victoire soit au juste ! »

Pour l'épreuve de la balance :

« Balance, les dieux vous ont établie pour rendre justice aux hommes, et leur dévoiler la vérité. Manifestez la donc dans cette circonstance, et si l'homme que vous allez éprou-

ver est réellement coupable, faites qu'il ne conserve pas l'équi-
libre, et que le poids de son crime vous fasse pencher à son
à son désavantage. »

Pour l'épreuve du feu :

« Feu, vous êtes les quatre vedams, et je vous offre en cette
qualité le sacrifice. Vous êtes le visage de tous les dieux,
vous êtes l'inspiration des savants, vous effacez toutes les
souillures ; faites que cet homme qui va vous porter dans ses
mains ne soit pas atteint s'il est innocent, dépouillez-vous
pour lui de la propriété de brûler. »

Pour l'épreuve de l'eau :

« Eau, vous êtes la vie, vous créez et détruisez à votre gré,
vous purifiez tout, et l'on est toujours sûr de connaître la
vérité quand on vous prend pour juge ; délivrez-nous donc
du doute où nous sommes, et faites-nous connaître si cet
homme est coupable ou non. »

Pour l'épreuve du poison :

«Poison, vous êtes une subtance malfaisante, créée pour détruire les créatures coupables ou impures ; vous fûtes vomi
par le grand serpent Bachouky pour faire périr les géants
coupables : voici une personne accusée d'un délit dont elle se
prétend innocente ; si elle n'est pas coupable, dépouillez-vous
de vos qualités malfaisantes et devenez pour elle de l'amrita
(ambroisie). »

Pour l'épreuve de l'huile bouillante :

« Huile, soyez au corps de cet homme, s'il est innocent,
comme les parfums que la jeune vierge répand sur son corps,
après l'ablution. »

Pour l'épreuve du serpent :

« Sarpa, si vous pensez que cet homme n'est point coupa-

ble, enroulez-vous autour de son bras, comme un bracelet
inoffensif. »

Quand on songe que ces épreuves barbares, qui se transfor-
maient en tortures légales lorsque l'accusé ne voulait pas s'y
soumettre de bonne grâce, et qui n'avaient été inventées par
les brahmes que pour les classes inférieures qu'ils mainte-
naient dans un abrutissement systématique, apportées en
Europe par les émigrations indoues, sont restées comme les
bases fondamentales du droit pénal en Europe jusque sur la
fin du XVIIIe siècle, on se prendrait à désespérer de l'avenir
de l'humanité, si l'on se savait que l'alliance des prêtres et des
rois qui maintint si longtemps de pareilles monstruosités,
ne pourra prévaloir désormais contre la volonté des peuples.

La Révolution de 89 a aboli la question, les supplices, les
tortures. Il nous reste à rayer de nos codes la peine de
mort, et à remplacer la prison, ainsi que le firent plus
tard dans l'Inde même, les sectateurs de Christna, par un
travail moralisateur.

On ne se douterait pas de tout ce qui nous reste à liquider
de ce passé sacerdotal des brahmes, réédité par les prêtres de
Rome au profit de leur domination.

TROISIÈME PARTIE

L'INDE BRAHMANIQUE ET ROYALE.

LES FILS DE DIEU ET INCARNATIONS

CHAPITRE PREMIER.

DÉCADENCE DE LA SOCIÉTÉ BRAHMANIQUE. — RÉVOLTE DE QUELQUES ARYAS. — PRISE D'ASGARTHA, PAR VISWAMITRA. — ALLIANCE DU POUVOIR SACERDOTAL ET ROYAL.

Après avoir exposé beaucoup plus brièvement que je ne l'eusse désiré, le fonctionnement du pouvoir sacerdotal établi par les brahmes dans l'Inde ancienne, je vais esquisser à grands traits également, — car cette course à travers les siècles passés m'interdit le détail dans ce cadre restreint, — les causes multiples qui firent surgir une autorité nouvelle, celle des rois.

C'est à peu près vers l'an dix mille avant notre ère que s'accomplit la révolution qui, après avoir au début tenté de renverser le pouvoir des prêtres, se termina par l'alliance de ces derniers avec les chefs ou aryas, qui avaient triomphé.

Quelque soin qu'eussent pris les brahmes de supprimer

d'avance toute possibilité de révolte contre leur domination, ils ne purent se prémunir contre les luttes intestines d'ambition et d'orgueil, qui tôt ou tard devaient faire naître dans leurs rangs et parmi les aryas, des révoltes, des compétitions, qui malgré eux transformeraient leur œuvre, si même elles n'arrivaient à la ruiner.

Après plusieurs siècles d'un gouvernement paisible en apparence, car aucuns troubles sérieux ne sont enregistrés par les annales de ces époques reculées, tout à coup éclate le fait le plus considérable peut-être de l'histoire ancienne de l'Inde, la prise d'Asgartha (la ville du soleil), capitale du brahmatma, siége de la puissance brahmanique, ancêtre de Thèbes, Babylone et Ninive, la Rome des temps antediluviens, par les aryas ou xchatrias révoltés.

Lorsque cet important événement, que nous allons narrer, se produisit, la situation politique et sociale de la domination brahmanique peut se définir en quelques mots.

Complétement abrutis par les préjugés de castes, et les superstitions religieuses sous lesquels ont les avait courbés, les vaysias qui formaient la partie la plus considérable de la nation, persuadés qu'ils étaient d'une race inférieure, enrichissaient par leur travail les hautes classes ; simples usufruitiers du sol, ils vivaient sans se plaindre de ce qu'on voulait bien laisser tomber d'en haut ; les yeux fixés sur la vie future, ils y aspiraient de toutes leurs forces, se fiant à la parole des prêtres qui leur affirmaient que la récompense que Dieu leur réservait, serait d'autant plus grande qu'ils auraient plus travaillé et plus souffert. Quant aux soudras, créés esclaves, ils servaient, ne comptaient pas en ce monde, et n'avaient à espérer dans l'autre qu'une situation des plus inférieures...

Comme on le voit, la ruse ne date pas d'hier, et dès les premiers âges du monde, les prêtres et les habiles, pour mieux faire travailler les masses à la satisfaction de leurs appétits, cachaient déjà la récompense derrière le rideau, la renvoyant aux *calendes éternelles,* et chargeant Dieu d'acquitter leur dette.

Elle est vieille cette race de jongleurs et de charlatans, qui ne prêche les souffrances et les privations, que pour s'y mieux soustraire elle-même.

Mais si les masses étaient calmes, obéissantes, serviles, il n'en était pas de même des castes brahmes et xchatrias, qui toutes deux dans une position égale de puissance, n'attendaient toutes deux qu'une occasion d'en venir aux mains. Les brahmes, pour faire rentrer les aryas sous leur domination, les aryas, pour s'émanciper complétement de la tutelle brahmanique.

Du brahmatma Yati-Richi, au brahmatma Outtami-Richi, dernier brahme souverain spirituel et temporel d'Asgartha, pendant les trois mille ans qui s'étaient écoulés, les aryas, qui primitivement ne furent que des brahmes, détachés comme chefs administratifs et militaires, gouvernant au nom et sous l'autorité de la caste sacerdotale, avaient formé une classe particulière dans laquelle le pouvoir religieux fut obligé de continuer à choisir les chefs. Quelques commandements de provinces ayant été par la suite rendus héréditaires pour services rendus, tous le devinrent peu à peu, et bientôt il se trouva que quoique commandant et gouvernant encore, les brahmes n'eurent plus le droit de changer les chefs de province, et que ces derniers transmirent leur pouvoir à leurs fils aînés.

Quand les brahmes s'aperçurent qu'ils avaient élevé à côté d'eux, une puissance qui pourrait être un jour la cause de leur ruine, il était trop tard pour y remédier; dans les contrées éloignées, les brahmatmas ne faisaient plus respecter leurs ordres qu'avec peine, une portion majeure des impôts était conservée pour son usage par chaque arya. Les troupes appartenant toutes à la caste des chefs ne connaissaient qu'eux, n'ayant de tout temps été commandées que par eux... la moindre étincelle devait produire l'incendie, le plus petit choc amener une conflagration générale. Sans pousser ouvertement à une rupture, les prêtres se préparaient pour la lutte qui devait infailliblement naître de cette situation. Quant aux xchatrias, nul doute que les plus puissants d'entre eux ne fussent dès longtemps unis par de secrets traités.

Cependant, comprenant que plus ils donneraient aux aryas le temps de se fortifier dans leur situation, plus ils auraient de difficulté à les faire rentrer dans le devoir, et à les vaincre en cas de conflit armé; les brahmes se résolûrent à mettre un frein à leurs empiétements; ils débutèrent par un coup de maître qui leur eut certainement rendu leur prépondérance politique, sans un événement peu important au début, qui fit avorter leur tentative et donna le signal de la lutte, qui se termina par la consécration momentanée de la situation usurpée par les aryas.

Profitant de ce que le principe de leur autorité, n'était pas ouvertement nié, les brahmes firent rendre une ordonnance par leur chef suprême, le brahmatma Outtami-Richi, décidant : qu'un brahme pundit serait envoyé dans chaque province, muni de tous les pouvoirs religieux, civils et militaires, pour étudier le pays et faire un rapport sur sa situation.

Surpris par la rapidité de la décision, les aryas chefs des provinces, n'eurent pas le temps de se concerter, et aucun d'eux n'osa isolément donner le signal de la révolte aux ordres du brahmatma; les envoyés furent reçus partout avec les honneurs souverains, et ils signifièrent, dès leur arrivée, aux chefs, qu'ils n'eussent à prendre aucune décision sérieuse sans leur concours.

Croyant à une mission temporaire, les xchatryas se résignèrent, et sans l'incident auquel nous avons fait allusion plus haut, la restauration du pouvoir brahmanique était un fait accompli; les brahmes pundits avaient, en effet, reçu l'ordre secret de ne plus quitter les provinces où ils avaient été envoyés.

Voici d'après le Vedamagaa (recueil sacré), le récit de cet événement :

Le brahme pundit Vasichtha, un des envoyés du brahmatma Outtami-Richi, s'était rendu dans la province de Cosala qui lui avait été assignée pour résidence, et où commandait un arya du nom de Viswamitra. Au milieu des fêtes dont son arrivée fut la cause, ayant eu occasion de voir la belle Nalika (lys blanc), fille du chef, il en devint éperdûment amoureux, et comme il appartenait à la classe la plus élevée des initiés (dwidja), à laquelle le mariage était interdit, et qu'il n'y avait pas à espérer d'un autre côté, que Viswamitra lui donnât sa fille pour concubine, il résolut d'arriver à ses fins par un moyen audacieux mais infaillible.

Les brahmes de la pagode, qui lui devaient une aveugle obéissance, vinrent un jour au palais de Viswamitra, annoncer que Siva venait de faire connaître au milieu des sacrifices, sa volonté que la belle Nalika fût consacrée à son culte.

Viswamitra ayant, suivant la coutume, offert des vases précieux et de riches étoffes pour le rachat de sa fille, vit ses présents refusés par les brahmes qui exigèrent au nom du dieu, que Nalika leur fût livrée. Fort de son droit, car seules les filles de basses castes ne pouvaient se racheter par des offrandes quand elles étaient touchées par l'oracle; Viswamitra porta la cause devant le pundit Vasichtha qui fut également saisi de la réclamation des brahmes, et, à l'étonnement général, le pundit ordonna que la belle jeune fille fût livrée aux prêtres de Siva.

Viswamitra indigné, et comprenant les motifs qui avaient dicté la sentence du brahme, refusa de sacrifier sa fille, et ayant rassemblé ses guerriers, il chassa Vasichtha de la province. Les aryas de l'Antarvedi et du Yamouna, envoyés pour le soumettre par le brahmatma, se joignirent à lui avec leurs troupes pour secouer le joug brahmanique, et tous trois marchèrent sur la ville d'Asgartha, après avoir vaincu en différentes rencontres les armées sacerdotales.

Après un long siège, la ville du soleil fut prise, et Viswamitra se fit proclamer artaxchatria, c'est-à-dire chef de l'Inde entière. Mais tel était le prestige de l'idée religieuse que le premier soin du nouveau chef, qui fondait son autorité sur les ruines du pouvoir sacerdotal, fut de gagner les prêtres en les comblant de richesses et d'honneurs, et en proclamant qu'il n'était, comme par le passé, qu'une émanation de leur puissance. Viswamitra se servit d'eux pour courber sous le joug toutes les autres provinces de l'Inde

dont les aryas, à son exemple, s'étaient proclamés indé-
pendants.

Les brahmes acceptèrent d'autant mieux leur situation
nouvelle, qu'ils n'avaient jamais gouverné directement leur
vaste empire, et deux générations de rois ne s'étaient pas
succédées, qu'ils avaient peu à peu reconquis toute leur
puissance. Pendant plusieurs milliers d'années, les rajahs
complétement mis en tutelle, ne choisirent leurs conseillers,
leurs ministres, les hauts fonctionnaires de l'État que dans
la caste sacerdotale. Des guerres gigantesques auront beau
bouleverser l'Inde entière, la replacer sous l'autorité des
prêtres, l'émanciper de nouveau, puis la diviser en une
vingtaine de royaumes particuliers, partout les brahmes
conserveront leur situation et maintiendront les rajahs
dans l'obéissance par le mensonge, la superstition et la terreur religieuse. Il ne faudra rien moins pour anéantir leur
puissance, que les invasions mogoles, musulmanes et européennes, qui, même en les renversant comme pouvoir politique, compteront encore avec leur prestige religieux.

C'est pendant cette période qui va de la prise d'Asgartha,
qui eut lieu dix mille ans avant notre ère, — la date est
fixée au livre des zodiaques, — à la dernière révolte sans importance pour l'autorité des brahmes et des rajahs, celle de
Souryastara (Zoroastre), deux mille ans avant Jésus-Christ,
que se sont produites toutes les apparitions, incarnations et
autres manifestations de la divinité; les unes, comme celles
de Vamana et Paraçourama, suscitées par les brahmes dans
l'intérêt de leur pouvoir, et pour frapper l'imagination des
rajahs et des peuples; les autres, comme celles de Iodah et
de Manou-Vena, qui ne furent que des tentatives d'émanci-
pation politique; les autres enfin, comme celles de Christna
et de Bouddah, qui furent le signal de véritables révolutions
religieuses dirigées contre les prêtres, mais que ces derniers
surent habilement faire tourner à leur profit.

C'est également pendant cette période que les chefs militaires et religieux vaincus par les brahmes, de Manou-Vena
qui s'enfuit en Égypte, à Zoroastre qui se réfugie en Perse,
s'échappent de l'Inde par toutes les issues, vont coloniser

le monde, et répandre partout la langue, les lois et les traditions religieuses de la vieille contrée des brachmanaa (brahmes prêtres), et des aryas.

Refaire l'histoire de toute cette époque pendant laquelle
l'Inde déversa sur le globe ses populations et ses idées, sera
l'œuvre de plusieurs générations d'indianistes. Je ne puis
qu'indiquer les grandes lignes.

En tête de chaque époque, de chaque émigration, de
chaque révolution civile et religieuse, de chaque incarnation,
je vais placer l'idée qui les a dominées, le nom de l'homme
qui les a dirigées ou fait naître; premiers jalons de cette
histoire uiverselle qui doit, plus tard, au souffle de la liberté,
renverser l'œuvre mensongère des prêtres et des rois...
et remplacer cette prostituée historique qui n'a su jusqu'à
ce jour que se mettre à genoux devant les aventuriers qui
réussissent, et tresser des couronnes à ceux qui laissent
derrière eux la trace de sang la plus profonde.

CHAPITRE II.

PREMIÈRE INCARNATION DE VISCHNOU.

AVATAR DE YAMANA.

Nous avons vu qu'avec l'assistance des brahmes, dont il devint, sur la fin de sa vie, l'instrument docile, après les avoir soumis dans sa jeunesse, Viswamitra, premier roi de l'Indoustan, avait forcé tous les autres aryas à reconnaître sa suzeraineté ; mais il les avait laissés princes héréditaires des provinces qu'ils commandaient, leur imposant seulement l'assistance d'un conseil composé de trois brahmes, sans lequel il leur était défendu de rien entreprendre d'important.

Tant que Viswàmitra vécut, la crainte qu'inspirait cet homme de fer, qui avait après son triomphe fait écorcher le pundit Vasichtha, et étouffé dans le sang toute tentative de révolte, maintint les chefs dans une soumission relative. Sa mort fut le signal d'un soulèvement général de tous les xchatrias, et son fils Aristanata, artaxchatria d'Asgartha, constamment battu dans toutes les rencontres, allait tomber entre les mains de ses ennemis ; déjà l'arya Prithou lui avait écrit : *Que son corps privé de la sépulture des hautes classes, serait jeté en pâture aux chacals et aux oiseaux de proie,* lo les brahmes qui, dès le début de la lutte, hésitaient à se prononcer pour l'un des deux partis, assurés qu'ils étaient de régner sur le vainqueur, se prononcèrent pour Aristanata contre les aryas fédérés, et envoyèrent l'un d'eux, du nom

de Vamana, pour faire rentrer ces derniers dans l'obéissance.

Ne pouvant réussir par la persuasion, le brahme se met
à la tête des troupes démoralisées d'Aristanata, les enlève
par sa parole et les mène à l'ennemi. A la suite d'une série
de victoires et d'exploits héroïques, inflige à Prithou la privation de sépulture, soumet tous les xchatrias, consolide le
trône du fils de Viswamitra; et après avoir solidement rétabli de cette façon l'influence brahmanique, disparaît un jour
dans le sanctuaire de la pagode d'Asgartha. Les brahmes
répandirent immédiatement dans la foule, le bruit qu'il avait
été enlevé au ciel par les dévas (anges, demi-dieux), et que
c'était Vischnou lui-même qui était venu pacifier la terre,
sous les traits et la forme d'un brahme.

Le peuple crut d'autant plus facilement à cette fable, que
toutes les légendes accréditées par les brahmes sur la création du monde, le prédisposaient à accepter l'intervention
active et visible de la divinité sur la terre.

Tous les chants religieux, d'innombrables prophéties, en
annonçant, pendant la période brahmanique pure, les incarnations successives de la seconde personne de la trinité
indoue, avaient habitué la masse ignorante à obéir aux
brahmes, à travailler pour les hautes classes et à croire
sans examen aux contes les plus absurdes et les plus superstitieux, dans l'attente perpétuelle où elle se trouvait de
la venue du dieu qui devait récompenser ou punir.

Le peuple de l'époque patriarcale fut simple et bon, la
terre suffisait sans un travail excessif aux besoins de chacun,
la race des parasites n'était pas née... l'homme avait du
pouvoir suprême une idée rationnelle et philosophique.

Le peuple de l'ère brahmanique accepta la domination
sacerdotale par confiance dans la vertu du prêtre, et une
foi ardente le maintint dans l'obéissance... Mais le peuple
de la période brahmanique et royale, serf attaché à la glèbe,
dut être maintenu par la terreur.

En face des vices, des lâchetés, des saturnales des classes
supérieures, l'esclave dut sentir le mépris et la haine se
faire jour.

Du jour où il ne crut plus aux prêtres, il fallut le dominer par la peur de Dieu. Aussi toutes les apparitions
divines suscitées par les brahmes n'eurent-elles d'autre but
que de consolider le pouvoir des prêtres et des rajahs, leurs
alliés, tantôt par la conquête d'une opulente contrée, tantôt
par la répression et le châtiment d'une révolte.

Le triomphe de Vamana inaugura le système.

Tel fut en dehors de la légende et du mensonge religieux,
l'événement historique d'où sortit la première incarnation
de Vischnou !

CHAPITRE III.

DEUXIÈME INCARNATION DE VISCHNOU.

AVATAR DE PARAÇOURAMA.

Il est un fait qui rend impossible à distance toute étude indianiste sérieuse, et qui oppose à la science, même dans l'Inde, des barrières souvent insurmontables.

Pas plus que les anciens brahmes, les brahmes d'aujourd'hui ne veulent désabuser la foule sur le compte des fables, des événements miraculeux et des idées superstitieuses dans lesquelles ils l'ont élevée; et dès lors on doit comprendre avec quelle difficulté, on obtient la plupart du temps le moindre document historique sur le passé, les prêtres même ne vous le livrent qu'après avoir obtenu votre promesse qu'il ne sera pas traduit en langue vulgaire.

Si vous n'êtes pas connu d'eux, si vous n'avez pas travaillé avec eux, cas dans lequel ils mettent un certain orgueil à vous pousser en avant, à vous initier, il est inutile de chercher à obtenir d'eux le moindre renseignement historique, qui serait en contradiction avec les croyances religieuses des basses castes.

Et cela se conçoit : ce ne sera pas un prêtre catholique, par exemple, qui vulgarisera cette opinion : que les Évangiles n'ayant fait leur apparition dans le monde que plus de deux siècles après la mort de leurs auteurs présumés, il est à peu près certain que ces livres sont apocryphes!...

Je n'ai trouvé et pu obtenir que peu de chose sur l'avatar de Paraçourama, mais ce peu a la valeur d'un texte.

Le Vedamargaa s'exprime ainsi au sujet de cette incarnation :

« Le brahme Paraçourama, pendant la minorité de Pra-
« tichta, gouverna l'Inde avec tant de sagesse et d'habileté
« qu'il porta au plus haut degré la prospérité et la richesse
« du pays. Il étouffa par son énergie une des révolutions les
« plus terribles qui aient mis en péril la société brahma-
« nique, et eut à lutter pendant plusieurs années contre les
« aryas qui avaient appelé à leur secours les sauvages popula-
« tions de l'Hymavat (Hymalaya). Il combattait à la tête de
« ses troupes une hache à la main comme le dernier des
« soldats, et exerça contre les princes révoltés de terribles
« représailles, qui leur enlevèrent pour longtemps l'envie de
« se soustraire à l'autorité des brahmes. A sa mort, Pra-
« tichta, dont il avait protégé l'enfance, fit construire en
« son honneur un char d'argent massif pour conduire son
« corps à la pagode. Paraçourama avait rétabli la dignité
« de brahmatma, abolie par Viswamitra après sa con-
« quête. »

Voilà le point historique dans toute sa simplicité. A la
suite de révoltes nombreuses, toujours réprimées, les xchatrias appellent à leur secours, en l'an huit mille environ, les
populations des montagnes que l'on voit pour la première
fois apparaître dans l'histoire de l'Inde, préludant à la grande
invasion qui, en l'an cinq mille avant notre ère, devait détruire Asgartha, la capitale brahmanique.

Le brahme Paraçourama sauve la société sacerdotale de
ce nouveau danger, et les prêtres l'offrent à l'adoration du
peuple comme une nouvelle incarnation de Vischnou.

CHAPITRE IV.

TROISIÈME INCARNATION DE VISCHNOU.

AVATAR DE RAMA.

L'Inde entière était soumise, seule l'île merveilleuse de Lanka (Ceylan) avait échappé au joug brahmanique, protégée par son éloignement, et l'océan qui lui faisait une barrière naturelle de ses eaux.

Le brahmatma Cratou-Richi, dit un jour à Rama, petit-fils de Pratichtha et huitième successeur de Viswamitra :

« Écoute l'inspiration divine qui s'adresse à toi par ma bouche. C'est à Lanka que Brahma a placé le premier homme et sa femme, Adhima et Hèva. — Rassemble tes guerriers et tes éléphants, ordonne à tous les xchatrias de te suivre, et va soumettre à ta puissance le berceau de la race humaine, Lanka, où règne Ravana. »

Rama, artaxchatria d'Asgartha, prince jeune et énergique, qui ne demandait qu'à s'illustrer dans la guerre, et ne supportait qu'avec impatience le joug des brahmes, saisit avec empressement l'occasion qui lui était offerte, et partit avec tous les aryas à la conquête de Ceylan.

Cette guerre lointaine dura près de vingt années; lorsque Rama revint à Asgartha, après avoir soumis la grande île, et tué Ravana de sa propre main, vieilli par les combats et les fatigues sans nombre qu'il avait supportées, il n'aspirait plus qu'au repos; il fut jusqu'à la fin de sa vie l'esclave docile des brahmes, qui naguère redoutaient son audace ; sous aucun règne les brahmatmas ne furent plus puissants.

Cratou-Richi qui craignait pour la puissance sacerdotale, avait envoyé le jeune tigre user ses griffes contre les rochers de Lanka.

Rama fut en récompense divinisé par les prêtres, qui en firent la troisième incarnation de Vischnou, sept mille cinq cents ans environ, avant notre ère.

La poésie s'exerça plus tard sur ce sujet merveilleux, mais les rapsodes modifièrent, au gré de leur imagination, le fait historique. Ainsi le Ramayana, vaste poëme composé par plusieurs générations de chanteurs ambulants, qui s'en allaient dans les villages, redire les exploits des dieux et des héros, suppose comme motifs de cette longue guerre, que Rama se rend à Ceylan pour reprendre sa femme Sita, enlevée par le roi Ravana, ce qui introduit l'amour dans l'œuvre poétique, et donne lieu aux épisodes les plus extraordinaires. Tous les peuples anciens ont gardé le souvenir de cette grande lutte, et sous des noms différents chanté les exploits de Rama comme appartenant à l'origine fabuleuse de leur propre histoire : échos de l'Inde d'où ils sont descendus, souvenirs de la patrie commune.

Les rapsodes grecs dans l'Iliade, n'ont fait que traduire le Ramayana.

CHAPITRE V.

MANOU-VENA.

Manou-Vena fut un brahme initié du troisième degré, qui sept mille ans avant notre ère environ, tenta de révolutionner l'Inde à son profit. Après une série de succès et de revers, définitivement battu par les prêtres, il s'enfuit pour échapper à leur vengeance par l'Iran oriental et la Perse, et alla avec ses compagnons coloniser l'Arabie et l'Égypte.

Je ne possède d'authentique sur cet événement important, que ces détails extraits du Vedamargaa, et le texte suivant que j'ai déjà eu occasion de citer :

« Sous le règne de Viswamitra, premier roi de la dynastie de Soma-Vansa, à la suite d'une bataille qui dura cinq jours, Manou-Vena, héritier des anciens rois, abandonné par les brahmes, émigra avec tous ses compagnons par l'Arie (Iran), et les pays de Barria (Arabie), jusqu'aux rives de Masra (le Nil). »

Le Vedamargaa, auquel j'emprunte la plupart de ces événements, est un recueil de récits historiques et sacrés, abrégé des grands ouvrages de l'Inde ancienne.

De nombreux et précieux documents existent sur toutes ces matières, mais le travail d'un seul ne peut suffire à reconstituer vingt mille années, et plus, de l'antique civilisation brahmanique. En face de toutes les richesses littéraires, historiques et scientifiques que renferment les bibliothèques des pagodes, je n'avais que deux partis à prendre : étudier un règne, un livre, l'œuvre d'un homme célèbre, exhumer

un détail ou tracer à grands traits l'ensemble de cette civilisation, qui n'a pas eu sa pareille au monde, comme splendeur et comme durée. J'ai préféré l'étude générale qui me
permet de rattacher au même rameau les religions et les
peuples d'une partie du globe.

Manou-Vena, dont l'histoire primitive de l'Inde nous indique le départ, la route, et le lieu d'émigration; n'est autre
que le législateur conquérant Manès, qui colonisa l'Égypte,
et que les traditions anciennes regardent comme le premier
roi de ce pays.

Il avait lutté contre le pouvoir sacerdotal, tenu pendant
un quart de siècle en échec la puissance brahmanique;
malgré cela, les prêtres qui avaient fini par le chasser de
l'Inde, n'hésitèrent pas à le placer dans leur panthéon, et à
le présenter à la vénération des masses comme un demi-
dieu, envoyé par Brahma, pour châtier les hommes.

Quelques légendes le considèrent même comme une incarnation de Vischnou, mais nulle part, il n'est représenté
avec le soleil et le triangle attributs des avatars.

CHAPITRE VI.

IODAH.

« Iodah, xchatria des plateaux de l'Himavat (Hymalaya), et dont la domination s'étendait jusqu'aux plaines de Cosala (Aoude), rassemble un jour ses guerriers, se fait proclamer artaxchatria (grand roi) et leur dit :

« Les gens qui dominent la terre et qui règnent à Asgartha ont attiré à eux toutes les richesses; non contents de cela, ils nous forcent à leur obéir et prennent chaque année nos filles vierges, le miel de nos ruches, nos tissus de laine et nos troupeaux : allons prendre Asgartha, et non-seulement nous conserverons ce qui nous appartient, mais encore nous nous emparerons des femmes et des richesses de nos ennemis.

« Ayant prononcé ces mots, il fit allumer des feux sur tous les sommets du pays de Mahar (maha, grand, aar, fleuve; en samscrit, le Gange) au pays de Népâl, pour prévenir tous les hommes portant la lance.

« Au jour convenu, il en vint de tous les points du nord et de l'est; aussi loin que la vue aurait pu s'étendre pendant trois jours de marche, la terre était couverte de guerriers; les uns montés sur des chevaux rapides et couverts de peaux d'ours, les autres sur des chars, d'autres combattant à pied, d'autres encore sur des éléphants.

« Et quand ils furent tous réunis, ils poussèrent un cri qui fut entendu jusqu'aux pays de la mer : —Allons prendre Asgartha, la ville du soleil!

« Ils arrivèrent, comme un flot qui inonde et détruit tout sur son passage, sous les murailles de la ville sainte, avant

que les brahmes aient eu le temps de réunir leurs défen-
seurs.

« Trois jours après, il ne restait plus d'Asgartha, la ville
de marbre et d'or, que la fumée qui s'élevait au-dessus des
temples et des palais embrasés.

« Iodah continua sa marche, traînant derrière lui ses
lourds chariots chargés de dépouilles, mais ayant rencontré
entre le Mahar et le Iamouna, les armées des brahmes commandées par le brahmatma Soudasa-Richi, et l'artaxchatria Agastya, il fut vaincu après huit jours de combats.

« Pendant longtemps les eaux du Mahar roulèrent les cadavres des hommes du nord et de l'est ; pendant longtemps
les chacals et les vautours aux pieds jaunes se couchèrent
repus sur les champs de bataille.

« Fuyant devant la vengeance des brahmes, Iodah rega-
gna l'Himavat avec le reste de ses compagnons, et de nouveau il fit allumer les feux sur tous les sommets, et des hé-
rauts, sonnant de la trompe par les vallées et les montagnes,
s'écriaient : Abandonnez vos maisons et vos champs, ras-
semblez à la hâte vos richesses, vos chars et vos troupeaux ;
vos frères, vos pères, vos maris ont détruit Asgartha, mais
ils sont morts, le vent pousse les guerriers des brahmes, hâ-
tez-vous de rejoindre Iodah.

« Et quand Soudasa-Richi et Agastya envahirent l'Himavat, ils ne trouvèrent pas un vieillard, pas une urne funéraire, pas une vierge, pas un enfant, pas un chevreau...
Tous les habitants s'étaient enfui vers les contrées du nord,
conduits par Iodah et son frère Skandah... »

(Extrait du Puratana-Sastra, Récits antiques.)

Parmi les nombreux chants poétiques célébrant la victoire
des brahmes sur Iodah, le destructeur d'Asgartha, celui que
je viens d'extraire du Puratana-Sastra est le plus simple, *le
plus historique* : c'est à ce titre que je l'ai choisi. Asgartha fut
détruite cinq mille ans environ avant notre ère.

Je n'ajouterai qu'un mot.

Iodah n'est autre qu'Odin, dont les peuples du nord de
l'Europe ont fait un dieu.

Skandah, son frère, a donné son nom aux émigrants, qui, passant de l'Inde en Europe, sont devenus les *Scandinaves*.

Et les védas, ou livres sacrés de la haute Asie défigurés par la tradition, mais conservés dans leur essence mythologique, deviennent en *Scandinavie* les Eddas.

Par Manou-Vena au sud, par Iodah et Skandah au nord, voilà déjà deux grandes voies ouvertes aux traditions littéraires, philosophiques et religieuses de l'Inde ancienne... Comprend-on bien maintenant, sur quelles bases se pourra refaire l'histoire des sociétés anciennes.

« Que de choses étonnantes nous avons à apprendre aux autres, disait M. Langlois, le traducteur du Harivansa... Que sera-ce quand nous aurons fouillé l'antiquité indoue, comme nous avons fouillé l'antiquité grecque?... »

Les hommes du nord, descendants d'Iodah et de Skandah, conservèrent si bien, dans leurs chants sacrés, le souvenir de leur fuite de l'Inde et du pillage des immenses richesses d'Asgartha, la ville de sourya (soleil), que, plus tard, quand leurs hordes innombrables se donnèrent rendez-vous pour marcher sur Rome, elles crurent retourner au pays de leurs pères, et elles chantaient en traversant les forêts de la Slavie et de la Germanie : « *Allons détruire Asgar, la ville du soleil.* »

CHAPITRE VII.

HARA-KALA.

Pendant qu'Iodah et Skandah s'échappaient par le nord, et que les armées brahmaniques s'égaraient à leur poursuite, Hara-Kala, fils de l'artaxchatria Agastya, soutenu par un parti puissant, se déclara indépendant dans le Couroudêsa qu'il gouvernait, et pendant plus de dix ans, lutta avec avantage contre toutes les forces envoyées contre lui. Trahi par ses principaux alliés, obligé de plier sous le nombre, il se réfugia, avec ceux de ses compagnons qui lui étaient restés fidèles, dans l'Asie occidentale entre l'Indus et l'Euphrate, ainsi que le fait supposer le nom samscrit de Madya-potama (entre les fleuves) [1], donné par le Puratana-Sastra, à la terre sur laquelle Hara-Kala fut s'établir. Il prit le titre indou d'artaxchatria (grand roi) de l'Arie (Perse), de la caste des aryas. Traduisez par : Hara-Kala artaxerxès (grand roi) de la Perse, de la famille des Darioi, et vous aurez le chef de cette suite de rois de Perse qui portèrent tous le nom de caste de darios, et suivant que leur pouvoir fut plus ou moins contesté, les titres d'artaxerxès ou de xerxès (grands rois ou simplement rois), en samscrit *artaxchatrias* et *xchatrias*.

La légende et la poésie prêtent à ce prince, pendant le temps qu'il tint en échec toutes les forces brahmaniques, de merveilleux exploits, tantôt ce sont des armées entières qu'il défait avec une poignée d'hommes ; tantôt, dans les rares loisirs que lui laisse la guerre, il purge ses états des lions,

---

1. La Mésopotamie.

serpents, tigres monstrueux, hydres à deux têtes, sangliers et autres animaux qui les infestaient, et tue en combats singuliers les géants, cyclopes, brigands, monstres et demi-dieux que les brahmes suscitaient contre lui.

Le fait le plus merveilleux que la tradition lui attribue est d'être descendu aux enfers, enlever à Yama, roi des sombres demeures, son ami Thasaa (en samscrit, l'*associé*), le compagnon de tous ses travaux, de toutes ses luttes, qui avait été tué par un javelot et qu'il ramena à la lumière du jour... C'est Hercule allant demander Thésée à Pluton.

Qui ne voit qu'Hara-Kala (le héros des combats) et Thasaa (l'associé), furent les deux chefs de cette émigration indoue qui s'en fut coloniser la Perse, l'Asie-Mineure et plus tard la Grèce, et dont les rapsodes de ces deux pays ont immortalisé les exploits légendaires. Artaxerxès en Perse, Hara-Kala, c'est-à-dire Hercule, devint dieu en Grèce. Les temps fabuleux et héroïques de l'antiquité tout entière, ne sont que des souvenirs poétiques de la vieille terre indoue.

CHAPITRE VIII.

MANOU (le législateur). — RAHDA-MANTA (qui châtie le crime).
YAMA-AHAKA (juge sévère).

Ceci n'est qu'un épisode, un fait particulier d'histoire qui
n'a pas l'importance de ceux que je viens de citer, au point
de vue de l'étude des révolutions religieuses et politiques de
l'Inde. Il n'est point la tête de ligne d'une époque indiquant
sous la forme symbolique de l'incarnation, un grand change-
ment politique ou social, il n'est pas non plus le point de
départ d'une de ces grandes émigrations dont l'histoire de
l'humanité a gardé le souvenir et recherche les traces; mais
il est une des traditions légendaires de la mère-patrie, conservée sur le sol conquis par les émigrants, comme un signe
d'origine.

C'est une des innombrables preuves de la filiation indoue
des Grecs, à ce titre le lecteur me saura gré d'interrompre
un instant la revue générale des incarnations et émigrations brahmaniques pour la lui signaler.

Extraits du Puratana-Sastra (Récits antiques).

« Mithra, qui régnait en Mitila, ayant voulu sur la fin de
sa vie, remettre le pouvoir à l'un de ses fils, pour se livrer
aux austérités les plus méritoires, en demanda l'autorisation
à l'artaxchatria Hastina qui, ayant consulté le brahmatma,
répondit : « — Que les trois fils de Mithra gouvernent ensemble Mitila jusqu'à la mort de leur père ; quand ils auront
accompli les cérémonies funéraires sur sa tombe, le titre de

xchatria de Mitila sera donné au plus digne. » — Ainsi fut fait, et sous le gouvernement des trois princes, la province de Mitila jouit pendant plusieurs années d'une tranquillité et d'une prospérité sans exemple.

« Or, Mithra étant venu à mourir ; ainsi qu'il avait été dit, ses trois fils, après avoir accompli sur sa tombe les cérémonies funéraires prescrites, se rendirent en Cosala auprès de l'artaxchatria Hastina et du brahmatma Yavana-Richi, et ayant comparu devant toute la cour et les saints brahmes assemblés, l'un d'eux prit la parole le premier et dit :

— « Je suis le fils aîné de Mithra, j'ai gouverné avec mes frères l'état de Mitila, et grâce à l'appui, aux sages conseils et aux bons exemples qu'ils m'ont donnés, les peuples de Mitila m'ont appelé Manou (le législateur). »

Et un autre s'étant approché dit :

— « Je suis le second fils de Mithra, j'ai gouverné avec mes frères l'état de Mitila, et, grâce à l'appui, aux sages conseils et aux bons exemples qu'ils m'ont donnés, les peuples de Mitila m'ont appelé Rahda-Manta (qui châtie le crime). »

Le dernier ayant parlé à son tour dit :

— « Je suis le troisième fils de Mithra, j'ai gouverné avec mes frères l'état de Mitila, et grâce à l'appui, aux sages conseils et aux bons exemples qu'ils m'ont donnés, les peuples de Mitila m'ont appelé Yama-Ahaka (juge sévère).

— « En entendant ces trois frères s'attribuant mutuellement tout le mérite des actes qui leur avaient valu le respect et la reconnaissance des peuples de Mitila, l'assemblée entière fut frappée d'un profond étonnement; et aux unanimes applaudissements de tous, Hastina et Yavana-Richi déclarèrent que les trois frères recevraient le titre de xchatria de Mitila, et que tous trois continueraient à gouverner cette province avec un pouvoir égal. Ils se distinguèrent tellement par la sagesse, la justice et la modération de leurs actes, qu'après leur mort ils furent élevés au rang des dieux, et eurent pour mission de peser dans la balance céleste les actions bonnes ou mauvaises des hommes. »

Il est incontestable que cette croyance mythologique de

l'Inde a été transportée telle quelle en Grèce, et que Minos, Rahdamante et Eaque ne sont autres que Manou, Rahda-Manta et Ahaka.

Ni l'histoire, ni la poésie, ni la littérature, ni la philosophie, ni les législations antiques ne sont nées sur le sol restreint de la Grèce où nous les voyons apparaître. L'antiquité, qui envoyait constamment ses sages en Orient chercher les livres de la loi et les origines de toute science, savait bien quel était son berceau, et d'où lui venait la lumière.

CHAPITRE IX.

QUATRIÈME INCARNATION DE VISCHNOU.

AVATAR DE CHRISTNA.

Quatre mille huit cents ans environ avant notre ère, l'enfant dont la naissance, suivant la légende de la Genèse indoue, avait été annoncée à Héva par Brahma, vint au monde dans la petite ville de Madura, et reçu le nom de Christna (en samscrit, sacré).

Cet enfant n'était autre que Vischnou incarné dans le sein de la vierge Devanaguy (en samscrit, formé par Dieu) pour racheter la faute originelle et ramener l'humanité dans les voies du bien.

Devanaguy, restée vierge quoique mère, car elle avait conçu sans avoir connu d'homme, *obombrée* par les rayons de Vischnou, accoucha de l'enfant divin dans une tour où son oncle Kansa, tyran de Madura, l'avait fait enfermer, car il avait connu en songe que l'enfant qui naîtrait d'elle devait le détrôner,

La nuit de l'accouchement, au premier vagissement de Christna, un vent violent renversa les portes de la prison, tua les sentinelles, et Devanaguy fut conduite avec son fils nouveau-né dans la maison du berger Nanda par un envoyé de Vischnou, qui mit ce dernier au courant du dépôt qu'il lui confiait.

En apprenant la délivrance de Devanaguy et sa fuite merveilleuse, le tyran Kansa, aveuglé par la fureur, et pour at-

teindre plus sûrement Christna, *ordonna le massacre, dans tous
ses États, les enfants du sexe masculin, nés la même nuit que celui
qu'il voulait faire mourir.*

Christna échappa par miracle, et toute son enfance s'é-
coula au milieu des dangers suscités par ceux qui avaient
intérêt à sa mort; mais il sortit victorieux de toutes les em-
bûches, de tous les piéges qu'on lui tendit.

Arrivé à âge d'homme, il s'entoura de quelques disciples
fervents, et se mit à prêcher une morale que l'Inde ne connaissait plus depuis la domination brahmanique; s'attaquant
courageusement aux castes, il enseigna l'égalité de tous les
hommes devant Dieu, et dévoila l'hypocrisie et le charlatanisme des prêtres. Il parcourut l'Inde entière, poursuivi par
les brahmes et les rois, attirant à lui les peuples par le
charme de sa personne, une éloquence douce, persuasive,
imagée, et la sublimité de sa doctrine.

S'aider les uns les autres, protéger surtout la faiblesse, aimer son semble comme soi-même, rendre le bien pour le mal,
pratiquer l'aumône, toutes les vertus enfin que *certaines gens
croient nées d'hier, s'imaginant que le monde a commencé avec eux,*
ont été enseignées aux peuples par Christna, dans l'extrême
Orient, à une époque où la plupart des contrées européennes
étaient encore sous les eaux.

Un jour que Christna priait, adossé contre un arbre, une
bonde de sbires envoyés par les prêtres dont il avait dé-
voilé les vices, le perça de flèches et suspendit son corps
aux branches, pour qu'il devint la proie des oiseaux immondes.

La nouvelle de cette mort, étant parvenue aux oreilles
d'Ardjouna, le plus cher des disciples de Christna, il accourut,
avec une foule immense de peuple pour recueillir les restes
sacrés. Mais le corps de l'homme Dieu avait disparu ; sans
doute il avait regagné les célestes demeures, et l'arbre aux
branches duquel il avait été suspendu, s'était subitement
couvert de grandes fleurs rouges, et répandait aux alentours
le plus suave des parfums.

Christna avait été surnommé Iezeus (en samscrit, pure
essence, émanation divine) par ses disciples, un jour qu'il

s'était montré à eux, entouré de rayons lumineux, dans toute
la splendeur de la majesté divine.

Telle est en quelques mots cette célèbre incarnation de
Iezeus Christna, dont nous avons suffisamment caractérisé
l'œuvre dans notre précédent ouvrage, *la Bible dans l'Inde*, pour
n'avoir pas à l'étudier ici de nouveau : aussi bien n'avons-nous
consacré ces quelques lignes au grand novateur indou que
pour rappeler les traits principaux de sa vie, et dans cette
revue du passé, bien marquer la place de cet homme, la
plus grande figure religieuse de l'humanité. L'œuvre de
Christna souffla sur le monde brahmanique qui marchait de
révolution en révolution au règne pur de la force, un parfum de philosophie et de spiritualisme, qui eut pour résultat
d'adoucir les mœurs en élevant les idées ; les luttes intérieu-
res s'arrêtent comme par enchantement, et si l'ambition
continue à susciter des querelles entre princes, du moins
n'assiste-t-on plus, à ces épouvantables hécatombes qui se
terminaient d'ordinaire par la fuite de plusieurs millions
d'hommes obligés d'aller demander à des contrées inconnues,
un asile pour leurs femmes, leurs enfants, les statues de leurs
dieux, et les urnes funéraires des ancêtres.

Les brahmes qui avaient fait assassiner Christna, furent
les premiers à subir son influence ; soit habileté, soit conviction, ils l'acceptèrent comme la grande incarnation de Vischnou, promise par Brahma au premier homme, et placèrent
sa statue dans tous les temples.

Les castes inférieures, comme toujours, ne profitèrent pas
de cette révolution qui avait été faite pour elles, mais elles en
reçurent avec le temps quelques adoucissements à leur misérable situation : ce n'est jamais en vain qu'un homme passe
au milieu des esclaves, des opprimés et des faibles en laissant
tomber des paroles d'égalité et de liberté.

Après l'avénement de Christna, les brahmes furent peu à
peu dépouillés de leur autorité politique, par les rois qu'ils
avaient si longtemps tenus en tutelle, et Prithou ayant réuni
toutes les contrées de l'Inde sous son sceptre, commença la
célèbre dynastie de Soma-Vansa dont les princes régnèrent
sans conteste pendant plusieurs milliers d'années. Mais la

perte du pouvoir ne diminua en rien le prestige religieux des brahmes, qui continuèrent à dominer le peuple par le charlatanisme et le mensonge.

Christna a laissé dans l'Inde et dans tout l'Orient, une trace profonde, sensible encore, bien qu'elle soit vieille de plus de six mille ans. Les initiés du troisième degré, les brahmes savants et les pundits se sont rangés sous sa bannière, et n'ont jamais admis d'autres incarnations divines, que celle du fils de la vierge Devanaguy.

La légende religieuse raconte par la voix de nombreux prophètes, que Christna doit revenir sur la terre à l'époque du *maha-prálaya* (fin suprème de toutes choses), pour combattre le prince des rakchasas (démon), qui sous les traits du cheval Kalki, viendra pulvériser le monde, et essayer de détruire le *boutho* ou germe universel de tout, qui retourne se féconder dans l'intelligence de Brahma pendant le chaos, *ou nuit de sommeil de la divinité.*

Christna, vainqueur de Kalki, anéantira tous les principes mauvais, sauvera le *boutho*, avec lequel *au jour prochain de Dieu*, la création nouvelle s'effectuera, et, se réunissant à Brahma et à Siva, tous trois s'abîmeront dans le sein de Zeus ; la Trinité finira dans l'Unité.

CHAPITRE X.

LE SYSTÈME PÉNAL DES CHRISTNÉENS.

Je ne puis faire l'historique de toutes les réformes tentées par les disciples de Christna ; mais parmi les grandes idées qui s'agitèrent dans cette école christnéenne, que les prêtres finirent par absorber, pour le malheur de l'Inde, il en est une que je dois faire connaître, car elle touche à tous les grands problèmes sociaux, que notre époque a eu le mérite de poser, et n'a pas eu le courage de résoudre.

Les successeurs du rédempteur indou, voulant remplacer la barbarie des pénalités brahmaniques par un droit plus humanitaire, recherchèrent avant tout, si en outre de la réparation du préjudice causé à autrui, l'homme avait le *droit de punir* son semblable, et comment il était possible de légitimer l'exercice de ce droit.

La théorie de *la légitime défense,* qui semble être le dernier mot de la philosophie moderne sur cette matière, fut repoussée par eux à l'aide de considérations élevées, qu'il nous est permis d'admirer tout en n'admettant pas complétement les conséquences qui en découlèrent.

Suivant les criminalistes indous de cette école, la légitime défense n'engendre que le droit à une réparation matérielle, et jamais celui d'ajouter une pénalité afflictive ou infamante à cette réparation. Sans doute, disent-ils, l'homme peut se défendre quand il est attaqué dans sa famille, dans sa personne, dans ses biens, il repousse la force par la force, il dispute sa vie, sa fortune, son honneur à qui veut les lui ravir ; ce droit naît du fait agressif qu'il s'agit de combattre,

mais il ne saurait se continuer quand le fait dommageable
a pris fin.

« L'homme imparfait, facile à la vengeance, toujours prêt
à opprimer la faiblesse, ne peut, dit le jurisconsulte Collouca,
prétendre sérieusement tirer de lui-même la faculté de
juger son semblable. Une fois le préjudice dont il a souffert
réparé, qu'est-ce qui peut constituer son droit à infliger un
châtiment. »

Parâsara éclaire cette discussion d'un exemple que je dois
citer :

« Deux hommes vivent ensemble à l'état de liberté, dans
une contrée déserte. Or, il arrive que l'un d'eux dérobe à
l'autre ses troupeaux et ses moissons; le spolié arme ses
serviteurs, s'élance sur son voisin et reprend tout ce qui lui
a été enlevé, ou des quantités et qualités égales sur les
biens de ce dernier; nul ne peut contester qu'en agissant
ainsi, il n'ait été dans la plénitude de son droit.

« Voilà bien la légitime défense complétée par la réparation du dommage causé; *mais où donc apparaît le droit de
punir ?*

« Supposons que le volé soit rentré en possession de tout
son bien, lui sera-t-il permis de tenir le raisonnement suivant : — L'acte dont j'ai eu à souffrir a cessé, j'ai repris à
mon voisin tout ce qu'il m'avait soustrait; mais, comme il
a blessé l'idée du juste et du bien que je trouve en ma conscience, je vais pour le punir, l'enfermer dans une tour
munie de portes solides, pendant un certain nombre de mois
ou d'années.

« Ou bien encore :

« — Mon voisin est un méchant homme qui pourra renouveler bientôt les attaques dont j'ai été l'objet, ravissons-lui
la liberté, afin qu'étant mis dans l'impossibilité de nuire, je
n'aie plus de craintes à son sujet.

« Ces deux hypothèses admettent la réparation complète
du préjudice matériel; tout droit de légitime défense a donc
cessé, et ne peut renaître que par de nouvelles tentatives
nuisibles.

« On ne saurait donc dans les deux cas comprendre, d'où l'homme peut tirer le droit d'attenter à la liberté de son semblable, soit au nom de la justice blessée dans son essence, par une action mauvaise, *ce dont l'homme ne peut être juge contre l'homme*, soit en prévision du mal que cette liberté peut lui causer, car on ne saurait baser une pénalité sur un fait qui ne s'est pas encore accompli.

« Si maintenant le volé n'a pu rentrer dans la possession de tout ce qui lui a été pris, l'emprisonnement du malfaiteur ne serait pas une réparation matérielle du préjudice, *ce serait une vengeance, et en aucun cas, l'homme n'a le droit de se venger*.

« L'homme ne peut transformer ce droit à une réparation matérielle *en un droit à punir :* quelle garantie d'indépendance et d'impartialité pourrait-il offrir à celui qu'il frappe ; dans quelle balance pèsera-t-on la faute commise et le châtiment, afin qu'ils soient égaux tous deux ?

« Donc, conclut Parásara, si je puis en vertu du droit de légitime défense, concéder à l'homme le pouvoir d'apprécier la réparation en nature qu'il a le droit d'exiger, ainsi que de repousser toute attaque contre sa propriété, sa personne et les siens, je ne puis en aucun cas, comme émanant du même principe, lui reconnaître la faculté d'apprécier la réparation morale, c'est-à-dire la punition qui doit être infligée au coupable pour l'acte contraire au bien qu'il a pu commettre. Et si l'homme n'a pas ce droit, comment pourrait-il le transmettre à la société.

« La société pas plus que l'homme, n'a le droit de parler au nom de la justice absolue, qui ne se conçoit qu'en dehors de toute possibilité de passion ou d'erreur. »

(Parásara.)

Sur le même sujet, le philosophe christnéen Narada, qui vivait plus de trois mille cinq cents ans avant notre ère, s'exprime ainsi :

« Je trouve en moi la notion du bien et du mal : le bien vient de Zeus ; c'est l'étincelle émanée de l'intelligence suprême qui prouve mon origine ; le mal vient de l'imperfection de ma nature. Comment donc en cet état de faiblesse et d'imperfection, puis je m'arroger le droit de juger les faiblesses et les imperfections de mes semblables ? Que celui qui par ses actions n'aura jamais porté atteinte à l'éternelle justice se présente, et je lui reconnaîtrai le droit de parler au nom de la justice. Sans doute l'homme a des droits qu'il peut défendre, ce qui lui donne le pouvoir d'exiger la réparation du préjudice matériel qu'on lui occasionne ; mais, qui l'a créé juge de l'expiation que doit subir le coupable, au nom du juste et du bien qu'il a méconnus ? A Dieu seul appartient ce rôle, de lui seul doit venir l'expiation. »

(Narada.)

Comme on le voit, d'après ce système, la légitime défense ne peut engendrer qu'un droit à une réparation matérielle du préjudice causé, et jamais *celui de punir*, qui n'appartient qu'à Dieu, parce qu'il est le seul être qui ne puisse ni se passionner ni errer.

En présence de tous les supplices, de toutes les tortures, de toutes les peines corporelles enregistrées par l'histoire pénale de l'humanité, en présence surtout de toutes les injustices, de toutes les erreurs dont ce *droit de punir*, que toutes les sociétés se sont attribuées, ont été la cause, j'ai la faiblesse de considérer comme sérieuse cette argumentation des philosophes indous, et de désirer que nous puissions arriver à supprimer de nos codes la vengeance juridique, par l'abolition des peines contre nature, par l'adoucissement de certaines autres, et la réhabilitation possible du condamné.

Partant de ce principe, que l'homme ne pouvait tirer de lui-même autre chose que le pouvoir d'exiger une réparation matérielle, les jurisconsultes de l'école christnéenne remplacèrent le droit de punir, qu'ils avaient proscrit, par *le devoir de faire le bien.*

Je cède de nouveau la parole à Parâsara qui traite cette question avec une étonnante lucidité.

« En admettant qu'à Dieu seul appartient le pouvoir de parler au nom de l'éternelle justice, il est permis de penser que l'homme peut user (l'expression samscrite de *nirgayami* signifie usurper) d'une portion de ce droit pour ramener au bien celui qui s'en est éloigné, car notre but suprême sur la terre doit être le triomphe du bien sur le mal, qui doit nous amener un jour à nous absorber dans le sein de Brahma. Mais alors ce n'est pas le *droit de punir* qui émane de cette doctrine, mais *le devoir* pour tout homme d'arracher son semblable à la puissance du mal, et c'est dans ce sens seulement que la société, mandatrice de l'individu, a le droit d'agir. »

Ainsi, les opinions élevées de ces hommes, qui agitaient toutes les questions humanitaires et sociales bien avant la naissance de nos civilisations de l'Occident, peuvent se résumer en ces mots :

Le droit de punir n'est que le droit de faire le bien.

Je crois qu'il est permis de dire, sans crainte d'être taxé d'exagération, que la philosophie moderne qui, du reste, n'a su jusqu'à ce jour que se traîner sur les pas des anciens, ne pourrait trouver dans son bagage suranné des principes plus purs.

Après avoir admis que la répression ne pouvait se légitimer que par le devoir de ramener l'homme au bien, les philosophes de ces temps reculés, s'occupèrent de rechercher avec la même logique, à l'aide de quels moyens il pouvait être permis d'arriver à ce résultat. Ils posèrent tout d'abord en principe qu'on ne pouvait, sans attenter à l'œuvre de Dieu, toucher à certaines facultés de la nature morale et physique de l'homme, parce qu'elles étaient l'essence même de son existence. De là, respect de la pensée que le législateur ne peut asservir sans crime, et respect de la liberté qui est la manifestation extérieure de la pensée, et qui, pas plus qu'elle ne peut être proscrite.

« Le kchétradjna (principe de vie, âme, intelligence) ne peut, dit *Arouna*, être séparé du boûtathma (forme matérielle, corps qui se meut), quiconque cherche à flétrir ou à dominer l'un ou l'autre doit être maudit comme destructeur de la création divine. »

Il résulta de ces opinions, que tout attentat à la liberté individuelle et à la libre pensée fut regardé comme un crime, par la législation pénale que les disciples de Christna firent adopter de l'ancienne société indoue. Conséquents avec leurs principes, ils repoussèrent *la mort* et *la prison* comme des modes de répression que l'homme n'avait pas le droit d'établir. Suivant Gauthama et Parâsara, qui ne séparent jamais le droit de la philosophie, l'expiation ne doit jamais être telle qu'une erreur ne se puisse réparer ou que la réhabilitation devienne impossible.

Les principes suivants, que beaucoup croient nés d'hier, furent posés par ces hommes éminents comme une barrière que l'homme ne doit jamais franchir dans sa recherche philosophique de la vérité pénale.

« L'homme qui ne peut donner la vie n'a pas le droit de la retirer à son semblable ; à Zeus seul appartient ce pouvoir terrible d'abréger l'existence de ses créatures.

« L'exemple des meurtriers n'excuse pas les représailles de la justice ; ce n'est pas au crime qu'elle doit demander ses inspirations.

« La barbarie et l'atrocité des peines ne doivent jamais être telles qu'il soit impossible de réparer une erreur.

« La justice qui ne tient pas compte du repentir ou le rend impossible, cesse d'être la justice et devient la *vengeance* ; car on ne saurait tuer au nom du juste et du bien.

« L'homme ne doit pas être séparé de sa famille, il vit pour elle et elle existe par lui ; agir autrement serait proscrire tout lien, toute affection naturelle et rabaisser l'homme au niveau de la brute.

« On ne doit pas non plus le ruiner par des amendes, ce serait le forcer à rechercher sa subsistance et celle des siens par des moyens coupables.

« Le corps est une machine qui obéit, les actions bonnes ou mauvaises viennent de l'intelligence ; or toute peine qui s'adresse au corps, à l'esclave et non au maître, comme les mutilations et les tortures, n'est qu'une preuve de l'ignorance et de l'imbécillité de celui qui l'applique. »

(Narada.)

Après avoir ainsi repoussé toute peine corporelle comme ne pouvant être établie par l'homme sans abus de pouvoir, et bien défini le but que la justice devait se proposer, les christnéens édifièrent un système de répression auquel ils furent infailliblement amenés par la logique rigoureuse de leur raisonnement.

« Si la société, dit Paràsara, ne peut porter atteinte aux facultés que l'homme tient de Dieu. il est un droit dont elle peut user largement, c'est celui d'enlever au coupable tous les bénéfices ou partie des bénéfices qu'il retire de la vie sociale, et nul ne pourra nier le bien fondé de ce droit, puisqu'il découle de la constitution même de la société. Quand plusieurs hommes s'associent pour vivre en commun, le premier pouvoir qui naît de ce concert mutuel est de rejeter, soit complétement, soit pour un temps illimité, de l'association tout être inutile ou nuisible. »

Ces principes donnèrent naissance à la répression par la dégradation civique qui fut la base du droit indou, jusqu'à l'époque où les brahmes parvinrent à étouffer les réformes religieuses et sociales de la nouvelle école qui menaçaient de ruiner de fond en comble leur despotisme.

Les pénalités suivantes avaient été édictées :

1º Le rejet complet de toute caste;

2º Le rejet d'une caste supérieure dans une caste inférieure;

3º Le rejet de la caste pour un temps limité;

4º Le travail libre, mais avec retenue chez l'employeur de la moitié du salaire pour la réparation matérielle du dommage matériel.

Lorsque plus tard les prêtres, qui après avoir fait mourir Christna, l'avaient divinisé pour faire tourner à leur profit une révolution sociale qui menaçait de les emporter, eurent, par d'habiles manœuvres recouvré toute leur puissance, ils rétablirent les anciennes pénalités à l'aide desquelles il leur était plus facile de terroriser leurs esclaves, et la peine de mort, les tortures, la bastonnade, la prison firent de nouveau partie du code pénal brahmanique, qui inspira plus tard et le droit romain et le droit pénal de toutes les nations de l'Europe.

Nous n'avons plus, il est vrai, depuis peu, ni la mort civile, ni les tortures, ni la marque, mais il nous reste la mort et la prison. La mort! c'est-à-dire le dénoûment de ce mystérieux problème de l'existence dont le secret n'appartient qu'à Dieu! l'impossibilité de réparer une erreur qui s'est déjà produite et peut se reproduire encore! le rejet, *au nom de la justice*, de toute réparation, de tout repentir sur la terre.

Un mot fut jeté jadis dans un débat célèbre : « Abolissons la peine de mort, mais que messieurs les assassins commencent. »

Je n'ai jamais compris pour ma part l'importance que l'on a voulu donner à cette facétie d'un homme d'esprit, que j'ai souvent entendue proclamer irréfutable, comme si la justice devait en être réduite à n'avoir d'autres règles que celles des coupables, d'autres inspirations que celles des assassins. Un homme commet un meurtre et vous le tuez. Je ne discute pas ce droit que vous vous êtes arrogé d'instituer le meurtre légal, mais avouez franchement alors que vous êtes la justice du talion.

Puisque vous prenez tête pour tête, exigez aussi œil pour œil, dent pour dent, coup pour coup. Rétablissez toutes les pénalités qui sont la conséquence de la mort juridique, vous n'en serez pas plus inhumains, et vous serez plus logiques. Mais ne me dites pas, tant que le bourreau sera un fonctionnaire public, que vous avez réalisé l'idéal de cette justice qui, tout en punissant, doit s'inquiéter par-dessus tout de régénérer le condamné, et d'éviter d'irréparables erreurs...

La prison! c'est-à-dire la privation de mouvement et d'air, l'asservissement du corps et par suite la prostration, l'avilissement de la pensée...

Mettre l'homme dans un tombeau... entre quatre murs, le priver de toute affection de famille, de tout sentiment, de tout exemple honnête qui pourrait le ramener au bien, l'entourer de malfaiteurs, dès longtemps aigris contre la société, qui achèvent de le gagner au vice! Cette peine est encore plus horrible peut-être que la première... Par la mort tout est fini; par la prison commence une dégradation morale qui ferme à jamais la porte de la rédemption au malheureux coupable que la société, après l'expiation légale, repoussera impitoyablement de son sein.

Et puis n'atteignez-vous bien que l'homme qui a pu mériter vos rigueurs? Ne frappez-vous pas encore des innocents ? N'êtes-vous pas involontairement la cause de bien des malheurs, de bien des ruines, de bien des crimes ?... Un pauvre diable vole ou escroque cinquante francs : trois, quatre, six mois de prison l'atteignent suivant les circonstances du délit qu'il a commis, et pendant ce temps-là, sa femme, ses enfants dont il était l'unique soutien, sont réduits à la mendicité, ce premier échelon de tous les vices honteux, de la prostitution et du crime. La justice ne s'en inquiète pas davantage, elle a fait son devoir en poursuivant la répression d'un acte mauvais ; le reste ne la regarde plus jusqu'au jour où les enfants du condamné viennent subir le même sort que leur père.

En fouillant les sombres dépôts des casiers judiciaires, on reste frappé d'étonnement quand on voit dans chaque ville les mêmes noms revenir périodiquement réclamer, sur les bancs de la police correctionnelle ou de la cour d'assises, les sévérités de la loi ; triste succession de hontes, de misères et d'infamies, qui se transmet d'une génération à l'autre comme un bien patrimonial.

Voilà la véritable plaie des sociétés humaines, et la législation pénale a sa bonne part de responsabilité dans les désordres sociaux de notre époque.

Vous punissez le coupable sans vous inquiéter du sort de sa famille qui devient ainsi, par la misère et toutes ses tentations, une pépinière de criminels. Ne placez pas vos lois pénales, traditions des siècles barbares, sous l'égide de la justice ; la justice ne saurait, même indirectement, servir la cause du mal.

Quand se lèvera l'aurore de cette réforme pénale si désirée? je ne sais ! Mais, ce qu'il y a de certain, c'est que la législation nouvelle ne trouvera pas à graver en tète de son œuvre une plus belle épigraphe que cette parole des christnéens dans l'Inde :

« Le droit de punir n'est que le devoir de faire le bien ! »

CHAPITRE XI.

AVATAR DE BOUDDHA.

(Incarnation de Vischnou non acceptée par les brahmes).

Quatre mille cinq cents ans avant notre ère environ, une nouvelle révolution religieuse vint bouleverser l'Inde de fond en comble, et faire courir à la puissance brahmanique le plus grand danger qui l'ait menacée depuis la prise d'Asgartha par Iodah; je veux parler de la réforme bouddhique.

La légende des premiers âges, qui promettait un rédempteur né d'une vierge, s'était accomplie dans Christna. Les prêtres avaient reconnu le fils de Devanaguy comme la grande incarnation de Vischnou, depuis quatre mille ans, la figure du Dieu enfant sur les bras de sa mère, était sculptée sur les frontons des pagodes. Les brahmes offraient chaque matin sur l'autel le sacrifice du *sarvameda* en l'honneur du Rédempteur du monde... Tout à coup un homme se lève et dit : — « C'est moi qui suis la véritable incarnation, je suis Bouddha, *le rayon divin !* Tout ce que vous enseignez au peuple depuis des siècles n'est que charlatanisme et mensonge, moi seul suis la vérité ! »

Comme toujours, le peuple courut au nouvel imposteur, et bientôt, dans l'Inde entière, ses adeptes se comptèrent par milliers. Il enseignait que l'homme, né de la divinité, était un dieu lui-même, qu'aucune de ses actions, quelles qu'elles fussent, n'étaient mauvaises, puisqu'elles émanaient d'un dieu, et que la satisfaction complète de tous ses sens était le seul but que l'homme devait se proposer sur la terre.

On comprend avec quel succès les basses classes de l'Inde

accueillirent une pareille doctrine. Les brahmes furent obligés, pour conserver leur autorité, de noyer la religion nouvelle dans le sang, et d'anéantir jusqu'au dernier des prosélytes de Bouddha. Il n'y parvinrent qu'après de longues années de luttes opiniàtres. Les bouddhistes, après une série de défaites, après avoir vu périr des milliers des leurs sur les bûchers, se décidèrent à quitter l'Inde, et se refugièrent en Tartarie, en Chine, en Corée, au Japon et au Thibet, où le taloï-lama, sorte de pape bouddhiste, passe pour le représentant direct de Dieu sur la terre.

Je ne sais où la plupart des orientalistes modernes ont pris cette opinion, émise généralement par eux, que la réforme de Bouddha avait eu dans l'Inde un caractère spiritualiste, ce qui aurait été principalement cause de la persécution brahmanique.

Le brahmanisme est spiritualiste avant tout, c'est ce qui lui fit adopter sans conteste l'incarnation de Christna et la doctrine préchée par le philosophe; il eut, par les mêmes motifs, élevé Bouddha au rang des dieux et accepté l'incarnation, s'il n'eût, par ses doctrines matérialistes pures, niant le mal et proclamant la légitimité de tous les actes tendant à la satisfaction des sens, attaqué l'essence même de la religion brahmanique, et poussé au soulèvement des basses classes, lasses de travailler sans jouir, et que les doctrines nouvelles privaient de toutes récompenses futures.

Un homme, qui a passé quarante ans de sa vie dans l'Inde, le missionnaire Dubois, résume d'un mot toute la théorie de Bouddha. « Les bouddhistes, dit-il, n'admettent d'autre dieu que le corps, n'ont d'autre but que la satisfaction des sens. »

Les différents ouvrages du K'hagiour, où les doctrines bouddhistes sont exposées, sont relativement modernes, et écrits bien des siècles après que le bouddhisme, chassé de l'Inde, se fût transformé dans les contrées nouvelles qui lui avaient donné asile.

L'idée de l'incarnation de la divinité, dans le sein d'une femme, était tellement dans la tradition religieuse, que la légende fait naitre Bouddha, tantôt de la brahmine Tcha-

oudamy, sur les bords du Cavery, tantôt de la vierge Avany,
dans l'île de Ceylan.

Voici le passage du Nirdhesa, un des livres sacrés des bouddhistes cyngalais, qui se rapporte à la seconde de ces traditions.

« Lorsque la vierge Avany, qui avait été fécondée par un
rayon de la sagesse éternelle, sentit tressaillir dans son sein
le divin Sakia-Mouny, elle reçut l'ordre d'aller s'établir dans
quelque partie élevée du pays, afin que Bouddha pût, en ou-
vrant les yeux à la lumière, contempler la terre qu'il venait
régénérer par la bonne doctrine.

« Montée sur Dharma-Sourya, l'éléphant sacré que le génie
Koundasa avait dressé pour elle, elle abandonna la maison
de son père, et se laissa conduire au gré de sa monture, qui
se dirigea tout droit du côté de la montagne appelée Samanta-Kounta (pic d'Adam).

» Arrivée au sommet de la montagne, elle vécut plusieurs
mois avec la nourriture que lui apportaient les devas, qui se
disputaient l'honneur de la servir, attendant l'heureuse
délivrance qui devait combler de joie le ciel et la terre.

« Quand le moment fut arrivé, Sakia-Mouny, autrement
dit Bouddha, sortit du sein d'Avany, qui le mit au monde
sans douleurs. En quelques instants il atteignit la taille d'un
homme, sous les yeux émerveillés de sa mère qui se mit à
genoux et l'adora.

« Le premier endroit de la terre où Bouddha posa le pied,
retint son empreinte pour indiquer perpétuellement à ses
adorateurs le lieu de sa naissance, et celui qui, chaque année, vient pieusement contempler ce signe divin, ne voit
point se prolonger pour lui les jours d'impureté, il peut offrir le sacrifice avant l'ablution prescrite. »

L'île de Ceylan renferme encore quelques bouddhistes,
mais dans l'Inde entière Bouddha n'a plus d'autels.

CHAPITRE XII.

DE LA MARCHE DES ÉMIGRATIONS A TRAVERS LE MONDE.

Je m'arrête au bouddhisme qui fut la dernière révolution religieuse que l'Inde ait eu à supporter, la dernière qui se soit terminée par des luttes gigantesques, et des émigrations en masse des peuples vaincus, à la recherche de contrées où la vengeance brahmanique ne pût les atteindre.

Zoroastre (Souryastara, en samscrit, qui répand le culte du soleil), ce brahme transfuge des pagodes, qui s'en fut en Perse fonder le magisme sur le modèle du brahmanisme, appartient à l'histoire moderne de l'Inde, qui commence quatre mille ans environ avant notre ère, après la chute du bouddhisme, avec Vivaswata, premier roi de la dynastie Sourya-Vansa. A ce titre, je n'ai pas à m'en occuper ici; sa réforme religieuse circonscrite à la Perse, n'entraîna du reste aucune émigration, et fut sans influence sur la colonisation du monde. Je n'ai pas la prétention de fixer d'une manière définitive, les dates de tous les grands faits si précieux pour l'histoire de l'humanité que je viens d'étudier; la chronologie brahmanique qui, de l'avis de tous les savants qui ont vu de près, M. Halled entre autres, est d'une incontestable authenticité, est tout entière à extraire des livres historiques et astronomiques; en d'autres termes, comme l'Europe n'a pas de faits historiques à présenter au contrôle, puisqu'elle n'existait pas encore à ces époques reculées, il faut traduire avec l'appui des brahmes, tous les manuscrits de l'époque primitive, et étudier la chronologie par l'histoire et l'astronomie, si l'on veut établir, au point de vue de nos divisions modernes, une chronologie des temps brahmaniques. Les forces d'un seul homme ne sauraient suffire à un pareil travail!...

Je puis cependant répondre que la science, en rétablissant le passé chronologique de l'Inde, s'éloignera peu des dates que sous l'autorité des pundits de Chélambrum, j'ai assignées aux révolutions sacerdotales les plus importantes, ainsi qu'aux grandes émigrations parties de tous les points de l'Indoustan, pour coloniser le monde; j'ai ramené ces dates à notre année solaire, et à notre siècle de cent années.

Il n'est pas sans intérêt, je le crois, de grouper dans un tableau final, ces dates et ces faits.

Nomination du brahmatma Yati-Richi....... 13,300 ans av. notre ère.
(Fixée par un zodiaque.)

Révolte des chefs aryas contre l'autorité brahmanique, prise d'Asgartha, capitale des brahmes. — Viswamitra, premier roi de l'Inde.............................. 10,000 ans av. notre ère.
(Fixée par un zodiaque.)

Révolte des xchatrias, contre l'artaxchatria Pratichtha. — Ils appellent à leur secours les montagnards de l'Hymalaya, qui pour la première fois mettent les pieds dans les plaines fertiles de l'Inde. — Le brahme Paraçourama, fait rentrer les révoltés dans le devoir, environ..................... ... 8,000 ans av. notre ère.
(La légende en fait une incarnation du Dieu Vischnou.)

Prise de Lanka (Ceylan), par Rama, élevé au rang d'incarnation..................... 7,500 ans av. notre ère.
(Fixée par un zodiaque.)

Révolte de Manou-Vena contre l'autorité des brahmes; battu par ces derniers, il s'enfuit à travers la Perse avec ses compagnons, et va coloniser l'Égypte, environ........... 7,000 ans av. notre ère.
(C'est le guerrier législateur dont l'Égypte a gardé le souvenir sous le nom de Manès.)

Invasion des plaines de l'Indoustan, par les montagnards de l'Hymalaya, sous la con-

duite d'Iodah et de Skandah. — Destruction d'Asgartha, la ville du soleil. — Victoire
d'Agastya. — Iodah et Skandah chassés de
l'Inde, vont coloniser la Slavie et la Scan-
dinavie... 5,000 ans av. notre ère.

Révolte d'Hara-Kala, fils d'Agastya ; vaincu il
va coloniser la Perse et l'Asie-Mineure..... 5,000 ans av. notre ère.
(C'est l'Hercule des Grecs.)

Naissance de Christna, le rédempteur Indou. 4,800 ans av. notre ère.

Mort de Christna.......................... 4,760 ans av. notre ère.
                                          (Fixée par un zodiaque).)

(C'est par la date de la mort du rédempteur,
qui est fixée par un zodiaque, que l'on a pu
fixer sa naissance.)

Révolution bouddhiste. — Prithou fonde la dy-
nastie Soma-Vansa...................... 4,620 ans av. notre ère.
                                          (Fixée par un zodiaque.)

Colonisation du Thibet, de la Chine, du Japon,
de la Corée, de Java-Borneo, des îles de la
Sonde, et probablement des îles océaniennes
qui parlent le mahori.................... 4,500 ans av. notre ère.

Vivaswata fonde la dynastie Sourya-Vansa.. 4,000 ans av. notre ère.

¹ Il est des gens qui souriront d'incrédulité au fond de leur
cabinet, en lisant ces dates qui n'appartiennent pas à la
chronologie biblique. Ceux qui pensent, et qui s'éclairent
par la linguistique, et les études anthropologiques les admettront, comme ces jalons que les hardis pionniers d'Amérique
plaçaient pour se reconnaître, dans les contrées désertes

1. Quelques-unes des dates données dans ce volume présentent quelques différences avec celles qu'on peut rencontrer dans *la Bible dans
l'Inde*, sur les mêmes faits. Les dates actuelles, résultats de recherches
plus approfondies, ont été contrôlées au Livre des Zodiaques historiques,
de la pagode de Villenoor.

qu'ils parcouraient. Et ils désireront qu'une science plus
sérieuse du samscrit, et une étude plus approfondie des
civilisations antiques, faite aux lieux mêmes où ces civilisations se sont produites, puissent permettre de reconstituer avant peu l'histoire du berceau de la plupart des races
humaines.

L'AN 4,000 AVANT NOTRE ÈRE.

C'est à dessin que je termine ici ce livre, et que dans cette revue rapide des premiers âges, je ne franchis pas le seuil de l'époque que les Indous regardent comme appartenant à leur histoire moderne.

Nous sommes en l'an quatre mille avant notre ère :

Toutes les grandes révolutions de l'Inde se sont accomplies.

Manou-Vena a colonisé l'Égypte ;

Iodah, et Skandah, le nord de l'Europe ; leurs tribus s'avancent peu à peu à travers la Scandinavie, la Germanie et la Gaule ;

Hara-Kala, la Perse et l'Asie Mineure ; ses descendants envahiront bientôt la Grèce et l'Italie ;

Bouddha a courbé sous sa loi le Thibet, la Chine, le Japon ; ses compagnons vont s'égarer à travers les îles de la Sonde ; à leur suite le sanscrit va pénétrer jusque dans les îles les plus reculées de l'Océanie.

La grande dynastie Soma-Vansa, dont les princes ont réuni l'Inde entière sous leur sceptre, s'est éteinte.

La dynastie Sourya-Vansa commence, et cependant, non-seulement *Moïse n'est pas né,* mais d'après la Bible que ce législateur écrira *deux mille ans plus tard* . *Dieu n'aurait même pas encore créé le monde! Le Christ ne naîtra que dans 4,000 ans.*

Voilà l'écueil où viennent se briser toutes les impostures sacerdotales.

Que deviennent, au point de vue de l'histoire, les révélations mosaïque et chrétienne inadmissibles déjà au point de vue de la raison.

Erreurs ou vérités, quelles nouveautés ont *révélé* au monde, *ces prétendues révélations* aux époques *modernes* où elles se sont

produites. Unité de Dieu dans la trinité, Zeus et la trimourti
que Moïse n'a pas connus, création de l'univers, révolte d'une
partie des anges (devas) ou auxiliaires que Dieu s'était donné,
le diable et l'enfer, la légende d'Adhima et d'Hèva, la promesse d'un rédempteur, toutes les légendes cosmiques, toutes les croyances fondamentales que le catholicisme et le
christianisme, depuis quelques siècles seulement, revendi-
quent comme leur ayant été révélées par la divinité, forment
depuis quinze à vingt mille ans, la base de la religion des
brahmes.

Comme institutions, cérémonies et sacrements : baptême
par l'eau des fleuves d'abord et l'eau lustrale ensuite, communion, confirmation, confession, ordination par l'huile
consacrée, soutane, ceinture et tonsure des prêtres, chapelets,
scapulaires, ordres divers, moines mendiants, érigeant l'aumône et l'oisiveté en vertu, tout, jusqu'à l'usage de l'encens
et de la myrrhe, a été calqué sur les institutions brahmaniques, par les apôtres et les successeurs de Jésus, qui avaient
puisé dans les écoles d'Alexandrie, et dans tout l'Orient, à
l'immense source de cette science antique, que les sages
et les prudents de la Grèce et de Rome avaient également
consultée pour donner des lois à leur pays.

En face de ces copies serviles, et du silence gardé unani-
mement par tous les historiens de l'époque sur un sujet qui
eut dû les tenter, que devient l'incarnation du Christ ?

Elle n'est plus qu'une pâle copie de l'incarnation du
Christna indou, mise au jour plus de deux siècles après la
mort de celui que Rome veut faire passer pour le fils de
Dieu.

L'antiquité de la légende de Christna ou Khristna, le rédempteur promis par Brahma à Hèva, est incontestable;
toute la religion brahmanique roule sur la théorie de l'incarnation, c'est-à-dire sur la croyance que Dieu vient se mani-
fester aux hommes d'une manière visible, à certaines grandes époques de l'humanité. La vierge mère, Devanaguy, et
son fils, le massacre des innocents ordonné par le tyran
Kansa, les principaux exploits de Christna sont représentés
par la sculpture sur les murailles des vieilles pagodes en

ruines, et consignés dans les ouvrages samscrits, les plus inattaquables comme autorité. Toute une civilisation, toute une époque qui a eu dans l'Inde ancienne sa physionomie particulière, de laquelle est sortie la philosophie khristnéene ou spiritualiste, est basée sur cette incarnation.

Les traditions poétiques les plus anciennes, les légendes, les épopées héroïques, chantent le dieu incarné pour sauver l'humanité, et alors que tout dans l'Inde, plus de quatre mille ans avant notre ère, parle de la vie, de la gloire, des exploits de Christna?

En plein siècle d'Auguste, les historiens se taisent, font la conspiration du silence sur le Christ, les morts qu'il ressuscite, les miracles qu'il accomplit, devant la foule immense qui le suivait, ne le peuvent sauver de l'oubli de ses contemporains; pendant deux siècles, il est aussi inconnu du monde entier, que l'odieux massacre gratuitement prêté à Hérode, et il faut pour révéler sa vie et sa mort, la mise au jour de l'œuvre des quatre évangélistes, à une époque où il n'y avait plus de contradicteurs possibles.

Il est indéniable que les habiles fondateurs du christianisme, en s'assimilant tout le passé brahmanique, en s'appropriant toutes les doctrines et toutes les croyances trinitaires et christnéennes de l'Inde, couronnèrent le tout par la rénovation du mystère de l'incarnation de Iezeus Christna.

Zeus en samscrit signifie Dieu.

Iezeus en samscrit signifie *issu de Dieu, fils de Dieu.*

Et Christna ou Khristna, dans la même langue, signifie sacré [1].

Pourrait-on admettre un instant la venue, à cinq mille

---

1. Quelques critiques de la *Bible dans l'Inde* m'ont reproché d'écrire Christna au lieu de Khristna, pour rendre disent-ils la ressemblance plus frappante avec le mot Christ. Ils oublient que les langues orientales particulièrement le grec et le samscrit ne possedent point les deux lettres ch qui sont d'invention moderne pour rendre le k aspiré des anciens. On peut écrire Christ ou Khrist, le radical est le même en samscrit et en grec, Chris. Que l'on rende l'aspiration par ch, ou kh, c'est une affaire d'écriture moderne et de convention.

ans de distance l'un de l'autre, de deux hommes naissant dans des circonstances identiques, portant le même nom, accomplissant les mêmes actes, persécutés de la même manière, prêchant la même doctrine et mourant tous deux victimes de la haine des prêtres?...

Eh bien, à moins d'admettre cela, ou ce qui serait au moins aussi absurde, de détruire le passé de l'Inde, la religion des brahmes, le samscrit... on est forcé de dire et de croire que Jésus-Christ n'est qu'une figure rajeunie, pour les besoins de la foi nouvelle, du rédempteur indou Iezeus Christna!

Toutes les incarnations, *tous les fils de Dieu* ne sont que des inventions du despotisme sacerdotal.

La révélation mosaïque et chrétienne ne peut se tenir debout au contact de la philologie et de l'histoire des anciennes civilisations de l'extrème Orient. Et les sciences anthropologiques, en découvrant l'homme dans les terrains de formation tertiaire, ce qui lui donne une antiquité de quelques millions d'années sur la terre, achèvent de mettre à néant les inventions surannées du lévitisme.

Si les contemporains de la réforme chrétienne n'ont connu ni Jésus ni ses miracles apocryphes, en revanche, à la première parole tombée des lèvres des apôtres, tous les savants de l'Orient, l'École d'Alexandrie, les Gnostiques, Dosithée, Simon, Cérinthe, Alexandre le Samaritain, Philon le Juif et leurs disciples se levèrent pour leur dire :

— « Votre *révélation* n'est qu'une *rénovation* imparfaite et tronquée des mystères de l'Asie. »

C'est ce qu'a voulu prouver ce livre qui est l'histoire de ces mystères.

TABLE DES CHAPITRES.

PREMIÈRE PARTIE.

L'INDE PATRIARCALE ET VÉDIQUE.

CHAPITRE PREMIER.

CHAPITRE II.

CHAPITRE III.

CHAPITRE IV.

CHAPITRE V.

CHAPITRE VI.

CHAPITRE VII.

CHAPITRE VIII.

CHAPITRE IX.

CHAPITRE X.

CHAPITRE XI.

CHAPITRE XII.

CHAPITRE XIII.

CHAPITRE XIV.

CHAPITRE XV.

CHAPITRE XVI.

CHAPITRE XVII.

TROISIÈME PARTIE.

L'INDE BRAHMANIQUE ET ROYALE. — ÉPOQUE
DU POLYTHÉISME.

CHAPITRE PREMIER.

CHAPITRE II.

CHAPITRE III.

CHAPITRE IV.

CHAPITRE V.

CHAPITRE VI.

CHAPITRE VII.

CHAPITRE VIII.

CHAPITRE IX.

CHAPITRE X.

CHAPITRE XI.

CHAPITRE XII.

FIN DE LA TABLE DES CHAPITRES.

Imp. Eugène Heutte et Cie, à Saint-Germain.